CAMINHOS E FRONTEIRAS

SÉRGIO BUARQUE DE HOLANDA

CAMINHOS E FRONTEIRAS

3ª edição

COMPANHIA DAS LETRAS

Capa:
Victor Burton
sobre sinal público de escrivão da
Assinatura dos membros da Câmara da Vila de São Paulo

Ilustrações:
Rodrigo Teixeira

Adaptação do índice remissivo:
Beatriz Calderari de Miranda

Preparação:
Stella Weiss

Revisão:
Carmen S. da Costa
Eliana Medeiros

Dados Internacionais de Catalogação na Publicação (CIP)
(Câmara Brasileira do Livro, SP, Brasil)

Holanda, Sérgio Buarque, 1902-1982.
Caminhos e fronteiras / Sérgio Buarque de Holanda.
— 3. ed. — São Paulo : Companhia das Letras, 1994.

Bibliografia.
ISBN 85-7164-411-X

1. Brasil — História — Período colonial 2. Economia
— História — Brasil — Período colonial I. Título.

94-2918   CDD-981.021

Índices para catálogo sistemático:
1. Brasil: Período colonial: História 98.021

1944

A JOSÉ OLYMPIO

SUMÁRIO

III. O FIO E A TEIA

PREFÁCIO

A escolha de *Caminhos e fronteiras* para iniciar a republicação das obras de Sérgio Buarque de Holanda é particularmente feliz, pois oferece ocasião para repensar o conjunto da obra do grande mestre a partir de um ângulo especialmente fecundo. Publicado em 1957, o livro reúne e consolida um conjunto de monografias, antes divulgadas em revistas nacionais e estrangeiras; alguns estudos (como os constantes de *Monções*, 1945) são retomados e sintetizados, outros ampliados e desenvolvidos, todos versando sobre São Paulo nos tempos coloniais, na dimensão de sua vida material. No percurso do autor, a partir de *Raízes do Brasil*, esta obra é vista como a passagem da "sociologia" para a "história", e do "ensaísmo" para a "pesquisa". Isto porque sempre se enfatizou a variedade dos temas e momentos na obra do historiador. E esta maneira de ler o *corpus* sergiano é muito boa porque destaca a extraordinária riqueza de sua contribuição. Mas talvez seja importante reler o conjunto do ponto de vista de sua unidade: a persistente e quase obsessiva indagação do mesmo objeto, genialmente fixado em *Raízes do Brasil* — entender por que nos sentimos "desterrados em nossa própria terra", isto é, sondar as estruturas mais profundas de nosso modo de ser, para visualizar as possibilidades de modernização que nos reserva o futuro. De vários ângulos, com vários recortes, em vários níveis, é sempre esse fugidio objeto que é assediado para se render à transparência da análise. Neste sentido, uma vez fixadas as grandes linhas na obra inaugural, entendem-se os recortes nos passos seguintes que se desdobram. Trata-se agora de uma análise vertical, num segmento específico daquele imenso conjunto. A escolha de São Paulo não tem

7

nada que ver com tratar-se de historiador paulista aqui residente, nem com as sugestões advindas do IV Centenário. É que São Paulo é o pólo modernizador do Brasil, e precisa por isso ser apanhado em sua especificidade; isto já aparece no trecho de *Monções* que é aqui retomado e alargado. Os tempos coloniais são privilegiados para descobrir as raízes mais fundas dessa peculiaridade. E a vida material é visada por ser nessa esfera da existência que se expressa mais claramente a originalidade do intercurso cultural dos adventícios com os ameríndios. É gratificante ver Sérgio Buarque praticando um estudo de civilização material em estilo braudeliano *avant la lettre*. Também aqui, portanto, não se trata de imersão na onda da história econômica, então avassaladora: pois naqueles anos, quando todos procuravam os "fatores econômicos", Sérgio Buarque já indagava pelos "motivos edênicos" (*Visão do paraíso*, 1958) da colonização. E finalmente podemos visualizar melhor a sutileza polissêmica do belo título, pois o livro trata, ao mesmo tempo, das trilhas dos bandeirantes e raias da Colônia, mas sobretudo das direções e limites de nossa civilização.

A reedição de uma obra é sempre a oportunidade para a sua releitura, e a releitura é sempre um teste para as criações do espírito. Em se tratando de uma obra de Sérgio Buarque de Holanda, é um teste para o re-leitor. Espero, neste prefácio, ter passado pelo teste.

Fernando A. Novais

Durante os primeiros tempos da colonização do Brasil, os sítios povoados, conquistados à mata e ao índio, não passam, geralmente, de manchas dispersas ao longo do litoral, mal plantadas na terra e quase independentes dela. Acomodando-se à arribada de navios mais do que ao acesso do interior, esses núcleos voltam-se inteiramente para o outro lado do oceano.

Em tais paragens tratam os portugueses de provocar um ambiente que se adapte à sua rotina, às suas conveniências mercantis, à sua experiência africana e asiática. O processo evolui graças à introdução da cana-de-açúcar, destinada a produzir para mercados estrangeiros. A lavoura do açúcar tem seu complemento no engenho. Ambos — lavoura e engenho — chamam o negro. Incapazes de ajustar-se a esse processo, os antigos naturais da terra são rapidamente sacrificados. Aqueles que não perecem, vítimas das armas e também das moléstias trazidas pelo conquistador, vão procurar refúgio no sertão distante.

Vencida porém a escabrosidade da serra do Mar, sobretudo na região de Piratininga, a paisagem colonial já toma colorido diferente. Não existe aqui a coesão externa, o equilíbrio aparente, embora muitas vezes fictício, dos núcleos formados no litoral nordestino, nas terras do massapé gordo, onde a riqueza agrária pode exprimir-se na sólida habitação do senhor de engenho. A sociedade constituída no planalto da capitania de Martim Afonso mantém-se, por longo tempo ainda, numa situação de instabilidade ou imaturidade, que deixa margem ao maior intercurso dos adventícios com a população nativa. Sua vocação estaria no caminho, que convida ao movimento; não na grande propriedade rural que forma indivíduos sedentários.

É verdade que essas diferenças têm caráter relativo e que delas não é lícito tirar nenhuma conclusão muito peremptória. A mobilidade dos paulistas está condicionada, em grande parte, a certa insuficiência do meio; insuficiência para nutrir os mesmos ideais de vida estável, que nas terras da marinha puderam realizar-se quase ao primeiro contato mais íntimo entre o europeu e o mundo novo. Distanciados dos centros de consumo, impossibilitados, por isso, de atrair em grande escala os negros africanos, deverão eles contentar-se com o braço indígena, com os "negros" da terra; para obtê-los é que serão forçados a correr sertões inóspitos e ignorados. Em toda parte é idêntico o objetivo dos colonos portugueses. Diverge unicamente, ditado pelas circunstâncias locais, o compasso que, num e noutro caso, regula a marcha para esse objetivo.

Mas a lentidão com que no planalto paulista se vão impor costumes, técnicas ou tradições vindos da metrópole — é sabido como em São Paulo a própria língua portuguesa só suplantou inteiramente a geral, da terra, durante o século XVIII — terá profundas conseqüências. Desenvolvendo-se com mais liberdade e abandono do que em outras capitanias, a ação colonizadora realiza-se, aqui, por uma contínua adaptação a condições específicas do meio americano. Por isso mesmo não se enrija logo em formas inflexíveis. Retrocede, ao contrário, a padrões primitivos e rudes: espécie de tributo pago para um melhor conhecimento e para a posse final da terra. Só aos poucos, embora com extraordinária consistência, consegue o europeu implantar num país estranho algumas formas de vida que trazia do Velho Mundo. Com a consistência do couro, não a do ferro ou do bronze, dobrando-se, ajustando-se, amoldando-se a todas as asperezas do meio.

As palavras acima, transcritas de outra obra do autor,[1] bem poderiam servir de introdução ao presente estudo. Já no prefácio àquela obra fora assinalado o intento, que presidira à sua própria elaboração, de incluí-la em quadro mais amplo, onde se apresentariam certos aspectos significativos da implantação em terra brasileira de uma civilização adventícia: aqueles aspectos, sobretudo, em que, situada perante contingências de um meio muitas vezes adverso ao seu desenvolvimento, essa civilização deveu assimilar e provocar novas modalidades de convívio.

O fato é que aquela obra fora, não só pensada mas redigida, em sua versão inicial e ainda sumária, juntamente com os capítulos que formam a primeira seção do atual volume. Entretanto uma consideração mais atenta mostrou que o plano, onde se previa a extensão do texto desses mesmos capítulos, fundada em novas e aturadas pesquisas, de modo que o trabalho sobre as monções de povoado, com amplitude que já então se pretendia dar-lhe e que, afinal, veio a alcançar até certo ponto, representava apenas parte mínima de um todo orgânico, era praticamente inviável. Para chegar a bom termo, tal como fora concebido, esse plano requereria, talvez, mais do que uma vida humana.

Seu abandono não impediu, todavia, a publicação parcial ou total dos capítulos já redigidos, sem grandes alterações. Antes mesmo de iniciadas as pesquisas suplementares acerca das monções paulistas, imprimiu-se em parte, na *Revista do Brasil*, 3ª fase, então publicada no Rio de Janeiro sob a direção de Octávio Tarquínio de Sousa, o texto correspondente aos primeiros capítulos do presente volume. Na revista *Província de São Pedro*, de Porto Alegre, saiu também a maior parte do capítulo aqui intitulado "Mel e cera no Brasil colonial". O tema desse capítulo, já acrescido de material novo, que se incorpora a este volume, deu assunto para uma conferência que me foi dado pronunciar em 1949 na École Practique des Hautes Études, em Paris, de que existe resumo publicado.[2] Finalmente todo o conjunto, abrangendo o principal da seção aqui intitulada "Índios e mamalucos", foi inserto, sob o título "Índios e mamelucos na expansão paulista", no volume XIII dos *Anais do Museu Paulista*, correspondente a 1949. Nessa publicação deixava de figurar, por ter sido aproveitado em obra diferente, a que já se aludiu, o capítulo sobre a navegação fluvial. A falha é suprida agora por um trabalho onde se procura encarar o mesmo assunto de um ângulo diverso.[3]

Tal como na primeira, este volume encerra na segunda e terceira partes, além de material inédito, trabalhos já anteriormente impressos. Assim, a relativa às técnicas rurais teve sua origem na contribuição que em 1950 apresentei à sessão de história do Colóquio Internacional de Estudos Luso-Brasileiros, em Washington, iniciativa do historiador Lewis Hanke e da Hispanic Foundation, àquela época sob sua direção, que figurou entre as celebrações comemorativas do 150º aniversário da Library of Congress. O texto desse trabalho, que se encontra impresso[4] e o que, ampliado em muitos pontos, se divulgou mais tarde na revista *Anhembi*, de São Paulo, foram porém largamente modificados e enriquecidos de novos dados para esta publicação.

Quanto à terceira parte, inclui, entre outras, páginas já publicada, em diferentes épocas, em *O Estado de S. Paulo*, o *Diário de*

Notícias do Rio de Janeiro e nas revistas *Digesto Econômico* e *Paulistânia*, ambas de São Paulo. Todos esses escritos deveram ser em muitos pontos refeitos para que alcançasse uma plausível unidade o que fora pensado, redigido e publicado de forma fragmentária.

Essa preocupação de unidade presidiu, aliás, à organização, não apenas dessa parte, mas de todo o volume. A própria divisão em três seções distintas procura, nele, obedecer a uma seqüência natural. Na primeira são abordadas as situações surgidas do contato entre uma população adventícia e os antigos naturais da terra com a subseqüente adoção, por aquela, de certos padrões de conduta e, ainda mais, de utensílios e técnicas próprios dos últimos. A acentuação maior dos aspectos da vida material não se funda, aqui, em preferências particulares do autor por esses aspectos, mas em sua convicção de que neles o colono e seu descendente imediato se mostraram muito mais acessíveis a manifestações divergentes da tradição européia do que, por exemplo, no que se refere às instituições e sobretudo à vida social e familiar em que procuraram reter, tanto quanto possível, seu legado ancestral.

O lento processo de recuperação desse legado, após a sua diluição durante os primeiros tempos — diluição e recuperação que constituem, em suma, a matéria deste livro —, é tratado nas partes subseqüentes. Na segunda, dedicada às técnicas rurais, há naturalmente mais lugar para a herança indígena do que na última, onde se abordam atividades que tendem a acomodar-se aos meios urbanos e se tornam, neste caso, cada vez mais dóceis aos influxos externos.

A visão e orientação unitárias a que se sujeita, assim, a matéria deste livro se acham sugeridas, aliás, no seu próprio título. Se o aceno ao caminho, "que convida ao movimento", quer apontar exatamente para a mobilidade característica, sobretudo nos séculos iniciais, das populações do planalto paulista — em contraste com as que, seguindo a tradição mais constante da colonização portuguesa, se fixaram junto à marinha —, o fato é que essa própria mobilidade é condicionada entre elas e irá, por sua vez, condicionar a situação implicada na idéia de "fronteira". Fronteira, bem entendido, entre paisagens, populações, hábitos, instituições, técnicas, até idiomas heterogêneos que aqui se defrontavam, ora a esbater-se para deixar lugar à formação de produtos mistos ou simbióticos, ora a afirmar-se, ao menos enquanto não a superasse a vitória final dos elementos que se tivessem revelado mais ativos, mais robustos ou melhor equipados. Nessa acepção a palavra "fronteira" já surge nos textos contemporâneos da primeira fase da colonização do Brasil e bem poderia ser utilizado aqui independentemente de quaisquer relações com o significado que adquiriu na moderna historiografia, em particular na historiografia norte-americana desde os trabalhos já clássicos de Frederick Jackson Turner.

De qualquer modo seria injustificável a pretensão de aplicar os esquemas de Turner às condições que se criaram no Brasil e se associaram à sua expansão geográfica. O contraste entre as ações e reações dos herdeiros de um João Ramalho, por exemplo (que a si próprio se chamou, certa vez, "fronteiro" do Paraíba), e as dos *pioneers* da América anglo-saxônia é, com efeito, tão obviamente radical quanto o será, sem dúvida, o que subsiste entre as conseqüências próximas ou remotas que delas podem decorrer. Com o risco, embora, de sugerir noçoes bastante unilaterais dos aspectos aqui estudados da formação brasileira — como, por exemplo, a de que ao indígena teria cabido nela um papel absolutamente preponderante — acentuaram-se talvez, de preferência, certos traços peculiares, *sui generis*, que em nossa história se podem associar àquele conceito de fronteira. Esse mesmo risco, em todo caso, ainda apresenta menor importância do que uma consideração superficial ou desatenta de tais peculiaridades.

A publicação fragmentária de vários trabalhos aqui reunidos teve ao menos a vantagem, sem preço para o autor, de permitir observações e contribuições de entendidos que o ajudaram a melhorar consideravelmente o texto. As críticas, especialmente, que mereceram do professor Herbert Baldus, em artigo em *O Estado de S. Paulo* e, posteriormente em sua *Bibliografia crítica da etnologia brasileira*, vários conceitos emitidos em estudos destinados a constituir a primeira parte do volume, permitiram retificá-los em muitos pontos. Altamente valiosas foram, além disso, as observações e críticas que obsequiosamente consentiu em fazer ao capítulo sobre a cera e o mel, um dos especialistas que melhor se dedicaram ao estudo das nossas abelhas indígenas: o sr. Paulo Nogueira Neto. Não menos úteis se tornaram as observações e objeções que, em palestra, me fez

13

o sr. Décio de Almeida Prado às páginas relativas aos métodos sertanejos de caça. A ele e ainda aos srs. Ernani e Edgar Junqueira, que pertencem, todos, a uma velha estirpe de devotos de santo Huberto, deve-se grande parte das alterações apresentadas pelo capítulo correspondente ao assunto, em confronto com o que fora anteriormente publicado.

Assinalando essa colaboração por eles prestada, devo lembrar igualmente o muito que fiquei devendo aos que me ajudaram com preciosos elementos informativos a enriquecer a obra. Ao sr. Rodrigo M. F. de Andrade, dileto amigo, devo, em particular, a obtenção de uma cópia do testamento inédito de Matias Barbosa que esclarece mais de um aspecto da vida em São Paulo nos fins do século XVII. Ao cônego Luiz Castanho de Almeida, a Frederico Lane, a Carlos Borges Schmidt, a Paulo Florenzano, notáveis conhecedores, o primeiro (autor, entre diversas obras publicadas, de um opulento estudo que ainda se conserva lamentavelmente inédito, acerca dos antigos tropeiros e feiras de Sorocaba) especialmente da história da expansão paulista, os outros, de nossa vida rural, sou devedor de indicações da maior importância acerca de muitos dos temas aqui tratados.

Os dois últimos forneceram-me, além disso, numerosas ilustrações fotográficas relacionadas aos mesmos temas, e que ao menos em parte puderam ser aqui utilizadas. Quanto aos desenhos incorporados ao texto, devo-os, em sua maioria, à solicitude e generosidade de um funcionário do Museu Paulista, o sr. Francisco Garcia. Igualmente valiosa foi a contribuição prestada pelo sr. Nicolau Zarvos Filho. Pedira-lhe eu que, durante uma das suas constantes viagens ao Sul de Mato Grosso, me obtivesse a fotografia de uma cabaça-colmeia, das que se encontram naquela região e servem para evocar, ainda hoje, a era das monções. Menos de uma semana depois apareceu-me ele trazendo, não a fotografia, mas uma colmeia intata, com as abelhas em plena atividade. Dela se fez a reprodução aqui apresentada. Quanto ao original, ainda pode ser visto na Casa do Bandeirante, antiga habitação existente no bairro do Butantã, restaurada e mobiliada tal como o poderia ter sido logo após sua provável construção — início do século XVIII — pela Comissão do IV Centenário de São Paulo.

Não ficaria perfeita a lista dos amigos que de várias maneiras auxiliaram meu trabalho sem os nomes dos srs. Antonio Candido

14

de Melo e Sousa, Octávio Tarquínio de Sousa e José Olympio, os grandes responsáveis, de fato, pela sua realização. A Antonio Candido pertence, mais do que a mim mesmo, a primeira lembrança de uma possível coordenação dos estudos já parcialmente impressos que viriam a constituir o presente volume. Sem essa sua lembrança, sem o benévolo interesse que ela recebeu imediatamente de Octávio Tarquínio e sem a intimação que me veio afinal de José Olympio para pôr em prática a idéia, estou certo de que este livro não chegaria a publicar-se. Ao menos não seria publicado em sua forma atual. Por último, mas *not least*, cabe-me agradecer a Flávio Pereira o competente zelo com que, a exemplo do que já fizera para a terceira edição de minhas *Raízes do Brasil*, preparou para este volume os índices onomástico e de assuntos que o completam.

S. B. de H.
São Paulo, setembro de 1956

15

I
ÍNDIOS E MAMALUCOS

1

VEREDAS DE PÉ POSTO

Alguns mapas e textos do século XVII apresentam-nos a vila de São Paulo como centro de amplo sistema de estradas expandindo-se rumo ao sertão e à costa. Os toscos desenhos e os nomes estropiados desorientam, não raro, quem pretenda servir-se desses documentos para a elucidação de algum ponto obscuro de nossa geografia histórica. Recordam-nos, entretanto, a singular importância dessas estradas para a região de Piratininga, cujos destinos aparecem assim representados como em um panorama simbólico.

Neste caso, como em quase tudo, os adventícios deveram habituar-se às soluções e muitas vezes aos recursos materiais dos primitivos moradores da terra. Às estreitas veredas e atalhos que estes tinham aberto para uso próprio, nada acrescentariam aqueles de considerável, ao menos durante os primeiros tempos. Para o sertanista branco ou mamaluco, o incipiente sistema de viação que aqui encontrou foi um auxiliar tão prestimoso e necessário quanto o fora para o indígena. Donos de uma capacidade de orientação nas brenhas selvagens, em que tão bem se revelam suas afinidades com o gentio, mestre e colaborador inigualável nas entradas, sabiam os paulistas como transpor pelas passagens mais convenientes as matas espessas ou as montanhas aprumadas, e como escolher sítio para fazer pouso e plantar mantimentos.

Eram de vária espécie esses tênues e rudimentares caminhos de índios. Quando em terreno fragoso e bem vestido, distinguiam-se graças aos galhos cortados a mão de espaço a espaço. Uma seqüência de tais galhos, em qualquer floresta, podia significar uma pista. Nas expedições breves serviam de balizas ou mostradores para a volta.[1] Era o processo chamado *ibapaá*, segundo Montoya,[2] *caapeno*, segundo o padre João Daniel,[3] *cuapaba*, segundo Martius,[4] ou ainda *caapepena*, segundo Stradelli:[5] talvez o mais generalizado, não só no Brasil como em quase todo o continente americano. Onde houvesse arvoredo grosso, os caminhos eram comumente assinalados a golpes de machado nos troncos mais robustos. Em campos extensos, chegavam em alguns casos a extremos de sutileza. Koch-Grünberg viu uma dessas marcas de caminho na serra de Tunuí: constava simplesmente de uma vareta quebrada em partes desiguais, a maior metida na terra, e a outra, em ângulo reto com a primeira, mostrando o rio. Só a um olhar muito exercitado seria perceptível o sinal.[6]

Quando não fossem praticáveis tais sistemas o índio encontrava meios de guiar-se pelo sol e com tal habilidade que, segundo referem crônicas quinhentistas, dois tupinambás degredados da Bahia para o Rio de Janeiro e levados por mar conseguiram, depois de fugir, tornar por terra ao seu país, caminhando mais de trezentas léguas através da mataria e de parcialidades hostis. Durante a noite marcavam as horas, em alguns lugares, pela observação das estrelas e constelações. Durante o dia, pela sombra que o polegar deixa na mão.[7]

Essa destreza com que sabiam conduzir-se os naturais da terra, mesmo em sítios ínvios, herdaram-na os velhos sertanistas e guardam-na até hoje nossos roceiros. Concebe-se que práticas inventadas pelo gentio para marcar os caminhos — por exemplo, o uso de dobrar os galhos ou de golpear os troncos de árvore, ainda freqüente entre gente do interior — fossem facilmente aceitas pelos desbravadores paulistas. Outros processos não faltariam, inspirados provavelmente em tradições vindas da península. Um deles, o das cruzes de madeira chantadas nas veredas que saem das estradas gerais, a advertir o caminhante de que poucos passos depois encontrará um teto onde repouse, é claramente dessa espécie. O barão de Piratininga procurando, numa das suas novelas, desmentir a versão corrente de que todos os cruzeiros existentes no interior eram testemunhos de crimes e tragédias, assinala, entre muitos outros, esse emprego do símbolo cristão na província de São Paulo.[8]

Um sistema de sinalização convencional nada seria, porém, sem o socorro de um espírito de observação permanentemente desperto e como só se desenvolve ao contato prolongado com a vida nas selvas. Essa espécie de rústico alfabeto, unicamente acessível a indivíduos educados na existência andeja do sertanista, requer qualidades pessoais que dificilmente se improvisam. É possível, talvez, ter idéia da segurança com que os índios se guiavam pelos astros ou rastros, conhecendo a perícia de nosso caboclo no distinguir ou identificar os menores vestígios da passagem de animais nos carreiros. Um exame superficial das pegadas de um homem ou bicho basta-lhe muitas vezes para tirar as deduções mais precisas sobre sua origem, sua direção e a época em que foram produzidas.

Mais de uma proeza dos bandeirantes explica-se graças a esse talento particular. Foi pelos rastros de um abarracamento que Manuel Dias da Silva, correndo pelo ano de 1736 territórios do atual estado de Mato Grosso, conseguiu averiguar não só que ali tinham estado castelhanos e com personagens de alta patente, como determinar com precisão quanto tempo antes tinham deixado o lugar, o número de animais que levavam, e o rumo tomado. O cronista do episódio acrescenta mesmo, entre parêntese, que "até pela figura dos ranchos e as cinzas do fogão conheciam os sertanistas, pouco mais ou menos, o tempo que tinha passado depois que naquele sítio estivera alguma tropa".[9]

Ainda aqui, bem apurado, é um aspecto da influência indígena que insiste em sobreviver em terra onde foram assíduas a comunicação e a mestiçagem com o gentio. Influência que viria animar, senão tornar possíveis, as grandes empresas bandeirantes. Sabemos como era manifesta nesses conquistadores a marca do chamado selvagem, da raça conquistada. Em seu caso ela não representa uma herança desprezível e que deva ser dissipada ou oculta, não é um traço negativo e que cumpre superar; constitui, ao contrário, elemento fecundo e positivo, capaz de estabelecer poderosos vínculos entre o invasor e a nova terra. O retrocesso a condições mais primitivas, a cada novo contato com a selva e com o habitante da selva, é uma etapa necessária nesse feliz processo de aclimação. Sem ela não poderíamos conceber facilmente muitos daqueles sertanejos audazes, que chegaram a aclamar um rei de sua casta e dos quais dizia certo governador português que formavam uma república de per si, desdenhosos das leis humanas e divinas.

Deve-se admitir que nessas épocas iniciais a compreensão justa das realidades, as maiores probabilidades de determinar e criar o futuro, o verdadeiro manancial de energias ativas, não estavam nos costumes naturalmente mais policiados e sem dúvida mais suaves, que se iam implantando no litoral, e nem mesmo na indignação piedosa do jesuíta contra os escravizadores de índios. Estaria antes nos instintos obscuros, nas inclinações muitas vezes grosseiras, nos interesses freqüentemente imorais que animavam o bandeirante devassador dos sertões. E estavam certamente nessa incorporação necessária de numerosos traços da vida do gentio, enquanto não fosse possível uma comunidade civil e bem composta, segundo os moldes europeus.

A necessidade de enfrentar desde a infância uma natureza cheia de caprichos tornara o índio apto a triunfar sobre todas as contrariedades de seu meio. Incapaz, muitas vezes, de exercer-se em certas artes, que requerem uma existência sedentária, à maneira dos brancos, seus sentidos adquirem energia singular onde seja obrigado a uma constante mobilidade: caçando, pescando, rastreando abelhas, dando guerra aos contrários. Se em terreno limpo não consegue enxergar facilmente, a ponto de haver quem lhes atribua certa atrofia dos órgãos visuais, e se muitos, sobretudo os maiores de trinta anos, não podem tirar bichos-de-pé, porque a vista não os ajuda, a verdade é que realizam prodígios na escuridão e no emaranhado das matas, acompanhando a grande distância a caça cobiçada, seguindo abelhas no vôo ou descobrindo tocas e esconderijos de animais.

Assim também, se parece travado e, mesmo após gerações sucessivas de contato com europeus, não chega a falar corretamente língua de branco, dizendo *curuzu* ou *curuçá*, por cruz, *obechá*, por ovelha, *cabaru*, por cavalo, *marameru*, por marmelo, mostra entretanto admirável desembaraço e exatidão quando imita vozes de bichos, o que lhe dá seguro proveito nas caçadas. Nisso — a observação é de Martius — parece dominar melhor os órgãos vocais do que no falar, pois modula a voz conforme a do animal perseguido e até conforme o sexo do animal e a maior ou menor distância em que se encontre.[10] Nas suas excursões costuma identificar as plantas trincando uma folha; pelo gosto sabe dizer a que espécie pertence e determinar-lhe o préstimo e serventia. Dos caingangues afirmou-se que percebem pelo olfato a aproximação de uma cobra.[11] Refere uma testemunha fidedigna que, percorrendo certas regiões do Brasil Central, conheceu índios capazes de distinguir perfeitamente, a sete quilômetros de distância, o barulho de lenhadores derrubando madeira.[12]

Aos sentidos exercitados pelo gênero de vida que levam, acrescenta-se neles, conforme já se notou acima, um senso de orientação quase miraculoso. Disso há exemplo na extraordinária habilidade cartográfica de que freqüentemente são dotados. Von den Steinen descreve-nos como um capitão suiá desenhou na areia, para sua informação, parte do curso do Alto Xingu, com os numerosos afluentes e com indicação, além disso, de treze tribos ribeirinhas. "Cada nome era repetido duas, três vezes; onde uma tribo — os meinácus, por exemplo — possuía cinco aldeias, traçava cinco riscos e mostrava-me, um por um, todos os dedos da mão." Tão nítidas e curiosas foram as informações assim prestadas, que bastaram para animar o sábio viajante a uma segunda expedição, a que se fez em 1887-88, com resultados consideráveis para o melhor conhecimento das tribos do Brasil Central.[13] Dessa capacidade de representação gráfica entre os índios também faz menção Theodor Koch-Grünberg, que viu um taulipangue desenhar o curso completo do Cuquenau com seus setenta afluentes, bem como o perfil das serras de Roraima e Cuquenau.[14] Outro etnólogo, Fritz Krause, conseguiu informar-se minuciosamente da localização de tribos da zona do Tapirapé, graças a simples croquis geográficos de um carajá. Os esboços, calcados sobre desenhos de índios encontrados entre os manuscritos de Hermann Meyer, puderam servir mais tarde ao mesmo Krause, para coligir dados preciosos acerca de tribos mal conhecidas do sertão de Mato Grosso.[15]

Não é pois de admirar se de desenhos semelhantes houve quem dissesse que não são inferiores aos de cartógrafos europeus da Idade Média e em certos aspectos os ultrapassam.[16] Em alguns casos acentuam-se de preferência os acidentes que possam interferir nas atividades normais da tribo, ou, por qualquer outro motivo, suscitem interesse. Assim, os saltos e as cachoeiras, que causam contratempos aos remadores, são indicados por meio de convenções; a extensão de cada afluente é, de certo modo, expressa na relação aproximada que guardam entre si no desenho; a forma de cada montanha aparece igualmente modelada na areia úmida. Até a maior ou a menor regularidade no curso de um rio encontra expressão nessa rústica geografia. É ainda Von den Steinen quem nos fala da estranheza que lhe causou o traçado do Batovi feito por seu informante suiá: à primeira vista lembrara-lhe nada menos do que a figura de um saca-rolhas. Só alguns anos mais tarde, tentando explorar o rio, atinou finalmente com a explicação: é que o curso do Batovi, com suas águas emaranhadas, suas voltas, seus meandros, constitui um autêntico labirinto.

Algumas vezes essas representações gráficas podem atingir um luxo excessivo de minúcias, como ocorre no mapa do Caiari-Uaupes, junto à embocadura do Cuduiari, que um índio desenhou para Koch-Grünberg. Ao etnólogo, esse desenho sugeriu aqueles prolixos panoramas com que se amenizavam as descrições de terras ignotas ao tempo em que a cartografia poderia passar por uma das belas-artes. O esboço, tal como foi publicado, ilustra bem a forma característica das habitações dos cobeuas, que margeiam o rio, e mostra uma bananeira e duas pupunheiras, planta típica do lugar, reproduzidas em todas as minúcias.

Nesse singelo realismo, que pode encantar um temperamento de esteta, imita-se tudo quanto os olhos viram. Uma atenção exata e uma fiel memória, como só a têm alguns povos naturais, velam pelo rigor da execução. Já Ivo d'Evreux dissera dos seus tupinambás maranhenses, em princípios do século XVII, que se recordavam exatamente de quanto viam e ouviam, traçando na areia, com a ponta do dedo, uma "geografia ou descrição natural", enquanto faziam suas narrativas.

Mas não é esse aspecto da "cartografia" indígena o que mais importa. Ao lado do detalhe preciso ou pitoresco, exagerado aqui e ali pela surpresa, há em alguns desses desenhos indício de um aproveitamento rigoroso da experiência anterior, em esquemas onde tudo visa ao útil. Para tanto é indispensável a existência de uma verdadeira elaboração mental, de um poder de abstração, que não se concilia facilmente com certas generalizações ainda correntes acerca da "mentalidade primitiva". O desenho chega a libertar-se, muitas vezes, da pura imagem visual. Na queda d'água representada por meio de um círculo, no rio Batovi designado com uma linha quebrada, que não pretende reproduzir todas as sinuosidades do curso, mas tão-somente indicar sua irregularidade extrema e com isso acautelar o viajante inexperiente, atingem-se sem mais rodeios as finalidades informativas e rememorativas requeridas de tais processos.

Entre povos que ignoravam a palavra escrita, esses meios de comunicação assumem um significado comparável ao dos roteiros e a aranzéis, tão abundantemente empregados durante a colonização pelos brancos. Em lugar de ser simples escravo das suas aptidões naturais, dos cinco sentidos, que tinha excepcionalmente apurados, o índio tornava-se, assim, o senhor de um admirável instrumento para triunfar sobre as condições mais penosas e hostis. Podia disciplinar metodicamente muitas daquelas aptidões; criar e recriar mil e um recursos adequados a cada situação nova, sujeitar-se, onde fossem necessários, a comportamentos que lhe garantissem meios de subsistência. Dentro dos limites que lhe permitia sua técnica, dentro do sistema de avanços e recuos, de liberdades e submissões em que se agitava, também podia desenvolver ao máximo um poder inventivo orientado para o bem do grupo, como se deve esperar de homens para quem o viver era antes e acima de tudo um conviver. Precisamente a indústria com que sabia recorrer à comunicação indireta a fim de transmitir advertências e notícias, sempre que uma necessidade urgente se apresentava, serve como prova de tal aptidão. É conhecido o exemplo do trocano ou tambor de aviso, aliás só encontrado em área restrita e de interesse relativamente escasso para o objeto do presente estudo. Pode-se lembrar, além desse, o processo de sinalação por meio de fogueiras e rolos de fumaça, usado até hoje pelas nossas populações rurais. Viajantes que percorreram os rios do Brasil Central atestam como, para indicar que determinado local é abundante em determinada casta de peixes, os índios usam às vezes o sistema de desenhar nas areias da margem a figura desse peixe. Quem venha depois e esteja a par do processo não correrá o risco de enganar-se. É só lançar o anzol.

Em paragens ásperas, desertas e de pouco mantimento, os exploradores que o contato prolongado da terra e dos usos da terra não tivesse familiarizado com artifícios de que se socorre o gentio em qualquer contingência, dificilmente poderiam prescindir do auxílio constante de índios amigos e bons vaqueanos. É claro que nos tempos coloniais essa necessidade seria mais imperiosa do que hoje. Nem de outra forma se poderiam imaginar façanhas memoráveis como a do fabuloso Aleixo Garcia, que partiu do litoral atlântico e rumou para os Andes através de terras nunca antes trilhadas por europeus.

O fato de as bandeiras saídas de São Paulo, ora em direção ao Guairá, ora rumo ao sertão do alto São Francisco, terem já nas primeiras investidas atinado com o caminho mais apropriado mostra até onde se valeriam seus cabos da colaboração indígena. Não importa que fosse uma colaboração absolutamente involuntária e indireta, como chega a sugerir Orville Derby, ao assegurar que os sertanistas "apenas seguiam caminhos já existentes pelos quais se comunicavam entre si os índios de diversas tribos relacionadas, ou grupos de uma mesma tribo".[17]

Da existência efetiva dessas vias já com caráter mais ou menos permanente, antes de iniciar-se a colonização, nada autoriza a duvidar. E ainda hoje, o traçado de muitas estradas de ferro parece concordar, no essencial, com o dos velhos caminhos de índios e bandeirantes, sinal de que sua localização não seria caprichosa. A marcha em fileira simples, usual até aos nossos dias entre caipiras, seria inevitável nessas primitivas veredas, em regra pouco melhores do que carreiros de anta. O costume, tradicional entre os naturais do país, tinha a vantagem de proporcionar maior segurança ao viajante em lugares perigosos e infestados de gentio brabo. Salvo nos casos excepcionais, como o do famoso Piabiru ou Caminho de São Tomé, no Guairá, que, com seus oito palmos de largo, não era, nisto, inferior a algumas ruas principais da Lisboa quinhentista, tais veredas dificilmente permitiriam em toda a sua largura mais de uma pessoa ao mesmo tempo. É possível dizer-se que aqui, como no resto do Brasil, e em quase todo o continente, a América do Norte inclusive,[18] o primeiro progresso real sobre as velhas trilhas indígenas só foi definitivamente alcançado com a introdução em grande escala dos animais de transporte. Em São Paulo, particularmente, com as primeiras tropas de muares. Quebrando e varrendo a galharia por entre brenhas espessas, as bruacas ou surrões que pendiam a cada lado do animal serviam para ampliar as passagens. Novo progresso surgiria mais tarde com a introdução dos veículos de roda para jornadas mais extensas. Pode-se ter idéia de como foi lento esse progresso dizendo que, em São Paulo, ao tempo do capitão-general Melo Castro e Mendonça — o Pilatos —, ou seja entre 1797 e 1802, o caminho de Santos, principal escoadouro da capitania, ainda não era carroçável, mesmo em lugares planos, posto que em muitas partes já fosse pavimentado.[19]

Muito embora a documentação existente a respeito seja bastante falha, há mais de um motivo para supor-se que, nas suas longas jornadas, os bandeirantes e cabos de tropa andassem freqüentemente descalços. Montoya diz expressamente dos paulistas que, a pé e descalços, marchavam por terras, montes e vales trezentas e quatrocentas léguas, como se passeassem nas ruas de Madri.[20] Uma carta dirigida a Sua Majestade pelo Cabildo de Assunção do Paraguai, em março de 1676, e que existe manuscrita no Archivo General de las Indias, em Sevilha, declara expressamente: *"los Portugueses que hasta aquí se an visto son todos mansevos descalsos de pié y pierna con escopetas y alfanges* ".²¹ E os inventários e testamentos de sertanistas, feitos durante as entradas, não levam a acreditar que abundassem notavelmente os calçados em semelhantes expedições. Muitas vezes não se dá sequer, nesses documentos, notícia de sua presença. Assim ocorre, por exemplo, no inventário de Pascoal Neto, mandado fazer na paragem de Ibitucaraíba por determinação de Antônio Raposo Tavares; no de Manuel Preto, o moço; no de Pedro Sardinha; no de Francisco de Almeida; no de Gaspar Fernandes... Há certamente exceções, como a do sapato "novo" de couro de veado, que pertenceu a Antônio de Oliveira. Mas esse "novo" não serviria para indicar que só se destinava ao uso nas ocasiões mais solenes?

É sabido que o calçado teve com bastante freqüência um prestígio quase mágico em terras de portugueses, valendo como prova de nobreza ou da importância social de quem o usava. Entre mulheres, então, tinha-se como indiscreta ou provocadora a exibição dos pés nus. De onde, talvez, a preocupação verdadeiramente obsessiva, em nossa literatura de há meio século, pelos pés femininos, "pequenos e mimosos pés", "pés de criança", que aos ternos dom-juans de nosso romantismo apareciam quase como um aceno para a intimidade amorosa.

Houve quem dissesse que no Brasil os sapatos foram o verdadeiro distintivo da liberdade e em Angola, segundo relatava Silva Correia em fins do século XVIII, chamavam "brancos" aos negros que, pelo trato e distinção, estivessem em condições de usá-los.²² Ainda quando não constituíssem, em todos os casos, privilégio de homens livres, indicariam, de qualquer modo, certa dignidade e ascendência. O grande Afonso de Albuquerque, declara-o Diogo do Couto, era "fidalgo tão honrado, tão cristão, tão honesto, que afirmam que nunca criado seu lhe viu o pé descalço".²³ De Bento do Amaral, que viveu em São Paulo em princípios do mesmo século XVIII, consta que tinha casa servida por escravos calçados, e tal fato era reputado entre seus contemporâneos como sinal de luxo extremo.²⁴

É possível que nas vilas, durante toda a era colonial, a essa função dignificadora do uso dos calçados correspondesse sua generalização entre gente de qualidade. Afonso Sardinha, justificando-se em 1576 por não poder comparecer a uma sessão do Conselho paulistano, onde era vereador, alegava que "não tinha húas botas para vir a Camara". Só a tais circunstâncias deve atribuir-se, provavelmente, certa prosperidade atingida então pelo ofício de sapateiro, que em São Paulo tinha regimento de postura e juiz já no ano de 1583.[25] Por outro lado, fora dos lugares povoados e mesmo em sua imediata vizinhança, é lícito crer que tudo isso fosse considerado supérfluo. Ao entrar nas vilas é que o caminhante tinha o cuidado de calçar-se, depois de limpar cuidadosamente os pés, para livrar-se dos bichos e da poeira. O nome de Lavapés, que designa em São Paulo o sítio onde ficava antigamente a entrada da cidade para quem vinha do lado de Santos, deve ser reminiscência desse velho costume. Ainda hoje, entre homens do campo, prevalece a tradição de só se calçarem ao penetrar nas cidades; na roça caminham em geral de pés nus, carregando ao ombro as botinas, pendentes de uma vara.

O sistema de marcharem a pé e descalços teve ação persistente sobre os hábitos dos sertanistas. Ação que já bem tarde, quando começa a disseminar-se o recurso às cavalgaduras para viagens prolongadas, chega a exercer-se até sobre a forma e o tamanho dos estribos. Havia-os tão pequenos, que apenas deixavam lugar para quatro dedos, e estes eram firmados com o auxílio do polegar, que ficava de fora. Alguns viajantes de começos do século passado ainda registam seu uso. No Rio Grande do Sul prevaleceu por muito tempo um modelo de estribo ainda mais singular. Constava de um pequeno cilindro de pau, suspenso horizontalmente por duas guascas, que formavam um triângulo em que só cabia o polegar. É provável que esse modelo tivesse origem nas possessões castelhanas do Prata, onde aparece desde épocas remotas. Em outros casos recorria-se a um simples botão ou nó, à extremidade da soga de couro. Estribava-se mantendo a soga entre os dedos e firmando estes sobre o botão.[26] De seu uso resulta a deformação característica que se descreve no *Martín Fierro*, a propósito do velho Viscacha: *"con las patas como loro de estribar entre los dedos"*.[27]

Os primeiros missionários religiosos, sobretudo jesuítas, também dispensariam muitas vezes qualquer protecção para os pés. A tanto os forçava a pobreza da terra e também a necessidade de caminharem por lugares fragosos ou encharcados, onde os calçados de couro não duravam muito. Sabe-se que nesses casos recorreram, algumas vezes, a alpargatas de estrigas de caraguatá e consta que Anchieta se tornou mestre no ofício de fabricá-las.

Menos industriosos, os colonos e os próprios conquistadores não se davam sequer esse luxo. Informa-nos Friederici que já Cabeça de

Vaca fez descalço todo o percurso entre o litoral de Santa Catarina e as margens do rio Paraná.[28] O fato não vem relatado nos Comentários de Pero Hernández, mas nada autoriza a pôr em dúvida sua autenticidade. Europeus apenas chegados à América e mesmo antes disso, a bordo dos navios, andavam a pé e descalços à maneira dos índios. Não há dúvida que estes últimos desconheciam praticamente toda espécie de calçados, ao menos na área onde se desenvolveu com maior intensidade a colonização portuguesa. Nada entre eles recordava, embora remotamente, o *moccasin* dos indígenas norte-americanos, de que só nos Estados Unidos e no Canadá pesquisas acuradas revelaram mais de uma dezena de variedades tribais diversas.[29]

Citam-se esporadicamente casos como o de certos índios das regiões pedregosas do Roraima, que inventaram uma espécie de sandália leve e elástica, fabricada com hastes de meriti. É esse dos raros exemplos conhecidos de um sistema aparentemente autóctone de revestidura para os pés, ou antes, para a planta dos pés, nas florestas tropicais. Depreende-se da descrição oferecida por Koch que, embora se gastem com facilidade, as sandálias desse tipo são rapidamente substituídas durante as expedições, graças à notável abundância do meriti nas regiões do extremo norte.[30] Menos freqüentes, devido talvez ao fato de serem duras e incômodas, as alpargatas de pele de tapir ou veado, assinaladas na mesma área, relacionam-se possivelmente com as sandálias de couro, que já no século XVI se encontravam à embocadura do Amazonas e de que há menção no relato de Ortiguera sobre a jornada do rio Maranhão. O mapa organizado por Erland Nordenskiöld, abrangendo a distribuição do uso de calçados na América do Sul, consigna para o Brasil, além dessas, as alpargatas de caraguatá encontradas por Marcgrave e por frei Vital de Frescarolo entre tapuias do Nordeste — possivelmente do grupo cariri — e as dos caingangues do Sul.[31]

O emprego dessas sandálias ou alpargatas nem sempre estaria ligado, entretanto, à necessidade de proteção para os pés. Dos caingangues, que normalmente não as usam, diz Ambrosetti que só quando não querem ser seguidos em viagem cobrem as plantas dos pés com um atado de folhas, cujas extremidades são reviradas para cima. Desse modo, ninguém poderá suspeitar, pela simples observação dos rastros, qual a direção tomada, uma vez que as marcas impressas no solo são iguais de ambos os lados. É natural que o empenho de dissimular

29

perante o inimigo o verdadeiro rumo das expedições obrigasse nossos indígenas a constantes e variados estratagemas. Ao caso das sandálias caingangue, referido por Ambrosetti e registado mais tarde por Nordenskiöld em seu mapa, cabe acrescentar que entre os xerentes houve quem encontrasse "certo calçado muito próximo das alpargatas, feito de palhas entrançadas": a parte da frente servia de descanso ao calcâneo e o rastro ficava impresso em sentido inverso ao da marcha. Inquirido um xerente sobre as razões que determinaram tal conformação para sua sandália, teria respondido:

— É para cristão não saber da viagem.[32]

A presença de expediente semelhante em grupos geograficamente tão apartados entre si, como o são os caingangues e xerentes, sugere que o uso das alpargatas destinadas a disfarçar o rumo das marchas seria mais disseminado do que realmente se pode supor. E, ao mesmo tempo fornece uma explicação, talvez plausível, para os fabulosos *matuyu* mencionados por Simão de Vasconcelos em suas *Notícias do Brasil*: casta de índios que tinham a singularidade de nascer com os pés às avessas, de modo que para seguir seu caminho era preciso que se andasse em sentido contrário ao que iam mostrando as pisadas. Esse *matuyus* são, sem dúvida, os mesmos *mutayus* do padre Cristóvão de Acuña, que aqui, como em tantos outros pontos, parece ter sido o inspirador direto do jesuíta português. Efetivamente no *Nuevo descubrimiento* aparecem como "*gente que todos tienen los pies al reués, de suerte que quien no conociendo les quisiere seguir sus huellas, caminaria al contrario de ellos*".[33]

Não é preciso ir buscar antepassados para essa nação lendária entre os *monstra* da Antiguidade clássica, ou do Oriente, ou da Idade Média. A anomalia dos pés às avessas, que no ermo das florestas pode preservar de perseguições, deve parecer uma espécie de privilégio sobrenatural entre povos andejos e assustadiços. É bem compreensível o fato de esse privilégio surgir associado com freqüência a entidades mitológicas dotadas de força mágica. Ao curupira, por exemplo, cujo poder se estende a toda a vasta área onde dominaram povos de língua tupi e cuja missão específica é proteger as matas e as caças. Segundo a versão mais popular, ele se manifesta aos índios, sobretudo aos caçadores, sob a aparência de um caboclinho calvo, de enormes orelhas, um só olho, corpo cabeludo, dentes verdes ou azuis, e sempre com os pés virados para trás. É pelo menos assim que costuma aparecer mais freqüentemente na Amazônia.[34]

Uma das formas que assumiria o saci no interior de São Paulo aparenta-o bastante ao curupira amazônico. A versão divulgada por Afonso A. de Freitas caracteriza esse tipo de saci como tendo duas pernas e pisando com os calcanhares para a frente, de modo que suas pegadas indicam sempre direção oposta à que na realidade tomou.[35] Martius atribui não ao curupira e nem ao saci, mas ao upupiara, a especialidade de pés às avessas.[36] No Rio Grande do Sul, ao que informa Barbosa Rodrigues, existe a crença numa personagem mítica dotada de duplos pés, "para não se saber quando caminha para a frente ou para trás".[37] A preocupação constante entre os índios de dissimular ao inimigo todas as pistas que possa deixar sua marcha através dos sítios mais infestados transparece claramente de tais lendas. As marcas dos pés descalços são, entre essas pistas, das mais evidentes e, por conseguinte, das mais perigosas. No caso do curupira elas têm uma função particular, a de atrair o caçador que pretende escapar-lhe, iludido por sua direção suposta e falsa.

Das intermináveis marchas a que se habituavam desde meninos, provêm, segundo todas as aparências, os pés alargados e disformes que Ehrenreich notou em numerosos índios brasileiros, traço que ainda persiste com grande freqüência em nossos caboclos de hoje: "descalço, pés chatos e esparramados, dedos cabeçudos, longos, em garra, fincados no chão [...]".[38] Outros fatores, aliás, podem determinar essa particularidade. Assim, por exemplo, os pés chatos ou espalmados dos guatós são explicados pela posição adotada por esses índios nas suas canoas, onde passam dias inteiros. A mesma causa explicaria as pernas em X, comuns nos indivíduos dessa tribo anfíbia, sobretudo os do sexo masculino.[39] Dos guaicurus, ao contrário, consta expressamente, em velhas crônicas, que "por sempre andarem embarcados ou a cavalo, têm os pés mimosos".[40]

É curioso que os próprios índios atribuem por vezes a deformação dos pés achatados aos modos de vida que lhes são impostos ou às condições do terreno que pisam: sinal de que não corresponderia a nenhum ideal estético particular, como parece suceder, por exemplo, com as cabeças artificialmente comprimidas dos cambebas ou com as pernas engrossadas das mulheres caribes. Ilustra bem esse fato o mito do dilúvio caingangue, colhido por Telêmaco Borba entre índios do estado do Paraná. Refere essa lenda como, durante a grande inundação que, em eras remotas, chegou a cobrir toda a superfície da terra, os caingangues, os caiurucrés e os camés procuraram alcançar a nado o ponto culminante das montanhas de Crijijimbé (serra do Mar?), único sítio que emergia das águas. Apenas os primeiros, isto é, os caingangues, puderam chegar ao termo da viagem, pois os caiurucrés e os camés, cansados do longo esforço, se afogaram, e suas almas foram morar no coração da serra. Graças a certas aves, que traziam terra e lançavam-na às águas, formou-se aos poucos uma extensa planície, onde se instalaram os caingangues. Os caiurucrés e os camés, cujas almas tinham ido morar no centro das montanhas, trataram, ao mesmo tempo, de abrir caminho para o ar livre. Depois de grandes trabalhos, puderam, enfim, achar duas saídas. Pela porta que abriram os caiurucrés, brotou um lindo arroio, e a estrada era isenta de pedras. Daí vem o terem conservado até agora os pés pequenos e mimosos. O mesmo não sucedeu, porém, aos camés, pois abrindo sua vereda por lugares mais ásperos, seus pés ficaram feridos e inflamados. Por isso os têm grandes e grosseiros ainda hoje.

A mesma lenda esclarece, de passagem, como, tendo as aves começado o trabalho de aterro a partir do levante, os rios dessa parte do Brasil correm de leste para oeste, indo escoar-se no Paraná.[41]

"Pés largos" é a designação dada correntemente a certa casta de gentio, mencionada com freqüência nos velhos documentos paulistas. A identidade desses índios é presentemente um mistério para o estudioso de nossa etnografia histórica. Sabe-se que não deveriam assistir muito de longe da vila de São Paulo e que vizinhavam aparentemente com os tupiniquins. Ao menos em uma prática aos caciques de Loreto, que fez d. Luís de Céspedes Xeria a 21 de janeiro de 1629, fala-se nos tupis e "*pies largos de San Pablo*". Seriam os guaianás? Uma referência contida no relato das peregrinações de Knivet admite essa suposição. Tratando dos guaianás da Ilha Grande, que demoravam na região da Mantiqueira e da serra do Mar, o aventureiro inglês diz que "eram de pequena estatura, ventre volumoso e pés largos".[42] Tão escassos dados não são o bastante para definir uma raça; em todo o caso há coincidência que pode impressionar entre a descrição dada por Knivet e o nome da tribo que tanto abasteceu de escravos e administrados os moradores de São Paulo. Se é exata a presunção de Capistrano de Abreu, quando faz de guaianá, guarulho e guaramomi um só grupo falando língua diversa da geral, haverá outros motivos para insistir na identificação proposta, pois dos guarulhos consta que tinham ventre desproporcionadamente grande, e seu próprio nome se aparenta ao do peixe guaru, ou guaruguaru, também chamado "barrigudinho".

Desses índios sabemos, por mais de uma referência, principalmente das atas da Câmara paulistana, que eram andantes e sem pouso certo. Muito caminho pisado mais tarde pelas bandeiras foi aberto e trilhado inicialmente por eles, e assim terão contribuído para marcar de modo definitivo a fisionomia da terra onde vagaram. De sua prática nos terrenos montanhosos, que cortam o vale do Paraíba, valeram-se os colonos, primeiro quando necessitaram de escravos — pois os índios iam buscá-los à serra, sempre que lhes encomendavam — e finalmente quando precisaram de guias nos caminhos do sertão.

Será sem dúvida excessivo imaginar-se um traçado inteiramente fixo para as trilhas de índios usadas depois pelos bandeirantes. É bem conhecida a instabilidade de algumas dessas primitivas vias de comunicação, sobretudo quando surgia uma interrupção mais ou menos prolongada no seu uso. Assim, cada viagem tomaria, de certo modo, a aparência de uma exploração nova, de um novo trabalho de engenharia. Todavia a escolha cuidadosa, pelos indígenas, dos lugares mais apropriados ao trânsito, preservava ao menos a direção geral do traçado e garantia, nos lugares acidentados, a passagem obrigatória por determinados sítios, que serviam de baliza ao longo do trajeto.

A pouca largura desses caminhos, que se adaptavam particularmente ao sistema de marcha característico dos índios, não constituiu sério obstáculo a que fossem mais tarde utilizados pelos adventícios. O que sucedeu em outros lugares da América, onde as picadas abertas pelos naturais da terra serviram mais tarde aos europeus, permitindo sua expansão através do continente,[43] ocorreu igualmente, e em maior escala, entre nós. Há testemunhos desse aproveitamento e é significativo que em textos coloniais a presença de alguma antiga trilha indígena se presta, não raro, para determinar a localização de datas de terras. Assim o caminho dos guaianás, que em fins do século XVI servira a Martim de Sá em sua expedição às regiões correspondentes ao sul, ou antes, ao sudeste do atual território de Minas Gerais, é o mesmo que, mais de três decênios depois, ainda constituía ponto de referência numa petição de sesmaria apresentada por Miguel Aires Maldonado e filhos.[44] A permanência de caminhos numerosos que da vila de São Paulo conduziam, ora às minas gerais, ora ao sul, onde se estabeleceriam as primeiras reduções de guaranis, parece ter fixado, muito mais do que o rio Tietê, as direções iniciais da expansão bandeirante. O valor dos rios estava, aparentemente, menos em servirem de vias de comunicação do que de meios de orientação.

Já nos tempos da decadência do bandeirismo, um capitão-general de São Paulo, Martim Lopes Lobo de Saldanha, indicava em ofício sobre remessas de tropas às regiões platinas algumas das vantagens que ofereciam os rios aos seus governados. É que estes banzavam no mar e preferiam marchar por terra, pescando, matando as caças que freqüentam as margens de água doce, e banhando-se "a uso Americano".[45]

E assim como o branco e o mamaluco se aproveitaram não raro das veredas dos índios, há motivo para pensar que estes, por sua vez, foram, em muitos casos, simples sucessores dos animais selvagens, do tapir especialmente, cujos carreiros ao longo de rios e riachos, ou em direção a nascentes de águas, se adaptavam perfeitamente às necessidades e hábitos daquelas populações. Hábitos a que o europeu e seu descendente tiveram de acomodar-se com freqüência nas viagens terrestres e que muitos sertanejos ainda conservam.

O caminhar em fila imposto pela exigüidade das trilhas, principalmente no espesso da selva tropical, parece relacionar-se, além disso, às razões de ordem fisiológica que G. Friederici estudou entre índios norte-americanos, mas que parecem aplicar-se de modo geral aos de todo o continente. É que, enquanto os brancos, por disposição natural ou educação, costumam caminhar voltando para fora a extremidade de cada pé, o índio caminha de ordinário com os pés para a frente. Na sua marcha, nota ainda Friederici, a planta e os dedos do pé aplicam-se inteiramente sobre o solo, porque todo o peso do indivíduo recai sobre o conjunto de maneira uniforme, ao passo que entre os brancos o polegar suporta uma parcela de peso desproporcionadamente maior. Com seu sistema peculiar, os índios não só economizam trabalho, pois a ponta do pé encontra naturalmente menos superfície de resistência nos galhos e macegas, mas também, devido à distribuição mais proporcional do peso do corpo, "nenhuma junta desenvolve mais trabalho do que as outras, nenhuma parte sofre maior cansaço, e assim — *viribus unitis* — tornam-se possíveis percursos mais extensos".[46] É ilustrativo, a propósito, o que refere

George Catlin das suas peregrinações no vale do Missouri. Tendo caminhado, certa vez, dias seguidos sobre uma campina imensa, ele e seus companheiros brancos sentiam-se, ao cabo de algum tempo, exaustos, com dores atrozes nos pés, que impossibilitavam o prosseguimento da marcha. Foi então que, a conselho de um dos franceses mestiços pertencentes ao grupo e que, ao contrário dos brancos puros, pareciam suportar bem a jornada, decidiu seguir o costume indígena e "voltar para dentro os dedos do pé" (*turn my toes in*). Não foi preciso muito mais para que se refizesse prontamente do cansaço e, em dois ou três dias, tomasse a dianteira sobre os demais viajantes.[47]

A própria diferença no modo de marchar reflete-se naturalmente na impressão dos rastros, o que permite, pela simples observação destes, determinar se o caminhante teria sido índio ou branco. Além disso, quando o rastro se imprime, não com as pontas dos pés para fora, como ocorre no caso dos brancos, nem para a frente, mas para dentro, é indício de que foi deixado por pessoa que transportava carga pesada. Esta determinação só se torna possível, em todo o caso, para rastro novo e sobre vereda recente. Nas trilhas largamente usadas ela já se torna mais difícil, pois o índio, e às vezes o sertanejo mestiço — a observação foi feita por mais de um viajante no interior do Brasil e em outros países americanos — costumam não só seguir os passos de quem os antecedeu, como ainda pisar exatamente sobre as marcas já deixadas no solo. A imagem que fica dessas veredas é, assim, a de uma seqüência regular de pisadas nitidamente impressas, e essa imagem se tornou tão característica, que na América espanhola chegou a ser reproduzida em esboços cartográficos.[48]

Muitos desses expedientes e recursos, que lhes ajudavam a vencer o cansaço numa existência andeja e inconstante, transmitiramnos os índios aos seus filhos mamalucos. Transmitiram-nos também, quase certamente, a alguns daqueles pioneiros brancos que, especialmente nas terras de Piratininga, tiveram de imitar seus hábitos para resistir à hostilidade do meio. E é inevitável pensar-se a este propósito no patriarca João Ramalho, de quem dizia Tomé de Sousa, em carta a el-rei: "Tem tantos filhos e netos bisnetos e descendentes delle ho nom ouso de dizer a V. A., não tem cãa na cabeça nem no rosto e anda nove leguoas a pe antes de jantar [...]".

35

2

SAMARITANAS DO SERTÃO

Se é certo que os cursos de água puderam muitas vezes retardar a marcha do sertanista, sua ausência completa poderia determinar problemas de complicada solução. Em certos lugares e ocasiões era possível caminhar dias inteiros sem precisar transpor um único arroio. Ribeirões que na estação das chuvas ofereciam água em abundância, só deixavam, agora, distinguir das terras marginais o álveo enxuto e calcinado. Poupava-se com isso a obrigação de procurar vau, lançar pinguelas, fabricar pirogas e balsas, mas não se evitava o pior: a angústia da sede.

E aqui aparece a perícia admirável e verdadeiramente divinatória de muitos desses rudes topógrafos que são os sertanejos. Pela configuração, pela coloração do terreno, por algum sinal só perceptível a olhos experimentados, sabem dizer com certeza a senda que há de levar a alguma remota aguada. Tanto mais digna de admiração é tal capacidade quanto, justamente nesses sítios, as nascentes se acham em geral bem abrigadas, parecendo desafiar a atenta argúcia do caminhante. "Para nós, europeus", exclama um observador, "é coisa absolutamente inconcebível o senso topográfico dessa gente, que num terreno uniforme e sem a menor indicação, sabe achar logo o rumo exato para o olho-d'água mais próximo."[1]

A experiência do gentio da terra terá sido, ainda neste caso, de inapreciável valor para os nossos práticos de sertão. O zelo que põem estes em localizar e descobrir água potável pode ser avaliado pelos vários e engenhosos métodos que ainda hoje se empregam entre certas tribos com o mesmo fim. Diz-se, por exemplo, dos carajás, que, quando pretendem saciar a sede, a primeira coisa que fazem é colocar-se com o rosto na direção de onde vem o vento. Se o vento é fresco, então se certificam de que passou por lugar onde existe água. Se ao contrário é quente, pouco ou nada adiantarão as pesquisas naquela direção. Assim também, para abrir um poço, o carajá costuma realizar previamente cuidadosa sondagem, servindo-se de um pedaço de pau que possa penetrar profundamente o solo. Se o pedaço de pau sair úmido, é sinal de que a perfuração dará o resultado desejado.[2]

Os verdadeiros meios de que dispunham, tanto índios como sertanistas, quando procuravam algum veio d'água em lugar onde nada indicava sua presença, escapam, todavia, a uma análise precisa e objetiva. Em regra, esses meios decorrem da extraordinária capacidade de observação da natureza, peculiar a esses homens e inatingível para o civilizado. A longa prática do sertão ensinava-lhes que o remédio pronto para a sede poderia bem estar sob uma laje, ou um rochedo, ou mesmo disfarçado por um tronco de árvore, onde não o alcançariam viajantes descuidados ou inexperientes. Um desses verdadeiros tesouros ocultos existiu durante muito tempo no Campo dos Parecis, que atravessava a estrada para Vila Boa de Goiás. Num pau de cinco palmos de espessura e no ponto exato onde começava a ramar, havia um buraco sempre cheio d'água. Ali, por meio de canudos de taquara, costumavam refrescar-se os sequiosos. Consumida a água, em pouco tempo voltava a encher-se o buraco. Não fosse isso, o viajante poderia percorrer em todos os sentidos a vasta planície sem ter onde beber, pelo menos numa extensão de quatro léguas. "Eu sempre suponho", escreveu uma testemunha, "que por baixo do raizame de tal pau há olho-d'água."[3]

Essa conjetura tornaria plausível a suspeita de que o padre Fernão Cardim não estaria muito iludido ou mal informado, quando, dois séculos antes, registara ocorrência semelhante no sertão da Bahia. Aqui também a árvore "que tem água" dava-se justamente em lugares secos. Muito grande e copada, tinha nos ramos buracos cheios d'água, que não transbordavam nem no inverno nem no verão, tal como a da estrada de Vila Boa. Acrescenta o jesuíta que "quer dela bebão muitos, quer poucos, sempre está em o mesmo ser, e assi serve não somente de fonte, mas ainda de grande rio caudal, e acontece chegarem cem almas ao pé dela e todos ficarem agasalhados, bebem e lavam tudo o que querem e nunca falta água".[4] Terá havido muito exagero nas informações em que se fiou o cronista inaciano, mas o exagero é companheiro da surpresa.

Ao lado da árvore-fonte, árvore-rio, a samaritana dos sertões baianos e goianos, outras espécies milagrosas, plantas que vertem água, como o lendário escapu dos missionários do Paraguai, entretiveram imaginações brasileiras durante o período colonial. Muitas não seriam mais
dignas de admiração do que o *umari*, lembrado justamente a propósito
da passagem citada de Fernão Cardim. Esta leguminosa do Nordeste
tem a peculiaridade de, no inverno, verter pelos olhos tal quantidade
de líquido, que chega a molhar o solo em volta do caule.[5] Do escapu,
o *yçapy* de Dobrizhoffer, também se dizia que pode converter a terra
em derredor num pequeno charco. Esse vegetal, cujas folhas fariam pensar nas do limoeiro, se fossem pouco maiores e menos pálidas, lembrou
ao historiador dos abipões o que diziam narrativas de viajantes sobre
uma planta da ilha do Ferro, nas Canárias, dotada de propriedade idêntica. O líquido que lançava de si esta árvore era em tamanha quantidade
que os habitantes do lugar, dada a escassez de água fresca, chegavam
a colocar alguidares e bacias por baixo dos ramos, a fim de recolhê-la,
não só para seu uso como para o gado.[6]

Em nossos dias o padre Teschauer julgou ter avistado nas imediações da cidade de São Luís, Rio Grande do Sul, a célebre árvore
que chora, árvore que pinga, dos antigos jesuítas castelhanos. Seria
a mesma a que os moradores da região costumam denominar hoje
rabo-de-bugio ou maria-preta. E não faltaram imaginações generosas para sugerir que se aproveitasse semelhante maravilha como remédio às secas do Norte do Brasil.

São de vantagens bem mais evidentes certos vegetais, ainda hoje
amplamente conhecidos e utilizados, que pela capacidade de preser-
varem em si a água das chuvas ou a umidade interior — no tronco,
nos talos, nas raízes ou entre as folhas —, mesmo durante as piores
secas, constituem verdadeiro regalo para o habitante dos sertões áridos. A essas plantas providenciais deve-se em parte a travessia e exploração de muitos territórios intransponíveis sem tal recurso. Uma
das defesas com que contaram outrora as minas do Cuiabá — a extensa região áspera e falta de água que separava essas minas da primeira povoação de castelhanos a oeste — seria certamente mais vulnerável se o inimigo tivesse aprendido a beneficiar-se com o auxílio
desses vegetais. Se os paulistas conseguiram palmilhar em vários sentidos semelhantes ermos, isso só lhes foi possível porque, segundo depoimento do governador Rodrigo César de Meneses, "para satisfa-
zerem a sede se valião da raiz de hum pau que metião na boca [...]".[7]

Não é difícil reconhecer aqui a raiz do umbuzeiro (*Spondias purpurea*, Lin.), que tanto no Nordeste como em diversos pontos do Brasil Central, inclusive perto do Cuiabá, constitui refrigério habitual dos sertanejos em época de secas. As batatas que deita essa árvore desmancham-se facilmente na boca e com isso dessedentam o viajante.

Já entre os antigos cronistas gabava-se o gosto adocicado das raízes do umbuzeiro: "gostosas e mais saborosas do que a balancia", diz um deles, "porque são mais doces e a doçura parece de açúcar".[8] Como esses tubérculos se acham algumas vezes apartados cinqüenta e sessenta passos da árvore, os índios costumavam bater ao solo com um cajado; pelo som das pancadas podiam saber onde lhes convinha cavar.

Nunca será excessivo acentuar a importância do papel que chegaram a assumir essas plantas para as populações que a seca flagela periodicamente. O autor anônimo do "Roteiro do Maranhão a Goiás" refere-nos como no sertão que corre entre o rio de São Francisco e a capitania do Piauí, muita gente, durante os meses de agosto a dezembro, sustentava a vida nas ocasiões de seca unicamente com as raízes do umbuzeiro. E Euclides da Cunha pôde comprovar o mesmo fato em nossos dias: "Se não existisse o umbuzeiro", escreve, "aquele trato de sertão, tão estéril que nele escasseiam os carnaubais tão providencialmente dispersos nos que o convizinham até ao Ceará, estaria despovoado".[9]

Ao lado dessa convém mencionar outras plantas que, pela particularidade de resguardarem a umidade mesmo nas piores secas, eram avidamente procuradas no sertão. Certas cactáceas que medram normalmente em sítios arenosos servem para desalterar tanto o gado como o homem. Assim o mandacaru, o "monducuru" de Gabriel Soares, pelo socorro que pode dar ao viajante nos lugares áridos, mereceu o entusiasmo de mais de um cronista. Simão de Vasconcelos, que no afã de canonizar nossas frutas quase se antecipa a um frei Antônio do Rosário, não podia deixar de maravilhar-se diante dessas plantas, sempre vestidas no exterior com seu cilício de espinhos, mas "sempre no interior nobres nas suas qualidades". Há aqui uma sugestão mística: para a mentalidade da época seria penhor seguro de grandes virtudes. Com efeito, além de apetecido dos caminhantes "por seu bom cheiro, por sua umidade gostosa, que satisfaz a sede", esse fruto também era aplicado com vantagem aos febricitantes, "porque", continua o autor da *Crônica da Companhia de Jesus*, "resfria e umedece o palato, tira o desejo de água e recreia; corrobora o coração e com mais força o sumo espremido é remédio único às febres biliosas".[10]

Verdadeiras fontes vegetais são, por outro lado, certas castas de cipós que, ao contrário do umbuzeiro e dos cactos, dão preferência ao recesso das floresas espessas. Cortados a jeito e mantidos por algum tempo em posição vertical, esses cipós deixam escorrer boa quantidade de líquido fresco. Líquido que serve apenas para enganar e prorrogar a sede durante as longas caminhadas; a própria cor clara e cristalina que apresenta ao ser colhido, logo se turva quando conservado por algum tempo em garrafas. Mas se esse líquido não dá para saciar inteiramente o viajante sequioso, compensa um pouco pela notável abundância. Uma ou duas varas de cipó dão com facilidade para um copo cheio. Calculou-se que podem mesmo fornecer até meio litro e mais de água.

Não menos abundante é o líquido que se conserva nos entrenós de algumas variedades de *Bambusa*, nomeadamente no taquaruçu, cujos colmos atingem por vezes quatro e cinco polegadas de grossura. Aparece em maior quantidade nas hastes mais tenras. Foi provavelmente da água do taquaruçu que se serviu a gente de Cabeça de Vaca durante sua famosa expedição do litoral de Santa Catarina até ao Paraguai, no ano de 1541: "[...] *de los cañutos de otras cañas sacaban agua, que bebian y era muy buena, y se holgaban con ello*", nota o escrivão Pero Hernández.[11]

Numa relação das plantas que ajudam a matar a sede e, com isso, contribuíram de algum modo para permitir o conhecimento e a exploração de extensas zonas do território brasileiro, é impossível deixar de mencionar especialmente os caraguatás. O vaso natural que compõem as folhas dessa bromélia serve de reservatório para as águas das chuvas, que ali se depositam em considerável quantidade — muitas vezes de um litro ou mais em cada planta —, constituindo valiosíssimo recurso por ocasião das caminhadas em sítios onde escasseiam rios e fontes. Nos lugares rochosos, que formam em regra seu hábitat, o caraguatá é, talvez, entre os vários "poços vegetais", aquele que pode fornecer maior quantidade de água e, por conseguinte, aquele a que recorre de preferência o viajante sedento. À sua falta é que se procuram os cipós e mesmo os taquaruçus e as raízes de umbuzeiro.

No relato da expedição efetuada em 1675 às serras de Itabaiana e Jacobina por Pedro Barbosa Leal e seus companheiros, em busca das celebradas minas de Belchior Dias Moreira, há notícia de que foram cortadas "doze Legoas de mato e catinga *sem agua nem carabatá que a tiuesse*, e com raizes de humbu e mandaçaru se remediou a gente, que abriu o caminho em dezanoue dias".[12]

Os velhos roteiros assinalam muitas vezes córregos, lagoas e nascentes onde existia água abundante e saudável. Tais indicações eram de alto preço para o sertanista, pois a experiência mostrara que nem sempre o aspecto e o sabor das águas constituíam critério para avaliar de sua bondade. No traçado das estradas, como no estabelecimento de arraiais e povoações, o problema da água desempenhou quase sempre papel de importância primordial. Viajantes estrangeiros, como Saint-Hilaire e Burton, chegaram a assinalar a constante preferência dos povoadores do centro do Brasil pelas baixadas e fundos de vales. A regra sofreria exceção apenas nas zonas mineiras, onde a posição exata dos povoados não podia depender do arbítrio exclusivo dos seus fundadores, ou então nos estabelecimentos de origem religiosa, que a tradição mandava construir em eminências de terreno.

Essa predileção pelos vales distinguiria muito particularmente os homens de São Paulo, se é exata a presunção de Capistrano de Abreu quando diz que nas margens do São Francisco as regiões onde os altos deixam de ser preferidos para a habitação, mesmo quando não existe perigo de ser inundado o terreno, marcam a presença do paulista ou de seu descendente.[13] A água, copiosa nessas regiões, água para bebida, para as diversas utilidades caseiras e também para o monjolo, desconhecido nas capitanias do Norte, fornece a explicação mais plausível dessa preferência.

Já nos primeiros tempos da colonização européia, a presença de boas águas determinou muitas vezes a escolha de sítios para instalação de povoados. Bons ares e boas águas: dois requisitos que andam sempre juntos e de certo modo relacionados entre si, pois que a qualidade dos ares seria forçosamente prejudicada onde quer que existissem águas miasmáticas e deletérias.

Em caminhos trilhados o sertanista procuraria, sempre que lhe sobrasse alguma alternativa, fugir às poças e rios considerados pestilentos. Muitos acharam preferível trazer água de grandes distâncias a servir-se desses focos de enfermidades. Já em fins do século

XVIII estaria introduzido nos lugares mais adiantados o costume de quinarem as águas transportadas durante as expedições, e que iam geralmente em grandes cabaças ou borrachas de couro, às vezes levadas pelos escravos e animais de carga.[14] É lícito pensar, entretanto, que semelhante providência fosse usada apenas em caráter excepcional e sobretudo nas explorações determinadas ou amparadas pelas autoridades.

No Brasil, as cisternas e poços artificiais mais ou menos permanentes, em que o viandante pudesse desalterar-se durante as viagens, não parecem ter pertencido a uma tradição muito generalizada entre os naturais da terra. Pelo menos não há notícia de que os colonos portugueses tivessem encontrado entre nós qualquer coisa comparável às numerosas fontes e *jagueyes* que serviram aos castelhanos em suas conquistas da América. A perfuração de poços em caminhos ermos fazia-se quando muito para atender a necessidades momentâneas dos viajantes. Uma vez utilizados, esses poços eram deixados à lei da natureza sem qualquer espécie de resguardo. É certo que, em sítios não muito distantes dos povoados e junto aos pousos e registos, existiam, já em princípios do século XIX, aguadas sofrivelmente protegidas, onde se poderia obter água fresca. Obra de administrações zelosas ou mesmo de alguns particulares, essas cacimbas não primariam pela comodidade e nem pelo asseio, pois é notório que, mesmo em nossas cidades coloniais mais populosas e ilustres, o estado de conservação das fontes públicas foi assunto de constantes queixas por parte dos moradores.

3

A CERA E O MEL

A intimidade incessante com a natureza desvenda assim aos sertanistas, como aos antigos moradores da terra, as secretas condescendências de um mundo agreste e primitivo, mesmo onde tudo parece querer privar o homem dos meios de subsistir. É conhecida a agilidade e indústria com que ainda hoje nossa gente rústica sabe localizar, por exemplo, uma árvore de colmeia entre centenares de troncos.

Acompanhando com os olhos atentos a pequenina abelha silvestre, tão pequena às vezes como um pequeno mosquito, o índio encontra muitas vezes os favos cobiçados, depois de buscá-los pelos atalhos da floresta. Tal importância chegou a assumir esse trabalho para a vida do selvagem que alguns, interpelados sobre o motivo que os levava a arrancarem sobrancelhas e pestanas, prontamente respondiam que assim o faziam para melhor acompanharem as abelhas em vôo.

Ao tempo das velhas missões jesuíticas no Paraguai, já o padre Cardiael notara a quase impossibilidade de se ocultarem as colmeias à vista de seus perseguidores: "coisa em verdade bem difícil", diz, "porque muitos a têm tão perspicaz como um lince e, seja pela disposição particular dos seus olhos, seja, o que é mais natural, pelo exercício constante, acham-se entre eles não poucos que seguem a cavalo uma abelha em vôo até encontrarem o agulheiro onde se meteu [...]".[1]

É claro que essa extraordinária habilidade há de variar de pessoa a pessoa e mesmo de tribo a tribo; nada mais arriscado, com efeito, do que as generalizações tendentes a apresentar todos os grupos indígenas como constituindo uma unidade perfeita. Pode-se talvez presumir que onde domine a alimentação de origem animal tenha

43

papel secundário a apanha e o consumo de mel. Mas nem mesmo essa regra se verifica em todo o seu rigor entre nossas populações indígenas. Os guaiaquis, que estão longe de praticar qualquer espécie de lavoura, vivem largamente de mel de pau — houve mesmo quem julgasse acertado defini-los como "uma civilização do mel";[2] o mesmo pode-se afirmar de outros grupos geralmente adversos ao cultivo da terra.

A verdade é que o costume, assinalado por Cardiael entre os moradores da bacia do Paraná e do Paraguai visitados por esse missionário, de localizarem as colmeias pela direção do vôo das abelhas, não parece constituir privilégio de nenhum grupo indígena determinado. A opinião de que seria, ao contrário, comum a quase todos os povos naturais do continente sul-americano, pelo menos do Brasil, encontraria apoio em testemunhos numerosos e referentes a zonas geográficas muito apartadas umas das outras. Eschwege registrou-o entre os coroados do Rio de Janeiro e de Minas Gerais;[3] Ambrosetti entre os caingangues;[4] Pyrineus de Sousa entre os nhambiquaras da Rondônia;[5] J. Vellard, mais recentemente, entre os guaiaquis.[6] Dobrizhoffer dizia dos seus abipões que, a cavalo, acompanham com os olhos as abelhas em vôo e, abandonando o animal, no momento que lhes parece propício, dirigem-se à colmeia.[7] Fritz Krause também afirma dos carajás que, viajando em suas canoas, não deixam de observar atentamente o vôo das abelhas e assim, em pouco tempo, atinam, na copa de alguma árvore, com o agulheiro procurado.[8] Uma aturada e paciente pesquisa revelaria, sem dúvida, outros depoimentos de idêntico teor.[9]

Cera e mel foram sempre na América portuguesa, como na espanhola, produtos típicos de povoações nascentes ou situadas nas fronteiras de um mundo agreste, pois os índios não se cansavam de assolar e desbaratar as colmeias onde as encontrassem. Muitos, como os mongoiós da capitania de Ilhéus, só sabiam crestar o mel arruinando as abelheiras. Estes apanhavam desordenadamente a cera, o samorá e ainda as abelhas que estivessem em casa com suas crias. Cera e abelhas eram depois delidas em água e tudo, posto a fermentar, dava uma bebida embriagante, que os fazia "alegres e também furiosos".[10] Relata o padre Cardiael que numa só localidade, e durante os dois ou três primeiros anos de sua fundação, recolheram os meleiros indígenas nada menos de 6 a 8 mil libras de cera por ano, cessando de súbito a coleta em virtude dos irreparáveis estragos que padeceram as colmeias.[11] Não só a essa perseguição desregrada como também ao sistema das queimadas e coivaras, para a lavoura, que destrói o arvoredo e priva as abelhas de seu pasto, é possível atribuir o rápido esgotamento de cera e mel em certas paragens. Em São Paulo, por exemplo, nos meados do século XVII quando, segundo testemunho de Simão de Vasconcelos,[12] o mel se tinha tornado escasso nas regiões mais povoadas da capitania.

Tal depoimento parece encontrar apoio nas transformações que, durante o mesmo século, sofreram os preços da cera da terra e que dificilmente se poderiam atribuir apenas às mudanças ocorridas durante aquele século no valor da moeda. Da arroba deixada em 1594 por João do Prado, que a trouxe do sertão, deduzida metade para pagamento da missa ao vigário e cinco arráteis para o escrivão do inventário, o restante foi avaliado na base de dois vinténs o arrátel. Com pequenas oscilações sustentou-se esse preço durante mais de trinta anos. Ainda por volta de 1640 raramente ia a mais de três vinténs. É a partir dessa data que se vai tornando contínua a alta, até aos dois últimos decênios do século, quando os preços quase se estabilizam em 560 réis, subindo só excepcionalmente a seiscentos (1681), ou descendo a quinhentos (1686). Isso significa que num período de menos de um século tinham subido a catorze vezes mais. Em 1700, por ocasião do enterro de Constantino Coelho Leite, a libra ou arrátel de cera ainda custava 560 réis. Novo aumento se verifica imediatamente a partir dessa data, pois já em 1714 os preços tinham chegado ao dobro, ou exatamente a 1626 réis.[13] Cumpre observar, em todo o caso, que por esse preço já a cera do reino, ou melhor, da costa da África, começava a aparecer em maior quantidade e é mencionada de modo expresso entre as despesas de enterro da gente importante.

Os perigos que podem representar as queimadas para a indústria da cera e do mel já se tinham patenteado até em Portugal, quando, por exemplo, a instâncias dos vereadores e homens bons de Palmela, alarmados com o fogo que se alastrava nos matos e dizimava as colmeias silvestres, d. João II chegara a adotar severas medidas contra os carvoeiros e caçadores responsáveis.[14] Essas medidas que, com algumas mudanças, passaram mais tarde para as Ordenações Manuelinas, ninguém sonharia em aplicá-las ao Brasil, já porque a produção do açúcar de cana tornara sem urgência o problema do mel, já, e principalmente, porque sua produção aqui só prometeria resultados contraproducentes. Era fácil em Portugal impedir que se caçasse em *hucha* (queimada); no Brasil, o sistema das coivaras tornava-se inevitável e proibi-lo seria condenar à morte a agricultura.

Se a atitude dos índios com relação às colmeias é freqüentemente dissipadora e contribui para despovoar de abelhas as florestas, cumpre lembrar que essa regra não se aplica a todos os casos. Dos cainguás, por exemplo, sabe-se que não só costumam ter a cautela de deixar sempre um pouco de mel e parte das crias nas abelheiras, como até, terminada a colheita, de fechar com pedaços de madeira a abertura feita. Dessa forma poderão as abelhas prosseguir em sua faina.

É pouco provável que tal precaução fosse aprendida dos brancos. Em um caso pelo menos ela se prenderia antes a certas representações mitológicas ou religiosas, como entre os guaranis da margem ocidental do Paraná, parentes próximos dos cainguás, que usam crestar o mel sem fazer dano às colmeias para não ofenderem com isso a memória sagrada de seu antepassado Derekey, que as abelhas mandaçaias (*Melipona quadrifasciata*, Lep.) alimentaram durante a infância.[15]

Do zelo previdente que denuncia esse fato a um esforço bem orientado no sentido da domesticação das nossas abelhas silvestres, a distância não seria excessiva. A atrofia do aguilhão nos meliponídeos, a capacidade de observação da vida animal, que costumam demonstrar nossos índios, a importância considerável do mel em seu regime alimentar, tudo isso justificaria a presença entre eles de alguma forma de apicultura, embora primitiva ou tosca.

O hábito que ainda têm certos caipiras de São Paulo, Mato Grosso, Goiás e, segundo todas as probabilidades, de outras regiões do Brasil, de trazerem de suas excursões à floresta, a fim de guardá-los junto às choças, pedaços de troncos contendo abelheiras de mandaçaia, ou mesmo simples favos, convenientemente protegidos, abrigando sementes capazes de reprodução,[16] não constituiria herança indígena? Não é outro, aliás, o sistema empregado entre algumas tribos do noroeste da Amazônia que já abandonaram a exploração irracional das colmeias silvestres. E sem precisar ir tão longe, os apapocuvas, parentes e quase vizinhos dos cainguás, e dos guaranis do Paraná, parecem usar do mesmo expediente, recorrendo com esse fim às colmeias de abelhas jataí (*Melipona jaty*, Sim.), cujo mel só cede lugar, nos atos religiosos da tribo, ao da mandaçaia.[17]

Nesses casos, o meio de que se serve o índio para ter sempre colmeias de muito gado e em lugar acessível e próximo, é cortar a parte do cepo que contém a abelheira, obturando convenientemente as aberturas para não escaparem os moradores, e conduzi-la à sua aldeia, onde o enxame ficará bem abrigado pela cobertura da habitação. Criam-se assim as abelhas como se podem cultivar certas orquídeas, e sem cuidados maiores. O bom êxito da operação depende muitas vezes da distância em que fique a nova colmeia de sua sede primitiva. Se essa distância for inferior a uma légua, de modo a que os insetos tornem a encontrar com facilidade o antigo local, existirá o risco, em certas ocasiões (mas nem sempre), de ser abandonada a nova abelheira. É conhecida a extraordinária capacidade de orientação de que são dotadas as abelhas e já se tentaram explicações e teorias científicas a respeito de tal capacidade. Nesse ponto nossas melíponas não se distinguem particularmente dos apídeos do Velho Mundo.

É evidente que a esse primitivo sistema de exploração das colmeias só por abuso de expressão se poderia chamar apicultura. Cabe dizer, talvez, que ele estaria para a verdadeira apicultura aproximadamente na relação em que a lavoura da cavadeira (ou de enxada), e a exploração devastadora do solo, ainda praticada entre nós, está para a agricultura no sentido estrito, em que o arado e o uso de adubos desempenham função essencial. Não se pode negar, em todo o caso, que o aproveitamento, em seu estado natural, dos troncos ocos e já povoados de abelhas representa um degrau para a criação racionalizada e metódica. Lippmann, o historiador do açúcar, sugere mesmo que essa fase intermediária teria constituído historicamente o ponto de partida obrigatório para a apicultura sistematizada.[18] Uma lembrança da transição ficou nos cortiços em forma de tronco de carvalho, que ainda se deparam em vários países europeus, notadamente em Portugal.

Das três etapas distintas que atravessou a indústria do mel e da cera, superado em definitivo o regime da exploração dissipadora das colmeias silvestres — isto é, coleta de mel sem destruição da abelheira; utilização de troncos já habitados e, finalmente, emprego de cortiços artificiais —, as duas primeiras já existiam no Brasil, segundo as melhores probabilidades, antes da chegada de europeus e independentemente de qualquer contato com o colono branco. É pouco verossímil que sem esse mesmo contato chegassem nossos índios ao sistema relativamente avançado de apicultura que supõe o recurso a cortiços escolhidos e convenientemente adaptados pelo homem.

Se a autoridade de um Nordenskiöld favorece a tese da existência de uma verdadeira apicultura no continente americano antes da conquista européia, é preciso notar que seus dados se referem principalmente às regiões onde prevaleceram culturas mais complexas, de qualquer modo fora de terras brasileiras.[19] O fato de terem os castelhanos encontrado em suas conquistas a criação de abelhas praticada em cortiços artificiais está perfeitamente documentado para o México, a América Central e partes da Colômbia e da Venezuela atuais.[20] Muito menos positivas, porém, são as notícias referentes à sua presença no Brasil. A engenhosa explicação proposta pelo etnólogo sueco para o fato de se terem encontrado machados de pedra entre povos que não se serviam de canoas de pau inteiriço, atribuindo-a à necessidade em que se viam constantemente de cortar árvores de colmeia, valeria talvez para os casos de exploração das abelheiras silvestres, não para o da criação regular em habitações artificiais.

É certo que entre os meimenés, no noroeste da Amazônia, o capitão Whiffen foi encontrar um costume que representa, sem dúvida, nítido progresso nesse sentido. Não é muito preciso nem prolixo o seu depoimento: permite entender, porém, que o índio para facilitar o labor das abelhas prepara ele próprio o tronco que há de servir para a colmeia.[21] Trata-se certamente de um caso isolado em toda a região. As próprias tribos vizinhas praticam em geral a apanha do mel segundo os processos mais rudes e primitivos, devorando até abelhas e crias.[22] O autor não nos diz que os meimenés escavam deliberadamente o cerne das árvores utilizáveis para este efeito e nada faz crer que se dêem esse trabalho. O provável é que se encarreguem apenas de procurar na floresta os troncos ocos e bons para enxames, sem cogitar na domesticação das abelhas. Nesse ponto seu trabalho consiste mais em assistir do que em torcer a natureza. O processo é bem conhecido e lembra em alguns aspectos o que Robert Redfield assinalou há poucos anos no Iucatã, onde os maias se dedicam desde remotas eras à criação metódica das melíponas em árvores ocas, previamente escolhidas e adaptadas.[23]

Pode-se, entretanto, falar sem grande impropriedade em domesticação, a propósito do sistema empregado pelos parecis da Rondônia, que usam criar suas abelhas em grandes cabaças, naturalmente mais maneáveis do que os troncos de árvores. O professor Roquette-Pinto, observando e registrando pela primeira vez, entre povos naturais do Brasil Central, a presença surpreendente desse sistema de apicultura, "que o sertanejo vai aproveitando", não exclui a possibilidade de uma influência européia.[24] Tal possibilidade autorizaria a perguntar se a precedência no invento ou no emprego do sistema, tal como existe atualmente, não cabe antes ao sertanejo branco ou mestiço do que ao índio puro. A falta absoluta de algum depoimento histórico onde se atestasse a antiguidade do uso, entre nossos sertanejos, da criação de abelhas da terra em cabaças preparadas poderia inclinar a uma resposta dubitativa. Entretanto esse depoimento existe. Percorrendo há mais de um século terras de Mato Grosso, o sargento-mor Luís d'Alincourt teve ocasião de notar a facilidade com que as abelhas jataís se sujeitam à domesticação, se assim se pode dizer. Na casa do administrador da fazenda de Camapoã, tivera mesmo a surpresa de testemunhar a criação de abelhas em cabaças especialmente preparadas para esse fim. Exatamente como praticam ainda hoje os parecis. Observa mais esse viajante que alguns curiosos começavam a tentar o processo em outras partes. Já então tudo isso parecia coisa digna de admiração, e D'Alincourt, narrando o fato, julga avisado acrescentar: "À primeira vista parecerá esta narração uma historieta; mas he com effeito uma verdade por mim averiguada".[25]

Camapoã, que durante a época das monções tinha sido pouso obrigatório para os que de São Paulo se dirigiam ao Cuiabá, poderia ter sido o foco irradiador desse tipo de apicultura. Acresce que, dentre todas as tribos indígenas do Brasil Central, foram sem dúvida os parecis aqueles que mantiveram mais prolongado contato com os homens de São Paulo. Pela docilidade de seu temperamento eram eles preferidos como administrados em fazendas de cultura, e o poder público precisou intervir repetidas vezes em seu favor para evitar que fossem reduzidos à escravidão pura e simples. Entre paulistas e cuiabanos, o papel que eles desempenharam durante o século XVIII assemelha-se por isso mesmo ao que nos séculos XVI e XVII tinha cabido aos carijós.

Não admira se, desse trato constante com civilizados, lhes viessem usos como esse de criarem abelhas em cabaças. Mas é lícito, e pelas mesmas razões, suspeitar que os aprendizes, no caso, possam ter sido os civilizados. Um depoimento de Oviedo y Valdez, citado por

E. Nordenskiöld, acerca da existência, já em 1540, do mesmo uso entre índios da Venezuela[26] tende, aliás, a reforçar tal suspeita. E a circunstância de, posteriormente às observações de Roquette-Pinto na Rondônia, ter sido assinalado esse processo de apicultura entre os terenos, povo aruaque como os parecis,[27] ser bem conhecido de colonos e caboclos de São Paulo, Mato Grosso, Goiás e outras regiões,[28] pode inclinar à suposição de que seria mais generalizado do que se pode presumir à primeira vista.

Ainda hoje é à jataí que costumam recorrer os índios da Rondônia para essa criação doméstica. E isso, talvez, devido à disposição regular e simétrica dos favos dessa melípona, em contraste com os da maioria de nossas abelhas silvestres. Para organizar uma dessas colmeias, costumam os parecis, segundo observa o professor Roquette-Pinto, colocar dentro de uma grande cabaça um enxame de jataís. "Obturam a abertura da colmeia, deixando apenas um pertuito de que os insetos fazem porta. Depois perfuram a cabaça num ponto escolhido e tapam com cera a abertura. Logo que as abelhas têm fabricado mel bastante, rompem os índios esse tapume de cera e, sem mais incômodo, furtam o líquido enquanto na colmeia o melifício continua."[29] O método nada tem de complicado, mas demonstra ainda uma vez a atenção meticulosa com que nossos índios e sertanejos sabem acompanhar os mínimos pormenores da vida animal.

A abundância do mel em nossos matos contribuiu não raro para minorar os sofrimentos dos que se internavam, durante os primeiros séculos. Sabe-se que muitos sertanistas puderam sustentar-se dias seguidos, em suas jornadas, apenas com o produto das abelheiras silvestres. Quando, após a caminhada matinal, uma tropa de paulistas se arranchava em sertão pobre de caça ou de palmitos, o trabalho maior competia talvez aos índios meleiros, armados de necessários apetrechos, que eram machados e cabaças. Nesses casos o mel torna-se o único remédio para a fome e sua ausência significou muitas vezes a última penúria. Salvo se sucedesse o que sucedeu aos dois índios de Miguel Sutil, que, tendo saído certa vez a buscar mel, voltaram trazendo ouro — as 120 oitavas que originaram a famosa Lavra do Sutil, em Cuiabá.

O tempo e a necessidade deram outras aplicações a esse produto, que, além de mantimento, era mezinha excelente contra feridas e apostemas. Podia também servir em emergências mais graves. As-

CABAÇA PARA CRIAÇÃO DE ABELHAS JATAÍ
a) tapume que é retirado na ocasião da coleta do mel
b) orifício para a passagem das abelhas

sim, quando os caiapós adotaram o uso de cercá-los com fogo para que, impedidos de fugir, se abrasassem, o recurso empregado por alguns sertanistas era untarem-se de mel e cobrirem-se de folhas ou de carvão. Parece que, com tal providência, podiam lançar-se às chamas sem recear grandes perigos de vida.[30]

Quanto à cera, o outro produto das abelheiras, suas aplicações ultrapassavam ainda, em variedade, às do mel, e sua extração chegou a constituir indústria de relativa importância nos primeiros tempos da era colonial. A explicação de tal fato está, em grande parte, no imoderado consumo que dela sempre se fez nas cerimônias religiosas. Tradicionalmente associada aos atos de culto, a cera — cera da terra, que a do reino ou de Angola iria de preferência para as capitanias opulentas — interessava igualmente a todas as camadas da população paulista, nos momentos felizes como nas ocasiões funestas.

Um problema de difícil solução opunha-se, sem dúvida, ao emprego de cera trazida do sertão em todos os casos onde poderia ser utilizada a de fora. É que, a despeito de tentativas reiteradas para o fim de branqueá-la, jamais, em todo o nosso período colonial, chegou-se nesse ponto a qualquer resultado verdadeiramente satisfatório. Comparada à cera importada, o produto indígena não perdia sua aparência escura e fosca. Isso não impediu, provavelmente, que ao menos nas épocas iniciais, e em São Paulo, pudesse ter tido os mesmos usos, servindo nas cerimônias religiosas ou fúnebres sob a forma de velas simples, círios de confraria, brandões, candeias de iluminar ou tochas de enterramento. Serviu também como instrumento de permuta, "moeda da terra", segundo a expressão da época, o que se deve certamente à sua importância econômica e ao fato de ser gênero que padece pouca corrupção. Poderia ter empregos mais inesperados para as imaginações de hoje, como no caso conhecido dos professores de primeiras letras que usavam castigar seus alunos puxando-lhes os cabelos com uma bola de cera presa à ponta de uma vara de marmelo.[31]

O excessivo consumo de cera durante as festividades reais e as celebrações eclesiásticas forma um aspecto bem característico de nossa vida social nos primeiros séculos. Característico principalmente dessa pronunciada disposição de ânimo dos nossos antepassados, que os fazia preferir quase sempre o aparato à substância. Em mais de uma ocasião viu-se o próprio poder público empenhado em temperar esse exagero, e nunca o fez sem escândalo para os tradicionalistas, que nestes assuntos eram o grosso da população. Porque, em realidade, a fome de cera, perseguindo clérigos e leigos, nas celebrações religiosas ou profanas, enquadra-se em velhos costumes cristãos, que puderam persistir longamente onde se fez pouco sensível a influência do protestantismo. Além de realçar certas formas exteriores da liturgia católica, aquelas exatamente que mais impressionam as sensibilidades primitivas e que, por isso mesmo, convinha cultivar nestas paragens, ela concorda bem com o louvor, tradicional na Igreja de Roma, ao produto da "casta e virginal" abelha.

Em Portugal, como no Brasil, foi uso, durante certas festas religiosas, notadamente na procissão do Corpo de Deus, distribuírem as Câmaras tochas ou velas às pessoas de maior graduação social que acompanhassem as solenidades. Isso acarretava, não raro, despesas incompatíveis com os rendimentos das municipalidades, tanto mais quanto era sempre avultado o número de candidatos à distinção. Num regimento da procissão de Corpus Christi, feito pela Câmara de Coimbra em 1517 e revelado por Gama Barros, já se fala no cuidado que deviam ter os membros do Conselho, de mandar na véspera às casas de cada um dos doze cidadãos escolhidos para marchar à frente dos anjos, "cidadãos dos mais honrados e que mais bem ataviados se pudessem apresentar", a tocha que haviam de conduzir na festa. O cuidado explicava-se pela conveniência de evitar ficassem agastadas outras pessoas, o que sucederia com certeza, caso a distribuição fosse feita na sé e na própria ocasião da solenidade.[32]

Com o tempo, introduziram-se restrições cada vez maiores, tanto no número e qualidade das pessoas que merecessem ser contempladas, como no próprio peso das tochas ou velas. Pode-se supor que foram constantes e às vezes tumultuosas as resistências a semelhantes restrições. Assim é que na Bahia, em 1775, a Câmara se vira obrigada a representar ao soberano contra a atitude "escandalosa" do clero, que não se contentara com as velas de libra distribuídas para a procissão de Corpus Christi, reclamando-as de três libras. Em Paranaguá, terra paulista, o minucioso ouvidor Pardinho determinava que o Conselho não fizesse despesas com as procissões, salvo com a do Corpo de Deus, em que podia dar velas de quarta. A distribuição indiscriminada, como até então se fazia, redundava em dispêndio inútil dos bens do Conselho.[33] Mais radical do que Pardinho foi o desembargador Galvão da Fonseca, proibindo que a Câmara de São Paulo desse qualquer quantidade de cera durante as procissões reais. Esse motivo pareceu suficiente para que se deixasse de realizar, no ano de 1728, a procissão de Corpus Christi. Até então, segundo se lê na carta escrita à Câmara pelo magistrado, era costume distribuírem-se velas indistintamente a todos os cidadãos, "contra o praticado nas Câmaras bem governadas".

Mandava outra velha tradição paulistana que, nos enterros, a família do morto distribuísse círios ou tochas a todos os acompanhantes. Contra esse uso em vão deblaterou o capitão-general Martim Lopes Lobo Saldanha, alegando que era opressivo para a gente pobre, pois muitos se viam obrigados a vender ou empenhar seus bens para a compra de cera, quando não quisessem enterrar ocultamente os defuntos, embrulhando-os em redes e conduzindo-os assim aos adros ou igrejas.[34] Apesar das ordens terminantes do governador, que aliás nunca se notabilizou pela cordura, foi mantido o sistema. Sua persistência ainda hoje em lugarejos do interior, ao lado das encomendações, da bandeira do Divino e até das carpideiras profissionais, é uma lembrança de remotos hábitos.

4

IGUARIAS DE BUGRE

Para a análise histórica das influências que podem transformar os modos de vida de uma sociedade é preciso nunca perder de vista a presença, no interior do corpo social, de fatores que ajudam a admitir ou a rejeitar a intrusão de hábitos, condutas, técnicas e instituições estranhos à sua herança de cultura. Longe de representarem aglomerados inânimes e aluviais, sem defesa contra sugestões ou imposições externas, as sociedades, inclusive e sobretudo entre povos naturais, dispõem normalmente de forças seletivas que agem em benefício de sua unidade orgânica, preservando-as tanto quanto possível de tudo o que possa transformar essa unidade. Ou modificando as novas aquisições até ao ponto em que se integrem na estrutura tradicional.

Precisamente a criação doméstica de abelhas, como a praticam hoje os parecis e os terenos, fornece-nos exemplo sugestivo da maneira pela qual as influências estranhas chegam a entrosar-se na tradição de um povo. A apicultura à européia, com abelhas européias, não seria espontaneamente acolhida entre nossos índios sem uma transformação das suas condições de existência. Mesmo aos grupos mais sedentários ainda falta a fixidez necessária para o desenvolvimento de tal indústria. Entre os guaranis das missões paraguaias sedentarizados pelos padres, ela não chegou a tomar incremento, a despeito de toda a energia que empregaram os jesuítas para implantá-la.[1]

O sistema da criação de abelhas em cabaças facilmente transportáveis deveria, por todos os motivos, encontrar menor resistência. Não obstante o escasso rendimento que anuncia — seguramente mais escasso do que a exploração de abelhas silvestres —, tal sistema representa todavia um avanço sensível no processo de domesticação.

Mais transigentes do que o gentio da terra mostraram-se muitos colonos brancos, adotando em larga escala os recursos e táticas indígenas de aproveitamento do mundo animal e vegetal para a aquisição de meios de subsistência. Um passo importante nesse sentido, a acomodação à dieta alimentar dos primitivos moradores do país, que constitui certamente resultado de um longo esforço de adaptação ao seu clima e às suas condições materiais, terá favorecido qualidades de energia e resistência, as mesmas qualidades que assinalaram os antigos paulistas, por exemplo, em todos os recantos do Brasil.

Muito alimento que pareceria repugnante a paladares europeus, teve de ser acolhido desde cedo por aquela gente, principalmente durante as correrias no sertão, pois a fome é companheira constante da aventura. Com mais razão do que os naturais de outras capitanias, poderiam os velhos paulistas repetir as palavras com que se escusou Jerônimo de Albuquerque, o bravo mamaluco do Norte, por não dar um tratamento ideal a certo enviado do senhor de La Ravardière: *"como somos hombres que un puño de hariña y un pedazo de culebra, quando la hay, nos sustenta"*, dizia ele, *"quién a esto no se acomoda, siempre rehusará nuestra compania [...]"*.[2] O gênero de vida a que eram forçados aqueles devassadores do sertão dificilmente lhes permitiria agir de outra forma. Os índios tinham tido tempo e oportunidade para arrancar à natureza o máximo de recursos que, com sua existência andeja, lhes era lícito esperar dela. Onde não fossem grandes as possibilidades de escolha, cumpria admitir o que era proporcionado sem maior trabalho.

Quando sujeito a condições semelhantes, o próprio europeu, para sobreviver, devia acolher esses recursos e aceitar, em muitos casos, as mesmas técnicas e ardis inventados pelo gentio. Não só de cobras e outros bichos que rastejam, mas ainda de sapos, ratos, raízes de guaribá ou guareá, grelos de samambaia, sustentava-se o viandante perdido em sertões de escasso mantimento, os "sertões famintos", de que falam alguns roteiros. Ou em ocasiões de excessiva penúria, como logo após os descobrimentos nas minas gerais, onde o alqueire de milho foi a trinta e quarenta oitavas e o feijão a vinte, sendo tal a necessidade dos moradores, que "se aproueitárão dos mais imundos animais [...]".

É certo que mesmo em horas de fartura não faltava quem incluísse jacarés e lagartos, por exemplo, entre os pratos apetecidos. A içá torrada venceu todas as resistências, urbanizando-se mesmo, quase tão completamente como a mandioca, o feijão, o milho e a pimenta da terra. Pretendeu-se que os jesuítas, no intuito de livrarem as lavouras da praga das saúvas, tivessem contribuído para disseminar entre paulistas o gosto por essa iguaria. Nada há de inacreditável em tal suposição, uma vez que já os primeiros escritos de missionários inacianos em terra brasileira mencionam a içá como prato saboroso e saudável. Nos meses de setembro e outubro, em que saem aos bandos essas formigas aladas, buscava-as com sofreguidão, nos seus quintais, a gente de São Paulo, e ainda em pleno século XIX, com grande escândalo para os estudantes forasteiros,[3] eram apregoadas elas no centro da cidade pelas pretas de quitanda, ao lado das comidas tradicionais: biscoitos de polvilho, pés-de-moleque, furrundum de cidra, cuscuz de bagre ou camarão, pinhão quente, batata assada ao forno, cará cozido... Não sei se chegaram a ser vendidas em confeitos, como ocorria entre os "castelhanos" de Santa Fé, conforme depoimento de Azara. Mas entre famílias que se tinham em conta de prestantes e honradas, o uso deprimente já teria sido abolido — possivelmente de longa data, quando o não conservassem quase com recato e às ocultas.

O "prato de bugres", que aparentava à raça dominada, raça desprezada — só mais tarde enaltecida pelo romantismo —, ficara relegado às camadas ínfimas da população citadina. Seria o primeiro passo para seu lento refluxo aos meios rurais e pequenos povoados do interior, onde pôde sobreviver até hoje. Ainda em outubro de 1717, quando percorreu a capitania em demanda das minas, d. Pedro de Almeida e Portugal encontrou quem lhe oferecesse, sem hesitar, antes com o mais vivo empenho, "humas poucas formigas", acompanhando meio macaco. O macaco, explicou-lhe o obsequioso hospedeiro, era a caça mais mimosa daqueles matos, e as formigas, depois de convenientemente tostadas ao fogo, comparavam-se à melhor manteiga de Flandres.[4] Cumpre notar que isso se passava em um pobre sítio das vizinhanças de Jacareí, e é de crer que, nos lugares povoados e em casas principais, ninguém se exporia com tamanha candura ao sobranceiro desdém de um fidalgo emboaba.

Mais tipicamente sertanejas do que as içás são certas larvas de coleópteros e lepidópteros, que ainda consomem nossos índios e às vezes os caboclos. As velhas crônicas de descobrimento e conquista da América tropical estão cheias de referências e, o que é mais significativo, de ardentes encômios, às virtudes alimentares e ao sabor do bicho-de-taquara. Parece que, vencida a repugnância do primeiro momento, os brancos se tornavam os maiores adeptos e propagandistas do manjar indígena. Uns compararam-no aos miolos de boi, outros à manteiga fresca.[5] Assados ou torrados, já dissera Anchieta que em nada se distinguiam do caldo (ou banha) de porco.[6] Mais recentemente Saint-Hilaire chegou a escrever que seu sabor faz pensar no mais delicado dos cremes. E como indício do singular apreço em que tinham esses gusanos, não já apenas os índios e mestiços, mas os próprios europeus, refere o caso de um português do posto de Paçanha, em Malali, que fazia derreter a gordura em grandes quantidades para empregá-la mais tarde em lugar de manteiga.[7] O uso tem sido atestado ainda em nossos dias entre algumas populações do interior, particularmente entre ervateiros e caboclos das margens do Paraná.[8] Não é difícil imaginar o que significaria tal alimento para os antigos caminhantes, durante as penosas jornadas do sertão.

Seja qual for, porém, a acolhida reservada pelos homens da raça dominadora, brancos ou mamalucos, a manjares tão em dissonância com os padrões de gosto e limpeza importados da Europa, tudo faz crer que muitos, à primeira vista, hesitassem bem menos em aceitar alguns alimentos de origem vegetal, normalmente aproveitados pelos índios, do que os "bichos imundos" em que estes se fartavam. Merece uma referência especial, a esse propósito, o palmito, cujo largo consumo, durante as entradas, é bem notório. Numerosas foram as variedades conhecidas dos sertanistas, e algumas de nomes tão rebarbativos, que só os poderiam guardar de cor indivíduos versados na língua geral, como o eram, em sua maioria, os homens de São Paulo.

Também são dignos de menção os pinhões da araucária, que davam excelente farinha e que, abundantes outrora no planalto, chegavam a substituir em certos casos a mandioca. Tinham, além disso, um papel semelhante ao da castanha-do-pará nas capitanias do Norte e ao do caju nas do Nordeste, servindo para marcar datas e épocas do ano. Assim é que a palavra "pinhão" usava-se indiferentemente para designar os frutos da araucária e o outono, que é o tempo deles.[9] Costumavam chamá-los *ibá*, que quer dizer simplesmente fruta, pois era a fruta por excelência das terras paulistas e sulinas. Com a redução progressiva das áreas povoadas de pinheiros, o mesmo privilégio ficaria reservado mais tarde à jabuticaba: *fruita*, sem qualquer determinante, é, ainda hoje, o nome que lhe dão no interior de São Paulo. Já ao tempo das bandeiras, e sobretudo durante as monções de Cuiabá, essa e outras mirtáceas, como os araçás, as guabirobas, as grumixamas, as pitangas e os cambucis, pertenciam à dieta habitual dos que se entranhavam na selva. Entre outras frutas que também deveriam ter papel significativo nessas expedições, são dignos de menção os ananases, os araticuns de várias espécies e o jataí, cuja polpa, esverdeada e farinhenta, era considerada uma das delícias do sertão, principalmente se desfeita em mel de pau.

5
CAÇA E PESCA

Se junto às paragens povoadas o europeu, graças sobretudo à importação de instrumentos metálicos — machados, enxadas, cunhas, anzóis de ferro —, ao conhecimento de meios relativamente simples de obter fogo, e finalmente ao plantio de certos vegetais oriundos de outros climas, conseguira vencer entre nós muitas das limitações impostas pelo ambiente, ampliando com isso a base econômica onde descansava a sociedade constituída pelos seus descendentes nestas terras, outras seriam as condições durante longas viagens por lugares ignorados e incultos. Aqui, o adventício tinha de ficar quase inteiramente à mercê dos expedientes inventados pelo selvagem, pois o equipamento técnico trazido do Velho Mundo era muitas vezes inútil em terras que não estivessem preparadas para recebê-lo.

Em São Paulo, cuja população, particularmente a população masculina, se distinguiu durante todo o período por uma excessiva mobilidade, a mistura étnica e também a aculturação, resultante do convívio assíduo e obrigatório, seja durante as entradas seja nos sítios de roça, deram ao indígena um papel que será impossível disfarçar. Essa própria mobilidade tendia a repelir o vigor lento e laborioso, a prudente e minuciosa aplicação com que outros povos mais assentados buscam seus elementos de subsistência. Os frutos da lavoura não encontravam mercado amplo ou acessível para seduzir a ambição dos moradores da terra. E assim, as mesmas razões que condenavam esses homens à instabilidade, reduziam-nos freqüentemente à dependência imediata da natureza. Seu sustento ordinário nas viagens, além da farinha de guerra, de que não se separavam, ao menos nos primeiros tempos, era quase somente o que dá a terra sem a lavragem, como sejam caças e frutas. De onde naturalmente a espécie de solidariedade cultural que logo se estabeleceu aqui entre o invasor e a raça subjugada.

Um simples inventário de termos de caça, particularmente nomes de armadilhas e ciladas que se usam em nosso sertão — tocaia, juçana, jirau, juquiá etc. —, é o suficiente para denunciar a que ponto pôde chegar tal solidariedade. Até rituais indígenas ligados à arte venatória sobreviveram deformados, secularizados, algumas vezes despidos de sua significação primitiva. O hábito, ainda corrente entre nossas tribos, de se colorirem os homens ora de urucu, ora de jenipapo, no momento de partirem para suas caçadas, não se explicaria unicamente pelos motivos mágicos ou higiênicos que alguns cientistas têm alvitrado. Pode ligar-se também à observação fácil de que determinadas cores exercem sobre os animais verdadeiro poder de atração ou repulsão. O caçador sertanejo que usa vestir seu poncho às avessas, deixando ver a baeta vermelha do forro, a fim de atrair por essa forma certas caças, não estaria repetindo com meios diversos, mas com o mesmo fim, o ardil do índio que se tinge de urucu? O recurso às cores "propiciatórias" no sistema de caça aos veados, tradicionalmente praticado às margens do Tietê, "tão diferente da do reyno", conforme já notava em 1757 o conde de Azambuja, resulta provavelmente da observação de hábitos da vida animal, que o sertanejo poderia fazer por si; não custa crer, porém, que o tivessem aprendido dos índios, uma vez que estes o utilizaram já antes.

Lacerda e Almeida descreve-nos como era uso fazer-se essa caçada no interior de São Paulo em fins do século XVIII: "Encaminhão-se os caçadores para as manadas de veados contra o vento, levando na cabeça algum barrete ou panno vermelho; algumas vezes párão e levantão um braço, e outras agachão-se; os veados, que não estão acostumados a ver estes phantasmas, chegão-se a elles para os reconhecer, e ficão sendo victimas de sua curiosidade".[1] Presentemente, talvez por influência européia, e sem dúvida pela observação de que, à vista das cores berrantes e vistosas, alguns animais se espantam com facilidade ou mesmo se enfurecem, como costuma ocorrer aos queixadas, vai prevalecendo ao contrário o uso de roupas escuras para qualquer tipo de caçada. O mesmo motivo aconselharia as armas envernizadas de preto e sem polimento: o reflexo do metal pode afugentar os animais.

É provável que nas superstições relacionadas com a caça a contribuição indígena seja considerável se comparada à européia ou à africana. Como o índio, nosso caçador sertanejo povoa as florestas de entidades míticas, cuja ação maléfica é preciso saber prevenir e combater. Algumas vezes, elementos tirados à religião católica incorporam-se grosseiramente a tais crenças. A bala de cera benta, que serve para prostrar de morte o caipora, se o atinge bem no umbigo; o laço de rosário, que é o único meio de aprisionar o saci, não existiriam se não tivessem existido missionários. Não é por acaso se a influência de elementos do catolicismo se tornou mais patente nos instrumentos de conjuração do que na formação das fabulosas personagens. Ao catequista não repugnava, em geral, admitir a existência de tais personagens, pois que lhe era fácil assimilá-la ao diabo dos cristãos. Anchieta notou que, por esses meios, queria o demônio tornar-se formidável aos pobres brasis, ignorantes do Deus verdadeiro, a fim de, contra eles, exercer sua cruel tirania. E acentuava: "É coisa sabida e pela boca de todos corre, que ha certos demônios, a que no Brasil chamam corupira, que acomettem aos Indios muitas vezes no matto, dão-lhes de açoites, machucam-n'os e matam-n'os. São testemunhas disto os nossos Irmãos, que viram algumas vezes os mortos por elle".[2] Às oblações com que o gentio procurava aplacar a malevolência dos seus demônios tratariam muito naturalmente os padres de substituir símbolos do cristianismo. Assim talvez se explicará o modo pelo qual tais símbolos chegam a intervir, ainda hoje, em numerosas crenças sertanejas.

A simples posse de armas européias não conferia aos primeiros povoadores brancos, nas suas guerras e caçadas, tão manifesta vantagem sobre os naturais da terra quanto o sugerem certas observações superficiais. Existe, de autoria do príncipe de Wied-Neuwied, uma página pouco lembrada, escrita em princípios do século passado, que bem pode dar idéia dos riscos a que freqüentemente se sujeitavam os conquistadores quinhentistas, ainda quando bem providos de armas de fogo. As frechas dos índios não tinham muitas vezes menor alcance do que um bom arcabuz ou uma escopeta. As alterações atmosféricas, as chuvas, a umidade, não chegavam a causarlhes estorvo. Seu disparo não produz ruído, ou fogo, ou fumaça, com que se denuncie o atirador. "Quantas vezes", comenta o sábio viajante, "não terão sido funestas ao europeu as condições atmosféricas nas florestas virgens do Brasil! Se a umidade lhe emperrava a arma, ele se convertia em fácil vítima para o selvagem, que nesse caso o trucidava sem dó nem piedade. Do emaranhado dos ramos e folhagens emergia rápida a frecha; tão rápida que não deixava tempo para se distinguir seu ponto de partida. Isso fazia com que o índio pudesse derrubar, de um só bando, vários animais, antes que os restantes o pressentissem ou, ao menos, tentassem escapar-lhe."[3]

Há muito que referir sobre a habilidade com que alguns se serviam desse instrumento. O fato de permitir a pontaria indireta dá ao arco, em certas ocasiões, superioridade decisiva sobre as antigas armas de fogo. Cronistas castelhanos da conquista do Prata narram o exemplo de índios que, para mostrar destreza em seu manejo, faziam colocar a certa altura uma folha de papel destinada a servir de alvo; a frecha, lançada a um ponto aparentemente vago, no espaço, vinha, de volta, ferir esse alvo. Exemplo que se reproduz, sem grande diferença, entre alguns dos nossos indígenas atuais. Conta-se por exemplo dos bororos que conseguem fazer com que, despedida do arco, a seta descreva a parábola necessária para cair exatamente no lugar de antemão marcado.[4] A essa capacidade de cálculo e previsão deveram, talvez, alguns dos nossos índios, a possibilidade de ferir as aves durante o vôo, no que superariam os melhores caçadores europeus do tempo da colonização, sendo exato que no Velho Continente, em Portugal pelo menos, se ignorava ou mal se conhecia então o costume de atirar às aves no vôo.[5] O primeiro obstáculo vinha, seguramente, do complicado processo de carregar e dar fogo às armas, no que muitas vezes se deixavam escapar as boas ocasiões de surpreender o inimigo ou a presa. Já nisso desfrutavam os naturais da terra de uma superioridade positiva sobre o adventício, pois tanto tempo consumia o europeu em carregar e fazer disparar seu pesado arcabuz, quanto o tupinambá em atirar cinco e seis frechas.

Outro ponto em que as armas indígenas pareciam avantajar-se às importadas está no fato de serem de mais simples manejo. É sabido que certos mosquetes só podiam funcionar com o socorro de duas pessoas — uma para fazer pontaria e fogo, outra para suportar ao ombro o cano da arma. Só o recurso às longas forquilhas, de condução necessariamente incômoda, pôde dispensar, mais tarde, a necessidade de semelhante arrimo. É verdade, por outro lado, que no caso das armas de fogo se tornava possível o transporte de considerável munição em reduzido espaço, o que não sucedia com as frechas. Tal circunstância fazia com que as primeiras se recomendassem para as jornadas mais prolongadas.

Cabe perguntar, em todo o caso, se essa vantagem compensaria amplamente as falhas de fogo, tão comuns em arcabuzes e escopetas, e que só puderam ser em parte sanadas com as espingardas de percussão, surgidas em fins do século XVIII e vulgarizadas mais tarde. As influências atmosféricas perturbavam também, sobretudo nos climas tropicais, o bom funcionamento de tais armas. Seu delicado mecanismo era facilmente atingido pelos efeitos da umidade, que as tornava imprestáveis. De onde, nos primeiros tempos, e nas conquistas de Castela, o fato de preferirem alguns conquistadores a besta ao mosquete. Mesmo no Brasil, há notícia de que esse instrumento chegou a ser empregado, e com resultados felizes, nas lutas contra índios. No ano de 1561 os camaristas de São Paulo, alarmados ante os saltos constantes do gentio contrário, solicitavam do reino a remessa de uma dúzia de bestas, além de espingardas e berços.

A observação atenta e o hábito dissipavam muitas vezes, nos selvagens, o pavor que a arma de fogo deve ter representado duranre os primeiros choques. Sobretudo quando lhes era dado verificar que esses engenhos não passavam, com freqüência, de instrumentos caprichosos, que uma simples pancada de água bastava para tornar inofensivos. Os guaicurus, que tanto trabalho deram às expedições paulistas, nos caminhos fluviais para o Cuiabá, inventaram um hábil estratagema para destruir os comboios com maior segurança. Assim, enquanto uns despediam suas frechas e outros davam botes de azagaia, aqueles que remavam tinham a astúcia de atirar água sobre os fechos das armas, com o que se esquivavam aos efeitos dos tiros e faziam a abordagem sem maior embaraço.[6] Ainda quando tais fatos não bastassem para desmoralizar perante o indígena o armamento dos brancos, trariam, como resultado, um acréscimo de confiança no valor dos seus próprios recursos. E estimulariam confrontos, em geral nada favoráveis aos meios com que contavam os intrusos a fim de reduzi-los à sujeição e obediência.

As mechas, que deviam manter constantemente fogo de reserva, enquanto o escopeteiro precisasse utilizar a arma, tinham o inconveniente de dificultar, à noite, qualquer surpresa. Além disso, uma vez comunicado fogo à arma, era forçoso disparar sem perda de tempo, o que tornava impossível, para o atirador, aguardar os momentos adequados. Em caso de chuva, ou mesmo de vento, as mechas apagavam-se depressa, e o reabastecimento não era fácil. O arcabuz de roldete, que dispensava mecha, uma vez que a chispa produzida pela própria roda de aço ia inflamar a carga, resolveu muito imperfeitamente o problema, pois o novo sistema não evitava demoras e acarretava constantes falhas, tornando-se, além disso, praticamente inútil durante chuvas. É significativo o fato de essa invenção não ter suprimido senão muito aos poucos o recurso à mecha, que mesmo na Europa chegou a persistir até fins do século XVII, e entre nós seguramente até mais tarde.

Ao estampido causado pelo deflagrar da pólvora e ao terror supersticioso que o acompanhava, devem os europeus, mais talvez do que a outros motivos, o bom êxito alcançado na América pelas suas armas. Mas cumpre não exagerar essa vantagem, pois em muitos casos ela se tornaria contraproducente. Sobretudo onde houvesse conveniência em dissimularem-se as posições dos atiradores, pois o ruído pode denunciá-los, tanto quanto o fogo e a fumaça. Nas caçadas, então, as armas mudas, como a frecha, apresentam, por isso mesmo, decidida superioridade em relação às outras. Se ainda hoje, entre certas tribos, se nota uma franca resistência ao uso das armas de fogo, mesmo onde não lhes sejam inacessíveis, podendo ser obtidas dos brancos mediante troca, é por se considerar que espantam com seu estampido os bichos do mato.[7]

Não se deve, em todo o caso, afirmar que tal resistência representa a regra geral entre nossos índios. A verdade, muito ao contrário, é que os habitantes primitivos do Brasil, como aliás de toda a América, se mostraram, de ordinário, pressurosos em obter a novidade aparatosa que traziam consigo os adventícios. Pode-se, com Georg Friederici, concluir que tal fato é mais explicável pelo terror que toda nova invenção técnica derrama no campo de batalha, do que pela discutível superioridade dos imperfeitos mosquetes quinhentistas e seiscentistas sobre o arco e a frecha. "O disparo, o fumo, o estampido das espingardas produziam sobressalto e supersticioso pavor; de ordinário, após os primeiros tiros certeiros, o pânico e a fuga se tornavam gerais. Alcançar a posse desse instrumento de terror é o que tornava a aquisição de uma arma de fogo tão cobiçada pelo índio; ela o colocava acima do arqueiro e lhe restituía, em face do europeu, o sentimento de equivalência que lhe recusara o mudo arco."[8] Em lugares onde a aquisição de armamento europeu, por parte dos índios, não encontrava fortes empecilhos, deram-se mesmo casos em que a indústria do arco e da frecha veio a decair e foi rapidamente esquecida. Bem providos de armas de fogo e bem municiados, eles podiam enfrentar muitas vezes o europeu com iguais recursos, sem falar na vantagem de conhecerem melhor o terreno. O perigo que isso representava tornou-se logo patente, e em muitos casos as nações conquistadoras procuravam impedir, mediante penalidades severas, o fornecimento de armas de fogo aos índios. Em realidade essas proibições só se puderam tornar efetivas onde as rivalidades nacionais não dividiam fortemente, entre si, os conquistadores. Na América do Sul, no Brasil em particular, os índios arcabuzeiros e escopeteiros quase se pode dizer que constituíam exceção nos tempos coloniais, e jamais chegaram a oferecer grave ameaça para os europeus. Em suas relações com os tamoios poderiam os franceses, por esse lado, ter provocado transformações comparáveis às que suscitariam mais tarde entre os iroqueses da América do Norte. Estes, abastecidos de espingardas civilizadas, chegariam em poucos anos a desaprender a arte de fabricar e até de manejar o *tomahawk*, sua arma nacional.[9] Mas os tamoios não tiveram tempo para tanto. Aliás as primeiras tentativas efetuadas para habituá-los a armas européias não pareceram muito promissoras. Jean de Léry, que assistiu a essas tentativas, diz-nos que para fazer funcionar o arcabuz, os índios necessitavam de três pessoas: a primeira sustentava a arma, outra fazia pontaria e a última, finalmente, dava fogo. Além disso, costumavam encher de pólvora todo o cano, com risco de fazerem em pedaços a arma e perderem a vida, no atirar.

O interesse que as armas de fogo provocavam entre esses índios vinha em parte da detonação, mas sobretudo de não poderem perceber o projétil em sua trajetória. Mas esse interesse logo se dissipou ao verificarem que o tempo consumido em carregar e disparar um arcabuz dava para cinco ou seis tiros de frecha: "*tant y a neanmoins qu'ayant cogneu l'artifice, disans (comme est-il vray), qu'avec leurs arcs ils auront plus tost delasché cinc ou six flesches qu'on aura chargé & tiré un coup d'arquebuze, ils commençoyent de s'esseurer à l'encontre*".[10]

Em compensação, entre portugueses e mamalucos, sobretudo nas terras vicentinas, o arco e a frecha entraram bem cedo no arsenal dos conquistadores, substituindo, em alguns casos, as próprias armas de procedência européia. De arco e frecha andam armados os filhos de João Ramalho, "muitos em número e todos de má casta", disse Vasconcelos. É conhecida a resposta de um deles, quando lhe acenaram com os rigores do Santo Ofício: "Acabarei com a

Inquisição a frechas". Muito mais tarde, já em 1614, o desembargador Manuel Jácome Bravo, da Relação do Estado do Brasil, achando-se em São Paulo em correição, é advertido pelos moradores, por meio de frechas que lhe passam rente à cabeça, de que deve renunciar ao prosseguimento das suas devassas e abandonar o mais depressa possível as terras piratininganas.[11] Mesmo em documentos públicos, como as cartas de sesmaria, lêem-se coisas deste teor: "[...] um capão de mato virgem, que terá quatro ou cinco tiros de frecha de comprido e dois tiros de largo, pouco mais ou menos [...]".[12] O tiro de frecha surge, assim, como verdadeira medida de distância, substituindo o tiro de arcabuz, da fórmula já corrente e estereotipada nos textos portugueses da época.

É mais do que provável que, durante as entradas, as armas da terra tenham sido largamente usadas pelos sertanistas, "potentados em arcos", embora não se faça delas menção constante nos inventários e testamentos. Alcântara Machado, que estudou conscienciosamente esses documentos, só encontrou referência a um arco e uma dúzia de frechas pertencentes a Antão Pires, e a trinta frechas empenadas, guarnecidas com um arco e noventa canos para frechas de camarigiba, deixados por Henrique da Costa. E explica essa omissão, observando que, fabricado pelos próprios índios frecheiros, esse armamento lhes pertence e por isso não vai incluído entre os bens do acervo.[13] Sem arcos e frechas em abundância, dificilmente se conceberia que a pólvora e o chumbo, carregados nos baús encourados, pudessem dar para expedições que, em alguns casos, duravam vários anos seguidos.

O fato de essas armas poderem ser feitas mesmo durante a marcha, permitia que fossem, muitas vezes, quase improvisadas no curso das expedições.

Mas a posse de armamento mais apropriado ao seu meio e ao seu ritmo de vida não conferia, por si só, ao gentio, uma situação em muitos pontos vantajosa se comparada à dos adventícios. A verdade é que sua espantosa capacidade de observação da natureza e das circunstâncias da vida animal sugeria aos primitivos moradores da terra uma série de recursos inacessíveis ao europeu. Destes recursos muitos puderam persistir onde a civilização não embotou de todo a vivacidade dos sentidos que caracteriza as populações rústicas nas brenhas incultas. Entre nossos indígenas e sertanejos, os laços que unem o homem ao mundo ambiente são bem mais estreitos do que tudo quanto pode alcançar nossa imaginação. A própria arte com que sabem copiar os movimentos, os gestos, as vozes dos animais da selva, não significa, neles, uma simples mímica; é antes o fruto de uma comunhão assídua com a vida íntima da natureza.

Dessa harmonia entre o homem e seu meio selvagem nasce uma inventiva fértil e pronta, uma imaginação sempre alerta, uma atenção quase divinatória, que para o civilizado parece atingir os limites do miraculoso. Thomas Whiffen refere que, percorrendo certa floresta, um índio lhe declarou, após rápido exame das árvores e do solo, que quando o sol se achara em determinada posição — isto é, aproximadamente meia hora antes — tinham passado sete homens carregando uma anta, morta em sítio apartado. Em seguida apanhou uma folha, onde se podia ver uma pequena mancha de sangue coagulado. O peso demonstrado pela aparência das pegadas dos sete homens indicava que o animal seria uma anta. Que eram sete, provavam-no iniludivelmente os mesmos rastros. O modo de impressão dos dedos dos pés na terra permitia, além disso, verificar que estariam cansados da longa marcha. Um simples ramo partido, a exsudação da seiva — prossegue a testemunha — basta para advertir ao índio que alguém passou em tal momento por tal lugar. Para mostrar que em um ponto da floresta passara um homem dez minutos antes, o guia indígena exibiu-lhe certa vez uma folha colhida do chão. Justamente dez minutos antes tinha começado a chover e a folha, revirada pelos pés de algum caminhante, se achava molhada nas duas faces.

Entre esses moradores da floresta "é uma questão de vida ou de morte o saberem a qualquer momento tirar deduções precisas do aspecto do céu, do lado ensombrado das árvores, do vôo das aves, do passo dos animais e, sobretudo, dispor de uma acuidade de sentidos que ultrapassa qualquer raciocínio".[14] Uma vez examinadas as pegadas de um animal, devem poder encontrar elementos que lhes permitam conhecê-lo e acompanhá-lo. Não precisarão seguir-lhc constantemente os rastros; uma observação segura ensina ao caçador o meio de alcançar diretamente a presa, cortando caminho.

Não há um século, quando os processos usados por nossos caçadores caboclos se ressentiam menos do que hoje da influência de usos europeus, Paula Sousa pôde assinalar alguns dos indícios que, no interior de São Paulo, ajudavam a distinguir ou identificar uma caça. Sabia-se, por exemplo, que um catingueiro macho deixa rastro largo, denunciando cascos abertos. Já na fêmea os cascos são unidos e em ponta. No animal cansado eles se abrem cada vez mais, assentando melhor no solo. Poderia talvez acrescentar que, ainda neste caso, os rastros das patas dianteiras e traseiras aparecem menos distanciados entre si, denunciando menos ímpeto na corrida. Os próprios restos de comida eram freqüentemente utilizados para os mesmos fins. Assim é que a palha de milho, quando roída por paca, apresenta-se como se fora cortada a navalha; se devorada pela cutia, fica apenas desfiada. A paca puxa a espiga e devora-a a certa distância da ceva; a cutia come no lugar onde a encontrou. Esta deixa pó, a outra não.[15]

Com a intrusão cada vez maior de métodos europeus tenderiam normalmente a desaparecer, aos poucos, tais expedientes, próprios de sociedades e de épocas em que a caça era uma verdadeira fonte de subsistência. Essa europeização parece acentuar-se, com efcito, a partir dos meados do século passado, quando a arte de caçar passa a ser considerada, não raro, como exercício aventuroso e galante, recreio de gente ociosa e sujeito por isso mesmo a um rigoroso código de decoro. Varnhagen, que escreveu um manual onde se exalta esse "simulacro de guerra", "tirocínio de heróis", chegando a ponto de recomendar a introdução no Brasil da falcoaria e o adestramento para isso dos nossos caracarás e queriqueris, teve talvez sua pequena parte de responsabilidade no descrédito em que se foram lançando algumas práticas herdadas do convívio com o bugre e longamente mantidas. A caça deveria ter agora, entre outros, o fito de dar ao homem "melhor idéia de sua superioridade sobre todos os viventes".[16] Superioridade que se afirmava na tranqüila consciência do poder, raramente na astúcia.

Como conciliar essa idéia dignificante com certos métodos rústicos, onde o caçador procura quase nivelar-se aos bichos e até às árvores da floresta, a fim de enganar e melhor destruir sua presa? Um desses métodos, o do *mbayá*, até hoje usado em sertões remotos, consiste, com efeito, em cobrir-se o caçador de palmas verdes, tomando a feição de um coqueiro, e, por meio de pios apropriados, atrair macucos, inhambus, jaós, mutuns ou jacus, nas matas espessas, e excepcionalmente — nos campos — perdizes e codornas ou mesmo bichos de pêlo, em particular capivaras e macacos.[17] O próprio sentimento de comunidade e até de parentesco com o resto dos seres naturais, a perfeita integração no mundo traiçoeiro e agreste, que admiravelmente retrata em suas lendas, sugere ao índio e também ao mamaluco, na caça e na guerra, a vantagem desses expedientes fraudulentos. O certo, porém, é que, longe de desaparecerem com o tempo, suas práticas prevalecem intatas, ou quase, ainda em nossos dias.

A existência de largos distritos, opulentos em bichos de toda casta, explica, muitas vezes, as constantes migrações indígenas. Uma paragem despovoa-se de caça assim como uma terra lavrada se gasta, após anos consecutivos de exploração sistemática. Para escapar à destruição e ao aniquilamento é que aquelas populações primitivas transferem facilmente sua morada para territórios menos usados. A caça é complemento, não raro substituto, da lavoura. De certos povos, no Chaco especialmente, consta que só não chegaram a possuir lavoura evoluída por terem habitado sempre, desde eras muito remotas, em áreas de muita caça.

O mesmo, e certamente em proporções bem maiores, é verdadeiro com relação à pesca. Isso já foi notado expressamente a propósito da região amazônica, onde a diminuição do pescado teve, como conseqüência, a redução no número de índios, a ponto de a própria população branca ver-se desamparada de braços que a servissem na agricultura e na coleta de produtos florestais. Mas a pesca, secundada por embarcações capazes de longas viagens e de transportar facilmente o pescado, tornou possível, entre alguns grupos humanos, um grau apreciável de sedentariedade. Seu rendimento chega a ser tão elevado, que parece dispensar qualquer outra atividade produtiva. Há populações que se fizeram escravas de seus rios e do mar. Retirado o meio de sustento que neles se oferece já quase não terão com que subsistir. Martius, depois de observar o aspecto doentio e miserável que apresentam muitos dos nossos pescadores, concluiu que nas terras quentes, onde o mantimento depressa se deteriora, ao maior ou menor consumo de peixe entre seus habitantes corresponde maior ou menor indolência, pobreza e predisposição a doenças.[18] O que talvez seja verdadeiro onde o peixe, por sua extrema abundância, chega a suprir todas as necessidades, tornando-se alimento exclusivo.

Se na caça, e principalmente na lavoura, a técnica européia, introduzida com os primeiros colonos e posta a serviço dos métodos indígenas, teve como resultado tornar ainda mais nocivos esses métodos, dificilmente se poderá afirmar o mesmo com relação à pesca.

O emprego do pari, o recurso freqüente a ervas e cipós que entroviscam o peixe, foram certamente admitidos e de bom grado pelos primeiros, mas estes não dispunham de meios que os tornassem ainda mais nefastos. Salvo se considerarmos que, desprezando quase sempre os processos de conservação do pescado, a que recorriam tradicionalmente os indígenas — o moquém e a farinha de peixe ou piracuí —, e impossibilitados de praticar os que corriam no reino, devido à carência ou à carestia do sal, eles só podiam contribuir para que se agravasse grandemente o desbarato.

A verdade é que, já no ano de 1591, os camaristas de São Paulo tentavam impedir a destruição inútil de peixe, adotando uma resolução que deveria parecer radical para os costumes do tempo: proibiram terminantemente que, em todo o curso do Tamanduateí, se fizessem pescarias com tingui, uma das plantas ictiotóxicas de que então se abusava. Ficou assentado, com efeito, na sessão do Conselho de 15 de julho daquele ano, lançar-se pregão em altas vozes para que "se não desse tingui neste rio abaixo da villa tamendoati em todo elle cõ pena de quinhentos réis por cada pesoa q' se achase dando tingui pª o conselho e acuzador [...]''. Alguns anos depois, em 1598, estendia-se a mesma proibição a todos os ribeiros e rios caudais existentes dentro do termo da vila.[19] Para tais resoluções teria contribuído, segundo todas as probabilidades, alguma reminiscência de medidas regulamentares semelhantes, que já em Portugal se opunham às pescarias feitas com materiais peçonhentos. Sobre os moradores primitivos de Piratininga deveriam exercer, porém, uma invencível sedução, esses métodos bárbaros, se não é muitíssimo exagerado aquilo que afirmou Anchieta, a saber, que o total de peixes graúdos, assim obtidos, ultrapassava em muitos casos de 12 mil.[20]

Outro motivo militaria igualmente em favor das providências da Câmara paulistana, como fosse a necessidade de se resguardar a saúde do povo. A dificuldade em se consumirem todos os peixes no lugar, a escassez de meios para os transportes a longas distâncias, a pouca freqüência, entre os colonos — não entre os índios —, de conservas onde fosse aproveitado o sobejo, forçavam, muitas vezes, o abandono, nas praias, de grandes quantidades do pescado. Não falta exemplo de epidemias graves atribuídas na época ao acúmulo de peixe arruinado, que, segundo era crença geral, corrompia a atmosfera em seguida às ricas pescarias com timbó ou tingui. Luís D'Alincourt refere-se a uma dessas epidemias, que assolou toda a fre-

71

guesia de Mogi-Guaçu em fins do século XVIII: "foi tão grande", escreve, "a quantidade de peixe, que apodrecendo infestou de tal forma o ar, que foi causa de perecer um grande número de pessoas".[21] De Portugal, muitos colonos já viriam aptos a aceitar, sem relutância, os rudes métodos de pescaria que encontraram praticados entre os gentios. O próprio costume de intoxicar peixes, sem prejuízo de quem os consome, não teria, para eles, o sabor de uma estranha novidade. O tingui e o timbó eram simples réplicas americanas do barbasco, do trovisco, da coca, da cal, e de tantas outras substâncias peçonhentas de que no reino se fazia largo uso. As várias formas de barragem para cercar peixe ocorriam, com pouca diferença, nos dois continentes. Fabricavam-nas os índios, não só de galhos, como também de pedra, sendo que as últimas denunciavam por vezes uma indústria e um tirocínio a toda a prova. Em expedição realizada aos campos de Guarapuava no ano de 1770, por ordem do morgado de Mateus, pôde admirar o explorador Antônio da Costa Pimentel o cerco feito em um rio por índios estremes de contato com brancos: "qual modo hé de cercar o Rio todo com pedras, e bem postas, e no meio hum encano das mesmas pedras e na boca do encanto hum sesto amanhando o peixe [...]".[22] Não é outro o processo que ainda aplica, nos nossos dias, o caipira do interior de São Paulo.

Foi exatamente na pesca fluvial e lacustre que as influências indígenas chegaram a exercer-se e a perdurar, entre nós, quase sem temer competição. Dos portugueses veio-nos o anzol metálico, que substituía com vantagem os espinhos tortos usados pelos naturais do país. Só isso explicaria, em verdade, a acolhida que encontrou, tão grande que pôde torná-lo dos principais artigos de resgate. Em Portugal, os oficiais anzoleiros do século XVI teriam chegado a instituir uma indústria lucrativa com o fabrico de mercadoria inferior e imprópria, destinada expressamente ao consumo no Brasil. Assim é que, para anzóis pargueiros, os mais sólidos e dispendiosos, recorriam abusivamente aos fios metálicos pouco resistentes que se empregavam de ordinário na pesca de gorazes. Em 1572, com a reforma dos regimentos de oficiais mecânicos de Lisboa, procurou-se remediar o abuso mediante imposição de penalidades severas aos infratores.[23] Sabe-se que alguns anos depois, em 1587, já havia, pelo menos na vila de São Paulo, quem fabricasse pargueiros a seis réis, meios pargueiros a três e outros tipos a dois e meio.[24] Tais fatos servem para atestar a grande procura que encontrava o artigo.

72

Mas esse instrumento parcimonioso nem sempre seria recurso ideal num sertão largo, de rios largos e piscosos, sem coutadas, sem defesas, sem governos que pudessem cuidar de coisas tão miúdas. Quanto às redes de arremesso ou de arrastão, também apontadas como de procedência européia, estas concordariam mais com as condições da terra. Principalmente se tivessem malhas bem apertadas, que é como dão boa renda, arrastando os peixes com suas crias pequenas — motivo que, no reino, levou as autoridades zelosas a estabelecer prolixos regulamentos fixando a largura mínima para as malhas.

É difícil exagerar a importância que assume a pesca na economia alimentar das nossas povoações coloniais. Importância que, só em parte, se pode relacionar ao uso forçado do peixe nos dias de jejum e abstinência preceituados pela Igreja. Outros motivos favoreciam certamente uma tal situação, e não já nas terras da marinha, onde ela seria compreensível, mas no próprio sertão remoto. As reservas de pescado que oferecem os cursos d'água não se consomem tão depressa como, por exemplo, a fauna dos campos e matas. Além disso, onde não faltassem pastagens, não faltariam gados trazidos pelos colonos, com o que se podia suprir a veação. Na capitania de Martim Afonso os rebanhos bovinos e suínos subiram, desde cedo, as escarpas alcantiladas da Paranapiacaba, e já por meados do século XVI surgem no planalto, salteando roças de lavradores ou invadindo ruas do vilarejo andreense. Tudo isso deveria tornar acessório o papel da caça, como fonte de sustento, onde quer que povoadores brancos se tivessem organizado em núcleos estáveis. O contrário do que ocorreria durante as jornadas ao sertão distante e ermo, em que a subsistência do europeu, tanto quanto a do nativo, dependia principalmente dela.

6
BOTICA DA NATUREZA

Os recursos alimentares indispensáveis nas jornadas do sertão não eram tudo quanto a fauna indígena podia propiciar ao colono. Os extensos manguezais do Cubatão, que ainda no século XVIII os governadores portugueses procuravam preservar, eram um convite à instalação de curtumes e fábricas de atanados. Não se sabe a que ponto chegaram a desenvolver-se tais manufaturas na São Paulo quinhentista, embora Gabriel Soares, referindo-se às criações de porcos da capitania, afirmasse expressamente que os moradores os esfolavam para fazer botas e couros de cadeiras, chegando a considerá-los melhores e mais proveitosos do que os de vaca.

O emprego do couro como "dinheiro da terra", atestado em numerosos textos da época, ao lado do açúcar, da cera, dos panos de algodão, constitui prova segura da importância e valia do produto. E a menção freqüente dos calçados de couro de veado nas velhas atas da Câmara e nos velhos testamentos e inventários de São Paulo parece indicar, ainda mais, que nessa indústria da terra se empregaria muitas vezes matéria-prima indígena. O primeiro rol de posturas do ofício de sapateiro, aprovado pelos edis paulistanos, o de 1583, fixa em 430 réis o preço das botas de veado (engraxadas), pouco mais do que as de porco e de vaca, que estas, bem consertadas e bem engraxadas, não iam a mais de um cruzado.[1] Em épocas posteriores os calçados de couro de veado vêm logo em seguida aos de cordovão.

Não era recente e nem de invenção local e colonial essa aplicação do couro de veado na indústria. No Portugal quinhentista, sobretudo no Alentejo e no Trás-os-Montes, eles constituíram sempre caça numerosa e apreciada, e o aproveitamento de seu couro na sapataria e indústrias anexas está documentado nos versos onde Garcia de Resende mandou dizer a Rui de Figueiredo Oportas de que modo este há de ir vestido à sua pousada do Almeirim:

Broseguy largo amarelo,
com çapatos de veado [...][2]

Não é crível que os constantes embargos opostos no reino às montarias de toda espécie permitissem o fabrico de tais sapatos por longo tempo e em escala apreciável. Parece que durante a segunda metade do século XVI, para atender às necessidades de seu ofício, os curtidores, surradores e correeiros portugueses se abasteciam de ordinário nos currais de gado manso, quando não se servissem de peles importadas. E estas, não sendo de cordovão, eram quase sempre de vaca ou carneira, se destinadas à indústria de calçados.[3] De limitações semelhantes não padeceriam os colonos no Brasil, principalmente os que povoassem um sertão abundante em caça como o da capitania de Martim Afonso.

Além das peles de veado, também as de anta serviram ao paulista antigo para os usos fabris. Sua rijeza, que as tornava praticamente impenetráveis às frechas, indicava-as principalmente para rodelas e outras armas de defesa. Alguns índios tinham aprendido a utilizar tais vantagens fazendo de peles de anta mal beneficiadas — apenas secas ao sol, informam-nos Anchieta e Léry — os escudos com que se protegiam dos contrários. Não se sabe quando, nem como, teriam descoberto os colonizadores o meio de preparar essas peles. Afirma Gabriel Soares que, bem curtidas, elas fazem "mui boas couraças, que as não passa estocada".[4] Haveria aqui mais do que uma simples presunção do cronista? Nas Índias de Castela, pela mesma época, as antas, posto que numerosas, sobretudo em terras quentes, perdiam-se "*por no haber quien sepa adrezar sus cueros*", refere Vargas Machuca.[5] E o Brandônio, dos *Diálogos das grandezas*, repete entre nós a mesma queixa dezenas de anos mais tarde, lamentando a incúria dos moradores do país, que se não serviam dessas peles "por não se disporem a curti-las e consertá-las e, sem nenhum benefício, as deixam perder".[6]

Isso talvez na América espanhola e em nossas capitanias do Nordeste. A verdade é que os homens de São Paulo, mais afeitos, por necessidade, aos usos da terra, já então sabiam aproveitar as virtudes do couro de anta, com que se resguardavam melhor durante as incursões ao sertão longínquo. Empregavam-no sem dúvida na fatura de certos gibões protetores e também, provavelmente, de rodelas e gualteiras ou carapuças. As "coiras de anta" surgem repetidas vezes em inventários seiscentistas. A princípio seriam artigo raro e dispendioso, quase de luxo. De uma, arrematada em leilão no ano de 1609 a 4400 réis, preço equivalente para a época ao de duas éguas ou ao de quatro vacas paridas, com suas crianças, pode presumir-se que pertenceu sucessivamente a três pessoas, pelo menos. Comprada a Roque Barreto por seu irmão Francisco, foi vendida mais tarde a Bartolomeu Bueno, o sevilhano. Será a mesma que anos depois, em 1613, figura no inventário de Domingos Luís, o moço, e é avaliada em 4 mil-réis?[7]

Como quer que seja, as couras de anta iriam tornar-se, com o correr do tempo e com os hábitos aventurosos que distinguiam os paulistas, uma das peças características do arsenal e da indumentária bandeirantes. E é provável que encontrasse igual acolhida em outros lugares do Brasil, onde pudessem desenvolver-se hábitos semelhantes. Escrevendo em 1627, frei Vicente do Salvador já pode observar, em sua *História do Brasil*, que da pele curtida do tapir "se fazem mui boas couras para vestir e defender de setas e estocadas".[8] Cabe notar, também, que, já em meados do século, o custo do material, tanto quanto se pode julgar da simples leitura dos inventários paulistas, sofre declínio sensível.

Além da elaboração industrial, em que se aproveitavam não só as peles, mas algumas vezes também a banha — a do bicho-de-taquara, por exemplo, servia segundo Anchieta para amaciar couros —, nossa fauna ainda se prestava a outros usos importantes. Na medicina popular e de emergência, os produtos tirados do reino animal são, talvez, apenas superados pelos de procedência vegetal. E foi certamente no contato assíduo do sertão e de seus habitantes que o paulista terá apurado as primeiras e vagas noções de uma arte de curar mais em consonância com nosso ambiente e nossa natureza.

No largo aproveitamento da fauna e flora indígenas para a fabricação de mezinhas, foram eles precedidos, aparentemente, pelos jesuítas. Estes, antes de ninguém, souberam escolher, entre os remédios dos índios, o que parecesse melhor, mais conforme à ciência e à superstição do tempo. Mas só a larga e contínua experiência, obtida à custa de um insistente peregrinar por territórios imensos, na exposição constante a moléstias raras, a ataques de feras, a vinditas do gentio inimigo, longe do socorro dos físicos, dos barbeiros sangradores ou das donas curandeiras, é que permitiria ampliar substancialmente e organizar essa farmacopéia rústica. "Remédios de paulistas", é como se chamavam em todo o Brasil colonial as receitas tiradas da flora e também da fauna dos nossos sertões.

Constitui aliás matéria controversa a parte que teria cabido aos indígenas no descobrimento e conhecimento de tais remédios. Pode-se admitir, em todo o caso, que essa contribuição teria sido mais considerável e também mais essencial do que desejava acreditar Martius, sempre disposto a diminuir a influência do gentio ou a acentuar apenas seus aspectos negativos. "Um contato prolongado com os índios", observa o naturalista bávaro em suas *Viagens no Brasil*, "chegou a certificar-nos de que a indolência desses miseráveis se opunha a que indagassem sequer dos elementos curativos que encerra a natureza."[9] Opinião que não deixa de surpreender um pouco em quem, elaborando sua *Matéria médica*, tratou de reunir produtos que, segundo sua própria confissão, teriam sido utilizados na maior parte pela medicina dos indígenas. É que para Martius a observação inteligente dos colonos podia tanto quanto a experiência secular dos antigos donos da terra, descobrindo, numa familiaridade prolongada com a natureza, e não por transmissão de conhecimentos, muita coisa que o gentio talvez não ignorasse.

Os adventícios guiavam-se muitas vezes pelos sentidos, que os faziam associar confusamente reminiscências do Velho Mundo às impressões do Novo. Isso explica bem como às espécies encontradas em nossas florestas puderam ser atribuídos, com freqüência, nomes e virtudes próprios de espécies diferentes, estas tipicamente européias. Em muitos casos orientava-os apenas uma segura e audaciosa observação nascida, na luta com o mundo ambiente, dos perigos cotidianos a que se sujeitavam exploradores e conquistadores. Compreende-se que aos naturais de São Paulo coubesse parcela considerável do esforço que iria desvendar em todas as direções a terra ignorada. Martius não deixa de registar esse fato. "O mérito no descobrimento e na utilização das plantas curativas", diz, "coube em maior grau aos paulistas, tanto quanto o descobrimento das minas de ouro."[10] Poderia acrescentar, sem hesitação, que isso só se tornou possível, em grande parte, dada a circunstância de, em São Paulo, mais do que em outras regiões brasileiras, terem permanecido longamente vivas e fecundas as tradições, os costumes e até a linguagem da raça subjugada.

Nada tão difícil, de resto, como uma análise histórica tendente a discriminar, aqui, entre os elementos importados e os que procedem diretamente do gentio. Traços comuns prepararam, sem dúvida, e anteciparam, a síntese desses diversos elementos. Há motivos para se suspeitar, por exemplo, que os índios, tanto como os portugueses, acreditavam nas virtudes infalíveis de certas concreções, como o bezoar, que se criam nas entranhas dos ruminantes. A flebotomia, corrente na Europa ao tempo da conquista, também não era desconhecida neste continente antes do advento dos brancos. Para as sangrias serviam, em lugar de lancetas, bicos de aves, ferrões de arraias, dentes de quatis ou cutias.

Podem citar-se, também, casos de elementos importados, cujo emprego se generalizou acentuadamente, inclusive entre índios, como ocorreu por exemplo com a aguardente de cana, que servia e ainda serve, misturada a certas ervas e outras mezinhas, para aumentar-lhes o poder curativo.

Práticas indígenas, que tinham todos os requisitos para alarmar ou escandalizar europeus, encontraram, por outro lado, acolhida inesperadamente favorável. Assim sucedeu com o processo que consistia em afoguear-se por meio de brasas o corpo ou parte do corpo afetados por alguma enfermidade. Processo que os pajés, com grande espanto dos jesuítas, tentaram durante as primeiras epidemias de bexigas, no intento de aplacar o mal.

Um depoimento autorizado refere como, em princípio do século XVIII, costumavam os paulistas curar os resfriados mais renitentes. Lançavam sobre a parte constipada "enxofre muito bem moído, acutilando-a depois, muitas vezes, com o gume de uma faca posta em brasa". O certo é que "com esse remédio único", diz a testemunha, "vimos ali acudidas muitas queixas, dignas pelo seu aparato de maiores remédios, como foram pleurisia, ciáticas e outras muitas e várias dores em qualquer parte do corpo".[11]

Não faltam, finalmente, aspectos de nossa medicina rústica e caseira que dificilmente se poderiam filiar, seja a tradições européias, seja a hábitos indígenas. Aspectos surgidos mais provavelmente das próprias circunstâncias que presidiram ao amálgama desses hábitos e tradições. A soma de elementos tão díspares gerou muitas vezes produtos imprevistos e que em vão procuraríamos na cultura dos invasores ou na dos vários grupos indígenas. Tão extensa e complexa foi a reunião desses elementos, que a rigor não se poderá dizer de nenhum dos aspectos da arte de curar, tal como a praticam ainda hoje os sertanejos, que é puramente indígena — e só nesse sentido se torna explicável a opinião de Martius — ou puramente europeu.

Não é improvável que um critério a que se pode chamar analógico, derivado da tendência para procurar entre os produtos da terra elementos já conhecidos no Velho Mundo, tenha contribuído de certo modo para a criação da medicina sertaneja. E esse critério terá valido na seleção de drogas como também de amuletos e sobretudo medicamentos bezoárticos. Num caderno de apontamentos que pertenceu ao governador Rodrigo César de Meneses e se conserva manuscrito no Instituto Histórico e Geográfico Brasileiro, registam-se alguns desses remédios, em uso entre os antigos paulistas. Não falta na relação um rival da célebre "pedra de porco-espinho", que era geralmente considerada o mais eficaz dos bezoares do Oriente e indicada nos casos de vômitos, fraqueza de estômago, aflições do coração, afetos uterinos das mulheres, "paixões dos rins", retenção de urina e febres malignas. No Brasil essa preciosidade era fornecida pelos porcos-do-mato. "Nos ditos porcos", reza o manuscrito, "se acha no buxo pedra verdoenga do tamanho de hum pequeno limão. Tem hum sabor amargoso e he a celebre pedra do porco espim." Nas orelhas do porco-do-mato também se achavam, segundo o mesmo documento, certas pedras pardacentas e esbranquiçadas, que constituíam antídoto eficacíssimo para a supressão de urinas. Pedras bezoares de grande eficácia existiam também nos veados e antas. Nos sertões da capitania de São Paulo havia "huns Sapos grandes de cornos que chamão Nambicoaras, e os cornos ou orelhas são o melhor unicornio para se meter na agua, que purifica, apesar da peçonha". Extraordinário era o efeito de duas pedras encontradas na cabeça do jacaré quando aplicadas aos febricitantes. Era o bastante colocarem-se tais pedras nas mãos do enfermo para que logo se extinguisse a febre.[12]

Para a mentalidade de muitos dos nossos roceiros de hoje têm aplicação terapêutica ou servem de amuletos, praticamente, todas as partes do corpo dos animais selvagens que não possam servir para a alimentação ou manufatura de couros: os chifres, os dentes, as unhas, os ossos, os cascos, as couraças, as gorduras... Há indícios de que mais de um desses medicamentos já seriam utilizados pelo gentio antes de qualquer contato com os adventícios. Mas são dignos de interesse, por outro lado, os processos de racionalização e assimilação a que o europeu sujeitou muitos de tais elementos, dando-lhes novos significados e novo encadeamento lógico, mais em harmonia com seus sentimentos e seus padrões de conduta tradicionais.

É comum entre grupos indígenas da América do Sul a atribuição de uma espécie de força mágica aos dentes de jacaré, tidos como poderoso talismã, capaz de contrabalançar eficientemente a influência de certas entidades funestas ao homem. Para a crença nessas potências malignas, não custaria aos portugueses encontrar equivalente nas teorias sobre o papel nocivo que pode representar o ar... — ar de estupor, ar de perlesia, ramos de ar, corrupção de ar... — tão generalizada na velha medicina. O ambiente cheio de surpresas e novidades que oferecia o país vinha dar nova ênfase a tais teorias. É o que se exprime já no primeiro tratado escrito por um homem de Portugal sobre a terra do Brasil: "Este vento da terra", dizia, com efeito, Gandavo, "é mui perigoso e doentio; e se acerta de permanecer alguns dias, morre muita gente, assim portugueses como índios [...]".[13] Um depoimento contemporâneo das monções do Tietê menciona o costume que tinham então os sertanistas de São Paulo de matar jacarés para tirar-lhes os dentes que são "contra o ar".[14]

A mesma virtude surge atribuída, outras vezes, às unhas do tamanduá-bandeira, que alguns grupos indígenas utilizam como ornamento corporal, ajuntando-as entre si aos pares, por meio de resina, à maneira de um crescente como o fazem com as do tatu-canastra. Tal a capacidade de persistência dessas crenças que puderam manter-se até aos nossos dias, mesmo nos centros mais adiantados. Em interessante estudo, onde se relatam os resultados de uma investigação efetuada há mais de trinta anos em ervanários da capital paulista, o sr. F. C. Hoehne ainda pôde assinalar a presença de unhas de tamanduá entre os produtos de origem animal expostos à venda em tais estabelecimentos.[15] A facilidade com que esse elemento foi acolhido pelos colonos justifica talvez uma conjetura: não seria possível relacioná-la ao fato de o tamanduá caminhar ordinariamente de mãos torcidas, voltando "contra o ar" as longas garras que, destinadas a abrir formigueiros e cupins, em casos extremos a ferir de morte adversários perigosos, não tocam o solo?

Pode-se comparar a essa sugestão a crença, disseminada entre antigos colonos castelhanos na América do Sul, de que as unhas da preguiça constituem eficaz remédio contra moléstias do coração. O fato de a preguiça trazer o peito freqüentemente marcado e algumas vezes até chagado pelas próprias garras é considerado motivo plausível para semelhante crença. A mesma virtude atribuiu-se, aliás, às unhas de outros animais, às da anta, por exemplo, que, segundo Lozano, é vítima desse achaque e *"sentiendo sus efectos, aplica la mano al corazon y recreandolo con su virtud, sana en breve"*.[16] Como é fácil imaginar, preferiam-se para esse fim as unhas da mão esquerda.

No Brasil, a anta aparece, perante a velha medicina e o curandeirismo, com outras contribuições igualmente apreciáveis. Do bucho tiravam-se as pedras de que falava Rodrigo César de Meneses, comparáveis na utilidade às do bezoar; os ossos, queimados e dados a beber, eram aconselhados para estancar as câmaras e disenterias; a banha aplicava-se em fricções nos casos de reumatismo e mormente de reumatismo articular... Casos, aliás, em que tinha fortes competidores, pois a tanto forçava o clima do planalto. E realmente não deixa de merecer atenção a extraordinária freqüência com que aparecem, entre mezinhas tipicamente paulistanas, as que se destinam a acalmar dores reumáticas. Quase sempre constam de óleos e azeites, e entre estes os de origem animal, se não têm decidida primazia, são, não obstante, largamente aproveitados. O sr. F. C. Hoehne observou nos ervanários de São Paulo, além da banha de anta, a de capivara, "vendida em pequenos vidros ou garrafas", a de quati, as de cobras — jibóia, sucuri, jararacuçu, cascavel, coral e urutu —, a do gambá, a do tamanduá, a do tatu, todas indicadas especificamente contra o reumatismo.[17]

Essa estranha farmacopéia explica-se, em muitos casos, pelo gosto do maravilhoso, que perseguia os doutores quinhentistas: herança da ciência medieval, a que o descobridor de novas terras viera dar maior relevo. Não é difícil suspeitar que, para curas miraculosas, se impõem terapêuticas raras e exóticas. Algum afortunado navegante viria, talvez, encontrar nos continentes recém-descobertos o famoso segredo da juventude perene, que atraiu ao litoral da Flórida os companheiros de Ponce de León. Muitos povoadores chegariam às nossas paragens animados certamente de tais ambições. Aqui, diante de uma linha, de um movimento da natureza, onde não se reproduzem exatamente as visões habituais, a imaginação adquiria direitos novos. O espetáculo de uma paisagem diferente, em um mundo diferente, onde o próprio regime das estações não obedece ao almanaque, deveria sugerir aos espíritos curiosos um prodigioso laboratório de símplices. Não faltava, é certo, quem se limitasse a discernir nessas formas inéditas as imagens de algum modelo remoto e quase relegado da memória. Assim é que, na mandioca, vinham procurar o honesto pão de trigo; no pinhão da araucária, a castanha européia; no abati, o milho, milho alvo do reino; na própria carne de tamanduá, a de vaca — "dirias que é carne de vaca, sendo todavia mais mole e macia", adverte Anchieta —; na jabuticaba, a uva ferral ou a ginja... Mas, às vezes, interrompia-se o cortejo das visões familiares. E então era preciso acreditar no milagre, promessa de outros milagres.

Contra as razões da sã filosofia, a sensitiva, por exemplo, a que logo chamaram erva-viva, parece desfazer a distinção genérica e necessária entre o animal e a planta. Esse escândalo só podia ser explicado por alguma preciosa e secreta qualidade. E assim o entendeu Gandavo em seu *Tratado*: "Esta planta deve ter alguma virtude mui grande, a nós encoberta, cujo effeito não será pela ventura de menos admiraçam". Para a ciência do tempo deviam ser indiscutíveis os motivos em que se apoiava semelhante presunção: "Porque sabemos de todas as hervas que Deus criou", continua o cronista, "ter cada huma particular virtude com que fizesse operações naquellas cousas pera cuja utilidade foram creadas, e quanto mais esta a que a natureza nisto tanto quiz assignalar, dando-lhe hum tam estranho ser e differente de todas as outras".[18]

Não admira se o gambá, que, no reino animal, apresentava uma singularidade comparável à da sensitiva entre as plantas, também parecesse dotado de virtudes admiráveis. Virtudes que os povoadores aproveitariam largamente, pois, a darmos crédito ao que diz Simão de Vasconcelos, fornecia remédio pronto para qualquer achaque. A cauda, que não serve para outra coisa, era a parte preferida no preparo de mezinhas. Pisada e misturada com água, na quantidade de uma onça, era excelente em doenças de rins, especialmente nas litíases, pois algumas doses, tomadas em jejum, limpavam os órgãos e lançavam fora qualquer pedra... Além disso curava cólicas, fazia gerar o leite, tirava espinhas se mastigada, acelerava os partos... Essas, e ainda outras espantosas qualidades, além da bondade da carne, que alguns comparavam no sabor à do coelho europeu, compensariam, talvez, os terríveis danos que o gambá costuma causar às aves domésticas.[19]

Não parecerá excessivo relacionar à notável singularidade de nosso marsupial a crença de que encerraria grandes virtudes curativas, se nos lembrarmos de que outro prodígio do reino animal, a anhuma, gozava, e ainda hoje goza, de reputação semelhante. Lendo os escritos de antigos cronistas e viajantes, encontramos alusões freqüentes a essa ave e ao espanto que causava no europeu, com seu unicórnio frontal, os esporões das asas, os pés desproporcionadamente grandes e o grito, que, segundo Anchieta, fazia pensar num burro zurrando. De sua abundância no sertão da capitania de Martim Afonso há testemunhos antigos e numerosos. A própria designação primitiva do Tietê já é indício dessa abundância, pois Anhembi quer dizer rio das anhumas, ou das anhimas, como ao começo se chamavam. Se hoje seu número se acha consideravelmente diminuído, devemo-lo, talvez, em parte, à perseguição que desde remotas eras lhe movem os caboclos, empenhados em buscar remédio ou preservativo para toda sorte de males. Do unicórnio, sobretudo, mas também dos esporões e até dos ossos, em particular dos ossos da perna esquerda, faziam-se amuletos e mezinhas contra ramos de ar, estupor, mau-olhado, envenenamentos, mordeduras de animais... Raspados em água e dados a beber, curavam os picados de cobras venenosas. Tal a sua eficácia, que até aos mudos davam o dom da palavra, como aconteceu a um menino, que entrou a falar, segundo refere o padre Fernão Cardim, depois que lhe puseram ao pescoço um desses talismãs.[20] Refere Couto de Magalhães que uma anhuma caçada no porto da Piedade, durante a viagem que realizou ao Araguaia, foi causa de grande desavença entre alguns dos camaradas que o acompanhavam. Cada qual se achava com direito ao melhor pedaço: este reclamava o unicórnio, aquele os esporões, um terceiro, determinado osso. Era costume, em toda a província de Goiás, levarem as crianças um desses amuletos atado ao pescoço, com o que se livrariam de qualquer moléstia ou acidente.[21]

Cabe advertir que, se a atração do fabuloso pode explicar de algum modo a popularidade desfrutada em nossa medicina rústica por animais como o gambá ou a anhuma, seria talvez excessivo presumir que ela fosse simplesmente criada pelos adventícios. É mais razoável acreditar que pudessem existir, já entre os primitivos moradores da terra, os motivos que levaram o colono a encontrar certas propriedades miríficas em determinados animais. Pelo menos com relação à anhuma há notícia expressa, nos escritos de Cardim ou de

Lacerda e Almeida, de que gozava entre os índios da mesma extraordinária reputação que veio a adquirir para os portugueses e seus descendentes. Onde podem ter influído causas psicológicas poderosas, foi certamente no processo de difusão e arraigamento, na sociedade formada pelos conquistadores, de crendices dos naturais da terra. Quase o mesmo pode dizer-se de outro aspecto, nada irrelevante, da arte de curar, tal como a praticavam médicos e curandeiros da era colonial e como a praticam em larga escala nossas populações rurais, como seja a utilização terapêutica dos excretos animais. Seria injusto pretender relacionar esse fato à simples influência indígena. Não há talvez exagero em supor-se que nesse terreno a ação do europeu terá sido, ao contrário, antes ampliadora do que restritiva. Martius, em seu ensaio sobre as doenças e medicinas dos nossos índios, teve ocasião de observar como faziam estes uma distinção entre os excretos que consideravam impuros, e por conseguinte nocivos, e aqueles que lhes pareciam puros e medicinais.[22] Ora, para a própria ciência européia, na época da conquista da América, mal se pode afirmar que existissem tais discriminações. Remédios como o *album groecum* aparecem nas boticas do Velho Continente desde os tempos mais remotos. E no século XVIII um médico português refere-se ao amplo emprego do esterco de cão, o nosso célebre jasmim-de-cachorro, contra tumores de garganta, esquinências e bexigas, insurgindo-se contra o abuso que dele se fazia não só entre gente do povo como até entre sangradores, cirurgiões e médicos, "porque", observava, "o mesmo he dizer o Pay ou a May, que ao seu filho lhe doe a garganta, estando já com sinaes de bexigas, que já a Alva de Cão vem pelo caminho".[23]

É provável, todavia, que as próprias condições do ambiente colonial proporcionassem alguns elementos em que se poderia aplicar essa medicina escatológica. Mário de Andrade, em seu excelente estudo sobre a medicina dos excretos, sugere engenhosamente que o costume de se refinar o açúcar com esterco de vaca pode muito bem ter influído sobre a imaginação popular, favorecendo a crença na ação mundificante do excremento. "Com o excremento o açúcar se purifica e aperfeiçoa. O açúcar se limpa. O excremento adquire assim um conceito de elemento lustral, purificador. Ora [...] uma das práticas mais generalizadas da medicina excretícia é justamente a terapêutica das moléstias de pele ou atuando sobre a pele." O autor não deixa de observar que à própria utilização do estrume animal para vivificar a terra se relacionaria, de algum modo, o poder reconfortante e revitalizante que os desejos assumem com grande freqüência para a medicina do povo.[24] Fora dos núcleos de habitação permanente e dos centros de produção agrária, onde havia mais ocasião para se formarem dessas associações mentais, outros motivos favoreceriam, sem dúvida, o prestígio de semelhante terapêutica.

Não custa crer que durante as longas expedições ao sertão, onde escasseavam muitos remédios compostos, pudesse expandir-se o emprego medicinal dos excretos. Sabe-se, assim, que na expedição do segundo Anhangüera a Goiás, salvou-se de morte certa um dos seus companheiros, frechado por índios caiapós, unicamente com aplicações de urina e fumo, além das inevitáveis sangraduras. "Retirado o dito Francisco de Carvalho", relata uma testemunha, "o achamos com a boca, narizes e feridas cheios de bichos, mas vendo que lhe palpitava ainda o coração e que tinha outros mais sinais de vida, o recolhemos na rancharia, curando-lhe as feridas com urina e fumo, e sangrando-o com a ponta de uma faca, por não termos melhor lanceta; aproveitou tanto a cura que o Carvalho pela noite tornou a si, abriu os olhos, mas não pôde falar senão no dia seguinte: o regimento que teve não passou dum pouco de anu e algumas batatas das que achamos na rancharia."[25] É interessante notar que a urina, sobretudo a urina quente, era largamente usada contra inflamações e tumores; de mistura com fumo, essa genuína panacéia de nossa medicina popular, considerada elemento essencialmente purificador, pareceria meio ideal para fazer sarar toda sorte de ferimentos, qualquer que fosse a sua gravidade.

Um tratadista contemporâneo de Bartolomeu Bueno e que viveu largos anos em São Paulo, o dr. José Rodrigues de Abreu, deixou-nos descrição resumida dos principais usos médicos em que entrava a urina. Queriam alguns, diz, que fosse remédio idôneo "para discutir, resolver e absterger". Na falta de outro medicamento aplicava-se no encalhe mais superficial dos humores; nos tumores frios, produzidos por causas externas; nas inflamatórias incipientes e "fugilações", como também na aspereza da pele, nas chagas sórdidas, nas gretas e rachaduras das mãos e pés e nos gotosos. "Faz pouco ou nada", acrescenta, "para preservar o veneno das viboras; he sordida e menos capaz de louvar-se a sua bebida na occasiam da peste; na Ictericia, no Scirrho do Baço e na Hidropisia contra a opinião de varios Escritores; nem tambem a Ourina do marido bebida facilita tanto as parturientes, que não falhe este socorro as mais das vezes.''[26] A superstição popular e o curandeirismo conservam ainda hoje alguns desses usos, consagrados outrora até pelos eruditos.

O sistema de vida a que eram forçados os sertanistas, sugeria-lhes inúmeros recursos de emergência com que se socorressem em casos de moléstia ou de acidente. Já se viu como, à falta de lancetas para a sangria dos enfermos, usavam de simples facas. Nas sezões e pestes gerais do sertão, seriam esses instrumentos de grande socorro, ao lado das ervas medicinais que crescem no mato. O mesmo fogo que cozinhava ou moqueava a caça e que acendia os morrões de escopeta, servia para cauterizar feridas. E finalmente a mesma pólvora, que abate o inimigo, também podia restabelecer os doentes do maculo ou corrupção, ou mal-de-bicho, que costumava sobrevir às crises de maleita. Com efeito, para combater essa peste, que, restrita inicialmente às terras da marinha, invadiu no século XVIII as minas e quase todo o sertão, nenhum remédio terá adquirido tamanho e tão intenso prestígio quanto o terrível saca-trapo, em que a pólvora figurava como ingrediente obrigatório ao lado da caninha, da pimenta da terra, do fumo e alguma vezes também do suco de limão azedo.

Embora se narrem verdadeiros milagres da eficiência desse remédio colonial, é de crer que a pólvora entrasse no composto antes de tudo pela força de sugestão que encerra e pela crença de que tornaria a droga muito mais violenta e, por conseguinte, de maior eficácia curativa. Para a imaginação do povo é evidente que quanto mais temível for uma enfermidade, tanto mais dolorido deve ser seu tratamento. E dificilmente se desligará da idéia da pólvora a de uma virulência e energia suscetíveis de se manifestarem onde quer que ela encontre aplicação. A própria palavra saca-trapo faz pensar em armas de fogo.

Outros empregos da pólvora na medicina popular teriam nascido da mesma associação mental que aconselhava seu uso contra a enfermidade do bicho. De mistura com caldo de limão, era, ao que consta, o remédio predileto da célebre Donana Curandeira no tratamento de impingens. Isso na capital paulista e em pleno século XIX.

Na mesma classe de muitas das mezinhas e dos preservativos citados, devem incluir-se as fórmulas mágicas de que ainda faz uso nosso sertanejo, ora nos patuás atados ao pescoço, ora em orações, que pronuncia em momentos de perigo. Na maioria dos casos, essas rezas não se diferenciam essencialmente dos simples amuletos, destinados a evitar indiscriminadamente qualquer moléstia ou malefício. Às vezes têm finalidades aparentemente precisas, como sejam a de impedir a ação funesta do mau-olhado, ou das bruxarias, do ar, das bexigas, e sarampos, dos venenos ou das dores de dentes. Na São Paulo seiscentista, certas preces escritas e dirigidas a este ou àquele santo tornavam-se preciosos talismãs para quem as possuía, pois traziam o privilégio de imunizar contra determinados males. As do padre Belchior de Pontes, por exemplo, passavam por eficazes contra picadas de cobras, desde que escritas com sua própria letra.[27] E assim todos as queriam ter, menos por devoção do que por precaução e amor a esta vida presente.

As fórmulas usuais contra o *ar*, designação vaga e que pode abranger diversas enfermidades ou acidentes, seriam muitas vezes do tipo daquela "bênção do ar", encontrada em apenso a um velho roteiro de bandeirante. É este seu texto: "Em nome de Ds. Padre. Em nome de Ds. fo. Em nome do Espírito Santo. Ar vivo, Ar morto, ar de estupor, ar de perlesia, ar arenegado, ar escomungado, eu te arenego. Em nome da Santicima trindade q. sayas do corpo desta Creatura, homem ou animal e q. vas parar no mar sagrado pa. q. viva sam e alliviado. P. N. Maria Credo".[28]

O essencial na maioria dessas fórmulas salvadoras é que a religião (ou a superstição) deve servir a fins terrenos e demasiado humanos. As potências celestiais são caprichosas; uma vez assegurado seu socorro em qualquer transe da vida, que obstáculo se poderá erguer às vontades dos homens? Não admira se em épocas que fizeram da pugnacidade virtude suprema, os ensalmos e rezas se convertessem, muitas vezes, no que chamaríamos hoje, com a mentalidade de hoje, um fator anti-social. É próprio de tais épocas considerar-se que determinados crimes, como o furto, pelo menos o furto desacompanhado de violência física, rebaixam e desclassificam quem os pratica; mas o homicida, inclusive o homicida traiçoeiro, esse poderá contar sempre com a possível benevolência dos homens e dos santos. Tão poderosa foi essa opinião, que consegue subsistir mesmo onde o tempo já dissipou os motivos que a amparavam e que de certo modo a explicavam.[29] A religião, por si só, não era o bastante para abrandar os costumes onde todas as condições materiais e morais tendiam a fazê-los rudes. Além disso ninguém negará que a agressividade turbulenta de um Bartolomeu Fernandes de Faria, por exemplo, ou dos irmãos Leme, chegou a ter, muitas vezes, uma função positiva e, ao cabo, necessária.

Um simples patuá, nessas circunstâncias, torna-se, com grande freqüência, móvel e inspirador dos atos mais temerários. Na algibeira de um mamaluco paulista, morto em 1638 na redução jesuítica de São Nicolau, encontrou-se um papel que trazia estes dizeres: "Quem me traz consigo não morrerá no fragor das batalhas, nem expirará sem confessar-se e irá para o céu".[30] O uso de amuletos dessa ordem conserva-se, ainda em nossos dias, sobretudo nas paragens sertanejas e incultas. As fórmulas mágicas que encerram deverão agir, ora sobre seu portador, protegendo-o, ora diretamente sobre o inimigo, amolecendo-o ou desarmando-o. No último caso está a seguinte "oração de são Marcos", que chegou a alcançar terrível celebridade em algumas regiões do sul de São Paulo:

São Marcos montou a cavalo e foi bater à porta de Jesus Cristo. Jesus Cristo perguntou o que queria. Senhor, eu vim guerrear com os teus inimigos. Se eles puxarem por armas largas, que são as facas, estas se dobrarão da ponta até ao cabo; se eles puxarem por armas estreitas, que são espadas, esta virarão batedeiras de algodão; se eles puxarem por armas de fogo, cairão os peixes e correrá água pelo cano; se eles puxarem por armas do mato, que são os porretes, virarão em hóstias. Quem rezar esta oração todas as sextas-feiras terá cem anos de perdão. Amém.

O facínora Antônio Rodrigues de Sousa, preso em Apiaí pelo ano de 1885, depois de ter resistido com denodo a uma verdadeira multidão de homens armados, inclusive aos soldados de Faxina, declarou-se vencido e perdido sem remissão, quando lhe arrancaram do pescoço um breve contendo a oração de são Marcos.[31] Em realidade essa confiança cega na virtude dos patuás é considerada indispensável requisito para sua eficácia. Se eles não dão muitas vezes os resultados prometidos é fácil acreditar que seu portador não confiou plenamente na força mágica que encerram, ou que o adversário possuía alguma oração ainda mais milagrosa.

Vinda do reino, a crença no poder mágico da palavra falada ou escrita encontrou, entre nós, condições adequadas para ganhar terreno. É de notar que os próprios índios já se serviam a seu modo de fórmulas de encantamento, invocações ou rezas, em que certas combinações de palavras, pronunciadas de certa maneira e repetidas determinado número de vezes, podem livrar de qualquer perigo a quem as recite devotamente. Algumas vezes chega a surpreender, nas que Koch-Grünberg coligiu em suas expedições ao extremo norte da Amazônia, a similitude que apresentam com as orações e ensalmos caboclos. Assim, entre o gentio iaricuna ou taulipangue, quem deseje amansar seu pior inimigo terá de preparar-se, conforme determinadas regras de antemão fixadas, executar trejeitos apropriados e recitar um discurso que, vertido para o português, principia, mais ou menos, nestes termos: "Desvio as armas de meus inimigos, quando elas estão prestes a matar-me. Quando [os meus inimigos] estão furiosos, faço com que seus corpos se enfraqueçam. Retiro a força de seus corações. Faço com que se riam [...]".[32]

Na forma, no conteúdo, na intenção, tais os pontos de contato existentes entre essa e certas orações mágicas largamente conhecidas dos sertanejos, como a de são Marcos, ou a de santa Clara — a última usada ainda hoje no interior de São Paulo pelos que desejam abrandar os inimigos, tornando-os "mansos como cordeiros" —, que é lícito perguntar se não haveria aqui, mais do que mera coincidência, o resultado de uma interação assídua de crendices importadas e práticas indígenas.

FRECHAS, FERAS, FEBRES

A medicina e a magia primitivas não conhecem nenhuma distinção nítida entre malefício e moléstia. Assim, por exemplo, a mesma reza que serve para aliviar uma parturiente poderá resguardar um indivíduo de qualquer acidente funesto, preservá-lo do mauolhado ou imunizá-lo contra a infecção do ar ruim. Nos antigos documentos paulistanos, a própria palavra "doença" deve ser constantemente entendida nesse seu sentido genérico, que envolve todo acidente suscetível de provocar dor física. O sertanista delibera fazer seu testamento, em muitos casos, por estar doente "de uma frechada", como sucedeu a Manuel Chaves e a Sebastião Preto, ou de ferimentos causados por algum animal bravo. E é possível acreditar que sejam dessa ordem as piores "doenças" do sertão. A varíola, como o sarampo, males adventícios, enlutam sempre muita gente durante os primeiros tempos da era colonial, mas é necessário ter-se em conta que sua ação se restringe, quase unicamente, às zonas de população mais estável, situadas no litoral ou em contato permanente com a marinha e o ultramar.

No sertão remoto, existe certamente o risco perene das sezões e febre malignas, espantalho de muitos aventureiros; mas ainda estas, se chegam a ceifar numerosas vidas, tudo indica que tiveram seus domínios ampliados precisamente com a chegada e a expansão do homem branco. Sem admitir como provável a existência de condições de relativa salubridade em muitas das regiões trilhadas pelas bandeiras, não é fácil compreender como puderam realizar-se essas gigantescas expedições. Além disso, o despovoamento de vastas zonas do continente sul-americano pela malária é fato historicamente comprovado e que levou alguns estudiosos à hipótese de que o anófele, transmissor do mal, não estaria contaminado em tais zonas durante as eras pré-colombianas e ao início do período colonial. Foi o que ocorreu, segundo todas as probabilidades, em numerosas regiões do oriente boliviano, aquém da cordilheira, onde a disseminação do impaludismo teria coincidido, cronologicamente, com a conquista castelhana. E em Catamarca, na Argentina, a mesma enfermidade, desconhecida aparentemente antes de 1896, invadiu depois disso diversas localidades, levada por tropeiros, e contagiou os anófeles.[1] Para não ir tão longe, é significativo o fato de a região guairenha, ainda hoje pestilenta em muitas partes, ter sido considerada extremamente saudável e bem temperada antes das entradas paulistas do século XVII. Só à roda de Vila Rica habitavam mais de 200 mil índios, segundo o testemunho de Rui Díaz de Guzmán.

Em compensação, os sertanistas tinham de contar, durante suas audaciosas jornadas, com mil outros perigos e incômodos. Não só as moléstias, mas ainda a fome, a sede, o gentio brabo, os animais peçonhentos e agressivos, compunham um vasto cortejo de ameaças, contra as quais deveriam precaver-se os que se embrenhavam na selva. Infelizmente são quase sempre incompletos ou omissos, a tal respeito, os velhos documentos paulistas. Sem os textos espanhóis e jesuíticos, que aliás devem ser lidos com prevenção, e onde a atividade dos bandeirantes só aparece sob a luz mais desfavorável, a morte de um Manuel Preto, não obstante a grande repercussão que deveria causar entre seus conterrâneos, apenas pode ser assinalada como tendo ocorrido por volta de 1630. E é tudo quanto aqueles documentos paulistas nos dizem sobre o desaparecimento do grande potentado. Os cronistas inacianos ensinam, porém, mais alguma coisa, fornecendo, sem querer, pormenores que bem podem dar idéia dos riscos a que se sujeitavam os aventureiros piratininganos. Assim é que em sua última incursão ao Guará o grande caçador de índios foi vítima de uma onça traiçoeira, que o acutilou profundamente na cabeça e nos braços, com o que seus companheiros, atordoados, deixaram escapar o gentio prisioneiro. E teria sido apenas o princípio das desgraças que se abateram sobre o conquistador de Santo Inácio, Loreto e Jesus Maria. "Princípio do castigo que depois executou uma frechada", comenta o padre Francisco Jarque.[2] E outro jesuíta, Nicolas del Techo, ainda nos fala em certo capitão dos paulistas, sem lhe mencionar o nome, a quem uma onça arrancou o couro cabeludo.[3] Seria ainda o caso de Manuel Preto? É provável. Tais precisões explicam-se, aliás, menos pela importância do sucesso em si, do que pela importância da vítima. Episódios dessa ordem seriam freqüentes nas expedições de bandeirantes; tão freqüentes, em realidade, que não mereciam a honra de ser assinalados em escritos portugueses da época.

O perigo que representava o jaguar para os sertanistas tornava-se tanto maior quanto não se conheciam muitos meios eficazes de defesa ou prevenção contra seus assaltos. Os próprios índios, tão atilados, de ordinário, no ouvir e identificar os menores rumores da floresta, muitas vezes não distinguiam, senão pelo olfato, a aproximação do terrível felino. Movendo-se entre as brenhas com rapidez e agilidade extremas, seu corpo pesado não quebra sequer os galhos secos do caminho. Tão grande como um novilho, anda em certas ocasiões rasteiro e cosido com a terra, a ponto, nota-o um cronista, de poder passar, assim, por um pequeno cachorro. Acresce que, conforme idéia largamente difundida, se lhe sucede provar alguma vez de carne humana, dificilmente aceitará outro sustento. É conhecida a passagem do *Facundo* de Sarmiento, onde se descreve a ameaça constante que representa para o habitante dos pampas a presença do jaguar "cevado". Assim chamavam ou ainda chamam, nas regiões platinas, às onças especializadas, por hábito, na caça ao homem. Até pelo porte e aspecto, muitas delas parecem denunciar suas predileções antropofágicas. Assim, a magreza num jaguar passava geralmente por indício quase certo de antropofagia.[4] O que só se explicará, talvez, pela relativa carestia do gênero.

Como nas epidemias de varíola e sarampo, os brancos, ainda nesse caso, estariam mais resguardados do que os índios e negros, se é certo que, juntos, um branco, um índio e um preto, o jaguar investe sempre contra este (e havendo só pretos, observa o padre Lozano, contra o mais velho ou mais catinguento).[5] Seria fácil julgar que tal opinião, expressa por mais de um cronista, fosse sugerida pelo fato de os homens de cor, peões, escravos ou administrados ficarem, pela própria natureza das suas atividades, mais freqüentemente expostos à sanha desses felinos, se ainda em nossos dias ela não encontrasse largo crédito em nossos sertões.[6]

O terror que costumava infundir a onça aos colonos e antigos naturais da terra levou muitos padres a apresentá-la como um dos instrumentos de que se servia a providência para punir os homens. O "castigo" de Manuel Preto é exemplo típico dessa atitude. E há outros. Em 1710 padeceram os índios guaranis das missões tal perseguição por parte das onças, que estas chegavam a penetrar nos povoados, causando os piores estragos. O fato foi tomado como castigo do céu, e durou o tempo que deveu durar o motivo, "até que, apiedada a Majestade Divina, se retiraram para os bosques".[7] Em São Paulo, na freguesia de Nazaré, houve ocasião em que elas mantiveram sobressaltados os moradores, invadindo o vilarejo logo que anoitecia, para infestar as casas e assaltar os animais domésticos. Embora não matassem pessoa alguma, logo se teve o caso como prova veemente da cólera divina e aviso aos moradores, para que se emendassem dos seus erros passados e presentes. Porque, adverte o biógrafo do padre Belchior de Pontes, "daquelle castigo, ao parecer leve, podião inferir qual seria ao depois, se Deos lhes tornasse a mandar semelhantes algozes: e se elles são tão bravos e crueis, que huma só onça, armada de sua natural fereza, dá trabalho a muitos; que scria se muitas se unissem a vingar as injurias que tinham commettido os homens contra seu Creador".[8]

No combate ao felino, que não assolava apenas as florestas, mas também povoados e arraiais, principalmente onde existissem animais de criação, eram apenas sensíveis as vantagens que parecia oferecer a introdução das armas de fogo. Não há dúvida que, graças principalmente às balas e perdigotos, foi possível despovoarem-se desses temíveis carniceiros extensas regiões, outrora sujeitas aos seus assaltos. Mas o menor descuido, um erro na pontaria, um disparo infeliz ou inoportuno, acarretava resultados muitas vezes fatais para o caçador inexperto. Não há adversário mais perigoso do que um jaguar mal ferido; para evitar esse risco recorriam alguns a simples facas ou lanças. Os antigos paulistas usavam de ardil engenhoso, enfrentando a fera armados unicamente de faca e de uma pele de carneiro atada à ponta de um pedaço de pau. Na ocasião em que o animal se erguia sobre as patas traseiras, apresentavam-lhe a pele de carneiro e, aproveitando a confusão assim produzida, cravavam-lhe a faca no peito. Esse processo, narrado por Paula Sousa, pode ser aproximado do método empregado, ainda hoje, pelos índios carajás, que usam lanças enfeitadas de penachos, com os quais tratam de distrair o animal no momento preciso em que este se prepara para o bote.

É significativo que, entre os índios, a lança parece ser das armas mais comumente empregadas nessa caçada, salvo em lugares como a Amazônia, onde prevaleçam frechas ervadas.[9] Assim é que os guatós, famosos matadores de onças, costumam atacá-las com uma longa azagaia de ponta engastada, depois de terem imitado seus urros.[10] Os bororos, é certo, empregam frechas especiais, largas e com ponta de faca, mas cumpre notar que as utilizam quase como se fossem lanças ou chuços. É pelo menos o que sugere a descrição que fez desse perigoso exercício o etnólogo Herbert Baldus.[11] Aqui o arco serve, segundo as aparências, para distrair a atenção do animal ou mantê-lo a uma distância conveniente, enquanto o caçador escolhe ocasião propícia para desferir o golpe, fincando-lhe no corpo a ponta da frecha. Entre outros grupos indígenas, como os suiás e os trumaís, também têm sido assinaladas frechas destinadas à caça do jaguar. Mas os autores que registam tais ocorrências, um Von den Steinen, por exemplo, ou um Hermann Meyer, não são explícitos no tocante ao modo pelo qual se utilizam tais armas.[12]

Não é fácil supor que, normalmente, o arco e a frecha possam servir para lutar frente a frente com o jaguar, a menos que se tenha chegado, como entre os bororos, a desenvolver uma técnica especial de combate, em que são requisitos obrigatórios a força muscular e um sangue-frio verdadeiramente excepcional. Consta que os antigos tupis do litoral matavam com suas frechas, a distância, pelo menos a suçuarana. Mas, ainda nesse caso, o caçador tinha de esperar pela presa de cima de uma árvore suficientemente alta e esguia, onde se sentisse a salvo das investidas. Entre esses índios, o modo ordinário de caçar a onça era, ao que parece, por meio de mundéus ou fojos.[13] Uma vez aprisionada é que a fera podia ser morta a frechadas. Em certos casos acabavam-nas em terreiro, como aos contrários, tomando nome e fazendo todas as cerimônias da antropofagia ritual.

Para afugentá-las de lugares habitados e acampamentos, costumava-se, ainda se costuma, acender fogueiras. E o caminhante que levasse consigo um tição, acreditava poder percorrer florestas ou sítios ermos, livre do risco de ser assaltado por um desses felinos. Mas nem tal remédio é tão seguro que não falhe algumas vezes, quando sucede estarem as onças famintas ou mal satisfeitas, que é quando são realmente perigosas. Porque fartas, elas se tornam pouco atrevidas e até pusilânimes, fugindo à aproximação dos homens ou das matilhas de cães.

De sua utilização econômica não há muito que dizer. As vantagens que, por esse lado, promete sua caçada, eram escassas se comparadas aos trabalhos e perigos que acarretava. Em lugares onde abundava esse animal, como no Mato Grosso dos princípios do século passado, uma pele de onça por curtir valia menos de que um couro curtido de boi. Não obstante isso, era tida em grande estima pelos primeiros colonos europeus, tornando-se mesmo um valioso artigo de comércio. Já no primeiro século, conforme depoimento do padre Fernão Cardim, dela se serviam as mulheres portuguesas na capitania de São Vicente para fabricar alcatifas.

A carne do jaguaretê, ainda que tragável à falta de melhor, não seria apetecida dos índios pelo seu sabor, mas antes pelo poder que lhe atribuíam muitos, de comunicar força e coragem a quem a consumisse. Anchieta, invariavelmente generoso para com os manjares indígenas, dela diz, apenas, que é "boa para comer"; outros cronistas fazem supor que seria, talvez, mais saborosa, se mais tenra. As próprias unhas e dentes serviam como ornamento ou amuleto, livrando o portador de todo perigo. Ainda em nossos dias é essa a virtude que, em muitos lugares, lhes é atribuída pelo povo.

Essas aparentes vantagens não davam, entretanto, para disfarçar os danos causados pelo temível jaguar aos índios e colonos. De outra casta de inimigos da espécie humana em que era fértil o país, os insetos daninhos, nem se poderá dizer que trouxessem tais compensações. Se nos lembrarmos de que áreas inteiras tiveram de ser desertadas, devido aos mosquitos transmissores da malária ou às formigas e cupins devastadores da lavoura, ou às baratas nojentas, não parecerá excessivo afirmar que constituíram obstáculo dos mais sérios ao esforço colonizador. Tanto mais sério quanto os adventícios, principalmente, não estavam preparados para defender-se dessas pragas.

Os brancos recém-chegados eram os mais sensíveis às picadas de mosquitos, precisamente por serem novos na terra. Tinham sangue "doce", segundo sugestiva expressão ainda hoje corrente. As roupas que traziam sobre o corpo constituíam abrigo mais do que inadequado, mesmo comparadas às simples tinturas de que se untavam os índios.

Outra praga do país, o bicho-de-pé, que alguns, sem razão plausível, pretendem originário da África, perseguiu atrozmente os primeiros colonos europeus, enquanto não aprenderam a tratá-lo como o faziam os naturais da terra. Hans Staden refere que, em sua primeira viagem ao Brasil com os espanhóis, viu alguns destes ficarem com os pés estragados, por se terem descurado de atalhar o mal enquanto fora tempo.[14] Incúria de que muitos não se emendaram, pois passados dois séculos, foi ainda devido a um bicho-de-pé que veio a morrer, em São Paulo, o padre Estanislau de Campos. Explicando o fato, de acordo com a ciência do tempo, diz-nos seu biógrafo anônimo que, "tendo Estanislau extraído um desses insetos, resultou daí uma erisipela, em conseqüência da qual transmitiu-se o mal aos intestinos por força do retrocesso dos humores, conforme dizem, e depois seguiu-se a gangrena, que lhe trouxe a morte, suavíssima [...]".[15] Mesmo os vegetais importados, se freqüentemente não prosperavam no novo clima, deve-se isso menos talvez à qualidade do solo e do clima do que à quantidade das formigas, que, poupando de preferência os da terra, não perdoavam tão depressa aos estranhos.

Sertão adentro, faltos de todo recurso e dessa quase imunidade que só pode nascer de uma onerosa aclimação, os europeus e seus descendentes mais próximos lutavam com dificuldades ainda maiores em face do meio hostil. O sargento-mor Teotônio José Juzarte, a quem devemos o relato de uma viagem de São Paulo ao Iguatemi na segunda metade do século XVIII, precioso documento divulgado pelo sr. Afonso d'E. Taunay, faz quase uma evocação das pragas do Egito ao enumerar a série de "imundícias" que assolavam os expedicionários. As pulgas eram em tamanha quantidade que se não podia dormir de noite, nem sossegar de dia; estranhos bichos gadelhudos, nojentos e molengos subiam por toda parte, perseguindo os homens; nuvens de gafanhotos escureciam o sol, deixando a desolação onde passavam; os mosquitos eram tais e tantos, que os próprios cavalos fugiam do campo, entrando nas casas e metendo as cabeças por cima do fogo para se livrarem das picadas; os grilos não davam descanso, pois roíam as testas, narizes e pés dos que apanhavam dormindo, além de despedaçarem as roupas, "que era huma compaixão".[16]

Contra o perigo e o incômodo que tudo isso representava, recorriam os índios aos expedientes mais engenhosos. As mesmas tintas de que se untam e que, conforme as modernas experiências do sr. Álvaro Osório de Almeida, os conservam "tão bem protegidos contra a ação actínica do sol como se estivessem vestidos com tecidos espessos",[17] teriam, além disso, a virtude de resguardar da perseguição dos mosquitos. Na frase de uma carajá a Fritz Krause, a propósito dessas tinturas, que a alguns dos primeiros cronistas pareceram simples e ridículos enfeites, mostra-se como sua função protetora não escapava aos nossos índios: "A pintura completa do corpo [com o vermelho do urucu ou o preto do jenipapo] é nossa defesa contra os mosquitos"[18], dizia-lhe ela, "assim como as roupas o são para vós". Os azeites vegetais, largamente utilizados como ungüentos entre várias tribos, viriam fortalecer essa ação das tinturas.

É característico que até nos tipos de habitação adotados por certos grupos indígenas em zonas alagadiças e sujeitas a mosquitos se exprima essa necessidade de proteção à epiderme. Os primeiros europeus que percorreram algumas áreas do coração do continente, sobretudo na bacia do Paraguai, admiraram-se de encontrar choças de entradas tão baixas que mal davam para um homem de gatinhas. A crença corrente no primeiro século da colonização, de que habitava as partes centrais na América do Sul uma fabulosa nação de pigmeus, identificada mais tarde com os goiás, origina-se provavelmente nesse fato. Os espanhóis, encontrando dessas choças nas terras ao oriente de Santa Cruz de la Sierra, teriam chamado aos seus habitadores *chiquitos*, sem outro motivo além do que indicavam as aparências, isto é, que só indivíduos de pequeníssima estatura podiam servir-se de portas tão pequenas. É o que nos declara expressamente uma velha crônica: "As casas não são mais do que choupanas de palha dentro dos bosques, umas chegadas às outras sem qualquer ordem ou distinção; a porta é tão baixa que só se pode entrar de gatinhas, motivo pelo qual deram a eles o nome de *chiquitos*; e estes não apresentam outra razão para terem assim suas casas, senão a necessidade de se livrarem do enfado e moléstia que lhes causam as moscas e mosquitos, de que abunda singularmente o país no tempo das chuvas, e para que seus inimigos não tenham por onde frechá-los de noite, o que seria inevitável se fosse grande a porta [...]".[19]

Essas choças adquirem, assim, uma função bastante ampla: servem não apenas de morada, mas ainda de defesa eficaz para seus habitantes, protegendo-os ao mesmo tempo dos elementos naturais, dos bichos, e dos seres humanos hostis. Se animais corpulentos como o jaguar só por exceção se aproximam dos lugares povoados, já não sucede o mesmo a muitos insetos nocivos, que, estes, vão procurar os homens até no recesso das suas casas e em horas dedicadas normalmente ao descanso ou ao sono. Para evitar esses hóspedes importunos, impõem-se cuidados especiais, que encontram expressão no próprio aspecto exterior das moradas. Não se pode, com efeito, associar à simples difusão de um traço de cultura proveniente de outras áreas o fato de os antigos parecis, visitados em 1724 pelo bandeirante Antônio Pires de Campos, possuírem casas de portas "tão pequeninas, que para entrar era necessário ser de gatinhas", exatamente como sucedia às dos *chiquitos* de Patricio Fernández, ou como sucede ainda hoje às dos nambiquaras da Serra do Norte.

De resto não são poucos os casos de palhoças indígenas onde a necessidade constante de defesa contra as moscas, mosquitos, abelhas e também contra o calor solar e o frio determinou bem nitidamente, não só o tipo como ainda o material de que são fabricadas. Mesmo nas malocas dos antigos tupis do litoral, as entradas baixas, tão baixas que para entrar ou sair tinham de curvar-se, as palmas com que alguns fechavam suas portas, e as que serviam de cobertura — estas quase sempre de pindobuçu, e mais saudáveis do que as telhas, afirma Gabriel Soares, pois que refrescam no verão e aquecem no inverno — obedecem certamente à mesma necessidade.[20] Em certas tribos, para poderem dormir livres de mosquitos, chegam os índios a construir palhoças especiais para a noite, além das outras, maiores, onde assistem de dia; foi o que já no século XVII observou Heriarte entre os moradores da barra do rio Negro, e o que viajantes mais recentes têm assinalado entre os roucouyennes. Outros, os piapocos, por exemplo, têm o costume de dormir durante algumas épocas do ano em bancos de areia, enterrando-se quase até o pescoço.[21]

Desse costume há menção em uma das cartas de Antônio Vieira onde se descreve o que era a perseguição movida pelos mosquitos ao viandante, a todas as horas do dia e da noite. A transcrição de todo o trecho pode dar uma idéia dessa perseguição: "Há os enxames deles ordinariamente nos esteiros, de que toda a terra é retalhada, e se acaso a canoa fica em seco, em que se espera a maré, são bem trabalhosas de esperar. Até as praias da costa do mar, onde estão muito lavadas e assentadas dos ventos, são infestadas desta praga. Particularmente no inverno e de noite, são em algumas delas tantos, que os índios se enterram na areia até a cabeça, para poderem sossegar. No rio das Amazonas há uma nação, que chamam de esfolados, por andarem sempre assim por causa dos mosquitos, outros trazem sempre abanos nas mãos para os lançarem de si; outros têm umas casas na praia, em que vivem de dia, abertas e patentes, e para de noite, têm outras casas no mato, escuras e sem porta nem janela mais que uma como gateira, rente com a terra e mui bem tapada, pela qual entram a dormir. No Maranhão e no Pará, ordinariamente em lugares habitados, não se padece esta praga, mas em algumas viagens e missões é tal a multidão deles e tal a importunidade, a agudeza e continuação com que picam e desatinam, que dão muito maior matéria à paciência do que eles são. Das cousas que ficam ditas esta é a mais custosa que se cá padece, posto que com desigualdade, porque, ainda quando imos juntos, a uns buscam e perseguem mais do que a outros".[22]

Tudo isso tende a mostrar que é uma simples aparência, se tanto, a pouca sensibilidade dos índios às picadas de insetos. A verdade é que, longamente afeitos a todos os rigores do meio, eles conseguiram inventar para uso próprio certos elementos de defesa a que o europeu, muitas vezes, não podia ou não queria recorrer.

Em todo o século XVI e no seguinte, aqueles que se embrenhavam nas matas e sertões quase não teriam outra proteção contra os mosquitos senão a roupa do corpo e, durante a noite, as cobertas ou alguma capa de baeta. Já se mostrou como nem assim poderiam julgar-se mais abrigados do que os indígenas, ainda que estes andassem, no seu natural, simplesmente untados de óleos e tintos de urucu ou jenipapo. O próprio mosquiteiro, que chegaria a assumir papel importante em explorações ulteriores, não parece ter sido conhecido nesses primeiros tempos. Tudo tende a indicar, entretanto, que seria elemento adventício — transplantação, talvez, do tradicional mosquiteiro da Europa, sobretudo dos países banhados pelo Mediterrâneo —, ou surgido de uma adaptação dos pavilhões e cortinados caseiros a exigências da vida sertaneja. Adaptação que representaria um passo dos mais notáveis para a vitória sobre as hostilidades do meio.

Algumas velhas crônicas, as de Oviedo, Cristobal de Saavedre, Maurício de Heriarte ou Laureano de la Cruz, assinalam, é certo, *barbacoas con toldos* e *camas toldadas* em determinada região do Alto Amazonas, a terra dos omáguas — lugar remoto e apartado de toda comunicação regular com europeus. Um século depois de Heriarte, La Condamine ainda se refere aos pavilhões de pano de algodão que usava o gentio da mesma área para ver-se livre dos mosquitos e morcegos. Depoimentos bem mais recentes ainda registam seu emprego fora da Amazônia, entre os iurucarés e os guatós: nada prova, porém, que nestes dois últimos casos não tenha resultado do exemplo dos brancos. O fato é que os testemunhos citados, e alguns outros, forneceram a Nordenskiöld pretexto para interessantes e judiciosas especulações em torno da origem dos mosquiteiros no continente sul-americano anteriormente ao advento de portugueses e castelhanos.[23] Que tal instrumento ocorresse entre os omáguas e tribos comarcãs antes de qualquer comércio com europeus, parece mais do que presumível. E se sua difusão cingiu-se especialmente a essa área restrita, foi sem dúvida pela dificuldade, entre povos primitivos e isolados, de obterem tecidos próprios.

Também é lícito acreditar que o recurso ao mesmo expediente por parte de um ou outro missionário em trânsito na região fosse devido apenas à influência de tais índios, embora uma passagem de frei Laureano de la Cruz deixe dúvidas quanto à hipótese de semelhante influência, fazendo pensar antes em um caso de paralelismo: *"para reparo de los mosquitos"*, observa esse religioso, *"usamos de unos lienzos, de que tambien ellos usan, aunque de diferente materia, porque lo hacen de los desechos de mantas y camisas de que se viesten"*.[24] Seja como for, até ao século XVIII, as notícias sobre o uso, entre civilizados, de toldos para resguardo contra moscas e mosquitos referem-se a casos isolados e, aparentemente, sem continuidade. O próprio nome do mosquiteiro, com que vieram a ser chamados esses toldos, não aparece em nenhum documento conhecido. No vale do Amazonas, nem mesmo o exemplo dos omáguas parece ter contribuído para modificar semelhante situação, e os textos do século XVIII não fazem crer que se tivesse propagado ali, entre os colonos, esse sistema de abrigo. Ainda em 1775, Ribeiro de Sampaio, lembrado por Nordenskiöld, em seu ensaio já referido, não chega a fazer-lhe a menor alusão, muito embora tenha tido inúmeras ocasiões de conhecer o incômodo e o dano causado pelos mosquitos aos viajantes que faziam percursos nas regiões por ele visitadas.

Se, pois, em 1775, o mosquiteiro seria praticamente ignorado nas margens do Amazonas, apesar da lição dos omáguas, não haverá absurdo em supor que tenha surgido independentemente nas do Tietê, onde já aparece, em meados do século, na bagagem ordinária dos que vão para o Cuiabá. Pode-se até estabelecer, com sofrível aproximação, a época de seu aparecimento nas paragens sulinas, lembrando que, desconhecido ainda em 1720, durante as primeiras monções, segundo se lê em um antigo documento, já em 1725 surge no Cuiabá, onde, inquietados a todas as horas pelos mosquitos, os moradores, de noite, dentro das suas casas, não dormiam sem tais abrigos e de dia nunca estavam sem abanos nas mãos.[25] D. Antônio Rolim de Moura, mais tarde conde de Azambuja, ao fazer, em 1751, a navegação do Tietê, rumo ao Cuiabá, atribui expressamente seu invento aos que costumavam realizar tais viagens, e a descrição que nos deixou do instrumento coincide, em todos os pontos essenciais, com outra que, dezoito anos depois, efetuou o sargento-mor Teotônio José Juzarte. Já então estaria definitivamente fixado, não só o tipo de mosquiteiro empregado durante as monções, como ainda o modo de usá-lo e o material de que era fabricado.

Por essas descrições, ficamos sabendo que o sistema então adotado não se diferençava, no principal, de alguns dos que ainda hoje se usam. Constava de uma cobertura de catorze varas de comprimento, feita de aniagem ou outra substância leve, e que se lançava sobre a corda, presa em cada uma das extremidades, aos paus onde se sustentava a rede. Fechada em todas as partes, até chegar ao chão, tinha apenas umas mangas, que davam passagem aos punhos da rede. Algumas varetas, metidas na parte superior, serviam para abrir-lhe mais o bojo. Assim armado, sua aparência lembrava a de um grande saco, e se lhe punham por cima quatro côvados de baeta singela, à maneira de um pequeno telhado, quem nele se abrigasse poderia dormir tranqüilo, ainda que chovesse muito. "Incrível he o que resiste ainda nas chuvas maiores, do que eu não podia persuadir-me em quanto o não vi [...]", comenta d. Antônio. Nada faltava durante a noite aos que desse modo se preveniam, pois que o vão entre a rede e o solo servia como de uma pequena barraca, onde guardavam o necessário na melhor ordem e segurança.[26] A julgar pelos modelos ainda hoje existentes, as abas do mosquiteiro não tocariam o solo, mas entrecruzavam-se na parte inferior. Tal providência é considerada indispensável para que não fique nenhum acesso livre aos insetos.

A invenção ou, pelo menos, a difusão desse engenhoso sistema de abrigo, como o das canoas toldadas, que preservam os mantimentos por ocasião das longas viagens, permitiu que, no correr do século XVIII, o comércio entre São Paulo e o Cuiabá se fizesse, aos poucos, sem grande parte das importunações e prejuízos que perseguiam os primeiros comboios. Não admira, pois, se os cronistas que discorreram sobre essas expedições se detivessem prolixamente em apresentá-las como curiosidade prodigiosa e mal sabida. Com o tempo, impôs-se, porém, seu emprego, definitivamente incorporado à aparelhagem das monções. Já em 1784, ao percorrer os rios mato-grossenses freqüentados pelas canoas paulistas, Lacerda e Almeida limita-se a registá-lo de passagem e sem explicações maiores.

Mas na própria defesa contra os mosquitos, a eficiência de tais abrigos tem naturalmente seu limite. Servem antes de tudo, ou unicamente, para resguardar contra as espécies caracterizadas por hábitos noturnos ou crepusculares, sem dúvida das mais perigosas, como por exemplo os anofelíneos vectores da amalária. É impossível, no entanto, impedir, com esse simples recurso, o incômodo e às vezes o dano produzido pelas que preferem molestar suas vítimas à luz do dia. A essas, certamente, também cabe uma parte de responsabilidade no terror que costumam causar os mosquitos, sobretudo a nossas populações rurais e aos viajantes — terror que Herbert Smith, escritor preciso e benigno, ousou comparar ao dos tigres e das anacondas, embora confessando que, mesmo no Amazonas, suas picadas não chegam a ser tão doloridas como nos pantanais de Nova Jersey. Contra esse flagelo não resta senão o pobre paliativo das roupas espessas, o que, em nosso clima, equivaleria, na melhor das hipóteses, a substituir um suplício por outro.

À falta de meios de defesa eficazes contra a séria ameaça representada por certos insetos nocivos ao homem, existem casos em que é possível atalhar, depois de feito, e enquanto for tempo, todo o mal que produzem. Casos onde a cura parece, muitas vezes, bem menos penosa do que a prevenção. Isso ocorre, tradicionalmente, com a praga, já lembrada, do bicho-de-pé, que seria facilmente evitada, não fosse a aversão ao uso de calçados, ainda freqüente em nossos meios rurais. Já ao tempo de Anchieta, dizia-se dos colonos portugueses que, apenas desembarcados, não se pejavam, mesmo os ricos e honrosos e também muitos sacerdotes, de andar de pés descalços, ao modo do gentio da terra. Destes, provavelmente, aprenderiam eles a maneira de se livrar do flagelo, enquanto não trouxesse graves conseqüências. Para os que tinham desaprendido o uso dos sapatos, era bem mais cômodo padecer a extração dos parasitas do que cuidar em evitá-los. Tanto mais quanto esse padecimento se convertia, com o hábito, em puro prazer. Muitos, efetivamente, acostumavam-se a suportá-lo e até a desejá-lo, por causa do excitante arrepio e do torpor acre e voluptuoso que comunicava aos membros. Uma simples cautela higiênica transformava-se, assim, em acalento e regalo para os sentidos. Pode-se bem imaginar o que fosse tal regalo, comparando-o ao que, em todo o Brasil colonial, sobretudo nas áreas onde predominou a lavoura açucareira, representou o hábito do cafuné, durante as sestas.

Nos primeiros anos do século XVIII, refere uma testemunha idônea, era costume corrente, entre os paulistas de todas as classes sociais, mandar lavar os pés, todos os dias, à hora de se recolherem para dormir, e, depois de deitados, fazer com que alguém os esgaravatasse com uma tesoura ou um alfinete, a fim de extrair os parasitas. "Nesta diligencia", acrescenta o mesmo informante, "se vay passando o tempo com tal deleite pelo costume, que chega o somno, como se estivessem acalentando com o mayor mimo; e se alguma noite passa por fortuna, ou por desgraça, que se falte a esta cerimonia, com dificuldade se adormece."[27]

Onde se tivessem introduzido maneiras mais civis, ainda pôde manter-se, por longo tempo, a simples cerimônia lustral, sem necessidade daquela operação em que já o inglês Fleckno, viajante seiscentista, encontrara uma dor vizinha do prazer. E não é absurdo discernir aqui uma das razões de se ter propagado abundantemente o uso, ainda hoje corrente, entre caipiras, de lavar os pés todas as noites, por ocasião da ceia — complemento ou substituto do banho completo diário. Ainda no século passado, essa sobrevivência do velho costume podia ser surpreendida no interior da província de São Paulo até em casas relativamente abastadas. J. J. von Tschudi narra como, tendo ido pousar numa fazenda, sita a alguma distância de Piracicaba, sentiu, durante o jantar, que alguém, com grande presteza, o desembaraçava dos sapatos. Olhou para baixo da mesa e deu com um escravo, que, agachado junto a uma bacia d'água, já principiava a lavar-lhe os pés. Terminada a tarefa e colocados novamente os sapatos, o negro passou a bacia para o lado do vizinho, e foi repetindo a mesma manobra com cada um dos circunstantes.[28] À vista de semelhantes fatos, não é lícito perguntar se, no Brasil, a *Tunga penetrans* não teria contribuído, a seu modo, para incutir em nossos povoadores europeus certos hábitos de limpeza corporal, que estes mal conheciam em seus países de origem?

Pode-se, com efeito, ter uma noção aproximada de algumas das graves dificuldades que enfrentaram os primeiros colonos para se adaptar às condições do país, considerando o que aconteceu muito mais recentemente a imigrantes atraídos para os trabalhos da lavoura, em particular da lavoura cafeeira. Ao lado de uma repugnância explicável pelo nosso sistema de alimentação, a obstinada resistência, manifestada muitas vezes por tais imigrantes a princípios de higiene que o meio impunha, constituiu obstáculo dos mais consideráveis a essa adaptação. Não parece ter sido outra, em verdade, a causa do malogro de diversos empreendimentos de colonização iniciados brilhantemente e sob os melhores auspícios. A tal respeito é bem significativo o que sucedeu à colônia do Mucuri, em Minas Gerais. Comentando os motivos que fizeram a ruína de sua extraordinária iniciativa, o fundador da colônia, Teófilo Benedito Ottoni, atribui decisivo papel à ausência de asseio corporal em muitos dos trabalhadores importados — alemães, belgas, suíços, franceses... — que os tornava vítimas inermes do bicho-de-pé. "Debalde se dizia aos colonos", observa Ottoni, "que aquela *doença* se extirpava com tesourinha ou alfinete, e que o grande preservativo era recorrer diariamente ao rio e trazer o corpo limpo de imundícies. Mas eles queriam curar-se do mal dos bichos com ungüentos e cataplasmas, e não foi possível convencer a um grande número de que o hábito brasileiro de lavar ao menos os pés todas as noites é uma necessidade do homem do povo, e não, como pensa o proletário europeu, uma fantasia ou regalo de aristocratas e sibaritas."[29] O fato é que imigrantes acostumados a um maior asseio corporal, como é o caso dos chineses, sabiam resistir mais valentemente às mazelas da terra. Dos 89 chins atraídos para o Mucuri, por volta de 1856, apenas dois tinham falecido três anos mais tarde, quando Ottoni redigia sua memória justificativa: os demais achavam-se em excelentes condições de saúde, e não se via um só que manquejasse.

Pelos seus hábitos quase caseiros, pois prefere lugares de terra pisada, perto ou mesmo dentro das habitações, sempre que exista pouca limpeza, que é como prospera mais facilmente, o bicho-de-pé não chega a constituir transtorno alarmante para os que se internam no sertão longínquo. Aqui, e sobretudo nos lugares de vegetação densa, o incômodo e o dano que pode causar são irrelevantes, se comparados aos que provocam outras pragas, os carrapatos, por exemplo. Nada mais importuno, em realidade, do que esses pequeninos aracnóides, que infestam nossas selvas, e contra os quais nenhuma defesa parece suficientemente poderosa. Alguns são apenas visíveis, de tão minúsculos, e à vítima não resta, muitas vezes, outro recurso senão o de aguardar com resignação e paciência, até que fartos, túmidos e entorpecidos do sangue sugado, eles possam, finalmente, ser retirados ou venham a cair por si... Não raro deixam a pele coberta de pequenos pontos escuros, semelhantes a pintas de varíola.

Contra essa importunação imaginaram os antigos sertanistas um recurso engenhoso, ainda que de eficácia discutível, e que, conforme vem descrito em antigos documentos, consiste em fazer correr sobre o corpo uma bola de cera negra da terra. Desse modo, os agressores menos renitentes aderem à massa pegajosa, o que sempre alivia a vítima. Outros limitavam-se a esfregar as partes afetadas com caldo de fumo ou sarro de pito, que passavam por mezinha soberana em muitas moléstias do sertão.

Tão pouco eficazes, em geral, revelam-se tais processos, que muitos caboclos preferem ainda hoje conjurar o malefício dos carrapatos recorrendo a fórmulas mágicas, compostas especialmente para esse fim. Não falta quem acredite que, recitadas com perfeita devoção antes de se entrar nos matos, essas fórmulas têm a virtude de imunizar decisivamente contra seus ataques. Para reforçar-lhe a eficácia, fazem acompanhar a recitação de certos gestos propiciatórios, como o de atirar para trás de si, sobre os ombros, um ramo de árvore apanhado na floresta.

Se o recurso constante a rezas, exorcismos e feitiços, de preferência aos processos de prevenção ou cura, nascidos apenas da experiência corrente, pode atestar a impossibilidade de se dominar o mal pelo uso de meios naturais e humanos, e pode atestar, por conseguinte, a grandeza e tirania desse mal, não cabe tanto ao carrapato ou ao mosquito, ou mesmo ao corpulento jaguar, mas sobretudo às serpentes venenosas, lugar de singular realce em nossa fauna adversa aos homens. Os demais flagelos que infestavam o país à chegada dos primeiros colonos europeus ajudaram, sem dúvida, a apurar todas as energias, todas as habilidades e artifícios de que normalmente dispunham os povoadores, com a preciosa colaboração dos indígenas, para se assegurarem a própria conservação. Nenhum, como esse, parecia, no entanto, tão infenso à ação das terapêuticas profanas. À idéia do perigo concreto, positivo, que ela representa, somavam-se confusamente imagens ancestrais, impressas na alma dos colonizadores brancos e que tornavam a figura nojenta, fria, viscosa da serpente, objeto de um sagrado terror. Nos mundos recém-descobertos, sua presença continuava a alvoroçar sinistramente as imaginações. Enquadrada em uma nova e estranha paisagem, a víbora, símbolo da eterna malícia, continuava a ser o animal profético, o animal sapiente por excelência. Como reagir, ante tal perigo, sem recorrer a remédios prodigiosos e divinos, já que não bastavam os humanos? Criava-se desse modo um meio propício ao desenvolvimento de delirantes medicinas, talismãs, simpatias, ensalmos, benzeduras, onde se denuncia uma generosa fantasia de homens crédulos e aterrados.

O zelo particular que preside ao tratamento das vítimas de serpentes não se manifesta apenas nos remédios empregados, mas ainda na própria escolha dos que devem administrar esses remédios. É significativo, por exemplo, que em nossos meios rurais, onde a cura dos enfermos se acha entregue em grande parte a mulheres, sejam estas ordinariamente excluídas de toda intervenção nos casos de picadas de cobras.

Semelhante exclusão poderia relacionar-se, talvez, com idéias tiradas da tradição bíblica e importadas com os colonos europeus. O provável, porém, é que venha diretamente, e quase sem mistura, da crença corrente entre nossos índios, de que a mulher, sobretudo durante os catamênios, é ser sumamente maligno e funesto. Koster, viajando há mais de um século pelo Nordeste, recolheu entre sertanejos e mestiços a superstição de que a picada de certa espécie de cobra pode tornar-se fatal, se a vítima, num prazo de trinta dias, a contar do acidente, puser os olhos em qualquer mulher ou até em qualquer animal do sexo feminino.[30] Superstição que, com algumas variantes, subsiste em muitos povos primitivos, e não só no Brasil. Para algumas tribos da Califórnia, por exemplo, só o fato de uma mulher se aproximar do remédio que deve ser dado a um enfermo bastará para causar a morte deste.[31] E entre camponeses do Iucatã, descendentes dos antigos maias, acredita-se firmemente que a mulher é sempre maléfica, mormente nas ocasiões mais críticas para o homem, podendo, com sua simples presença, macular a santidade das cerimônias relacionadas com a agricultura, ou perturbar a fabricação da argamassa para as construções. O perigo aumenta de vulto durante o mênstruo. Nessas condições ela chega a tornar-se extremamente perigosa, e deve ser afastada de qualquer homem que tenha no corpo uma ferida à mostra, e também das crianças recémnascidas, pois seu contato pode ser mortal em ambos os casos.[32]

Tais presunções resultam, provavelmente, da opinião partilhada por alguns desses povos, de que a mulher menstruada destila uma espécie de peçonha, capaz de atingir qualquer ente vivo com o qual se ponha em contato. Esse perigo subsiste, não só por ocasião da primeira menstruação, que ordinariamente dá motivo a complicados rituais, sem dúvida de caráter profilático, como ainda nas seguintes e mesmo, com maior ou menor intensidade, durante todo o tempo em que esteja sujeita aos catamênios. Só depois de certa idade se tornará sob esse aspecto *inofensiva*. Procurando saber os motivos pelos quais, em todo o Brasil, sobretudo em São Paulo, onde a mulher tinha quase sempre a primeira e última palavra em medicina, reservava-se geralmente a homens o tratamento das vítimas de serpentes, Martius recebeu uma explicação que parecerá perfeitamente plausível se encarada desse ponto de vista. É que, antes dos cinqüenta anos completos, as mulheres não podem libertar ninguém das conseqüências do veneno de cobra, pelo fato de serem "elas próprias venenosas", até ao momento de atingirem aquela idade.[33] De então por diante, passados enfim os períodos mais críticos da vida feminina, é que poderão agir como curandeiras, mesmo nos casos especiais em que semelhante ofício constitui, por assim dizer, apanágio do sexo masculino.

É curioso verificar como, em diferentes grupos indígenas sul-americanos, a mulher idosa, comparada às mais moças, desfruta desse e de outros privilégios peculiares ao homem, o que vem reforçar singularmente a sugestão de que as idéias correntes a tal respeito, entre nossas populações rurais, sejam com efeito de origem americana, não africana e nem, ainda menos, européia. A posição das mulheres velhas, em numerosas tribos, assemelha-se em mais de um ponto à dos homens. "*Old women are among indians much like men, and are almost regarded as men*", nota um etnólogo nosso contemporâneo. Tal circunstância assegura-lhe a possibilidade de participarem das solenidades, sobretudo religiosas, usualmente reservadas a indivíduos de outro sexo: "*The old women*", prossegue o mesmo autor, "*are no more real women, and may therefore take part in such mysteries or indulge in habits which are considered unwomanly*". Assim é que, no Chaco, elas não só tomam ocasionalmente a cerveja de algarobo e outros intoxicantes, como ainda fumam tabaco, prática intimamente associada a conjurações mágicas.[34] Essa atitude resulta, aparentemente, da própria circunstância de as mulheres mais idosas não serem sujeitas, em geral, aos sintomas que aparecem freqüentemente associados, entre povos naturais, à noção ritual da impureza feminina, como seja a menstruação e o parto.

Na mesma ordem de idéias, é talvez lícito filiar o caráter ritualístico e religioso, que assume a prática da medicina entre esses povos, ao fato de as doenças, entre eles, serem, muitas vezes, atribuídas à influência de entidades demoníacas, precisamente na acepção em que esta palavra é mais compreensível para um cristão. Ora, o fluxo menstrual, sendo positivamente "venenoso", é também de natureza demoníaca, ao menos neste sentido, que sua presença expõe as mulheres, com mais facilidade, à ação dos espíritos maléficos e as torna, assim, uma fonte de constantes perigos para o homem. Tal noção, derivada talvez da observação das crises e desordens nervosas, que costumam acompanhar o aparecimento dos períodos catameniais, explica largamente o fato de as mulheres se acharem excluídas, em muitas tribos, do exercício da medicina ritual e, ao mesmo tempo, da participação efetiva nos atos religiosos. Um curioso exemplo de transferência da mesma noção acerca da impureza feminina a certas cerimônias do catolicismo rústico dos nossos caipiras está na superstição sertaneja, segundo a qual comete pecado aquela que comungar durante a época dos catamênios.[35] Não parece absurdo distinguir aqui uma sobrevivência da atitude que tem por incompatíveis o estado da mulher em tal época e a prática de um ato sagrado a que o fiel deve comparecer perfeitamente puro de espírito e de corpo.

O fato de a mulher, de um modo geral, e muito particularmente nos seus períodos críticos, passar por mais vulnerável do que o homem à ação de certas entidades demoníacas explica as cautelas especiais de que ela costuma ser objeto durante tais períodos. Karsten chega a apresentar a própria pintura corporal nos índios, e principalmente nas índias, como expediente profilático, na maioria dos casos, e destinado a repelir os demônios hostis. Contra as serpentes, que são também, elas próprias, seres demoníacos, adotam-se nessas conjunturas cuidados extremos. Assim, os macuxis da fronteira da Guiana Inglesa proíbem que suas mulheres se banhem ou entrem nas florestas durante o tempo da menstruação, para não se exporem à sanha amorosa das cobras. As complicadas precauções de que se cercam as mulheres em outros momentos críticos, no decurso da gravidez, por exemplo, ou no sobreparto (urucuização, jejuns etc.), ou enquanto amamentam seus filhos, explicam-se aparentemente pelos mesmos motivos.[36]

É possível que o próprio leite, segregado em um dos períodos em que, segundo tais concepções, a mulher oferece menor resistência às influências funestas, passe por exercer sobre as serpentes uma atração até certo ponto semelhante à que exerceria o fluxo menstrual. Assim ficará explicada outra crendice, disseminada por quase todo o interior do Brasil: a das serpentes que sugam o leite das mães, dando a cauda à criança para chupar. Em tais casos, elas desenvolveriam toda a sua pretensa astúcia a fim de impedir que as mães pudessem atinar com o logro. Parece de remota antiguidade essa lenda, pois a ela já se refere frei Vicente do Salvador na primeira metade do século XVII. Ao frade baiano contara certa mulher da capitania de Pernambuco, "mulher de crédito", que uma cobra viera algumas noites mamar-lhe nos peitos, e o fazia com tal brandura, que ela cuidava ser a criança. Conhecendo finalmente o engano, referiu-o ao marido, que se pôs à espreita na noite seguinte, e matou a serpente.

Adiantam algumas opiniões, que as próprias vacas, quando estão com suas crias, seriam procuradas pelos ofídios ávidos de leite. Embora muito longe de abonar tal crendice, Edmundo Krug, em seus estudos sobre a superstição paulista, deixa supor que o leite efetivamente exerceria sobre a cobra certa atração, fundada talvez em causas fisiológicas ainda inexplicáveis. Uma prova dessa atração estaria no fato de já se terem achado "algumas vezes desses reptis nos quartos de dormir das mães".[37]

Nos processos usados pelos sertanejos para a cura das vítimas de cobras, a ação do negro fez-se sentir a um tal ponto, impondo possivelmente práticas de procedência africana, que não é fácil determinar quais os elementos onde mais nitidamente se teria manifestado a influência dos antigos naturais da terra. O provável, porém, é que aqui, como em tantos outros casos, muitas dessas práticas importadas não constituiriam absoluta novidade em nosso meio. O uso dos benzimentos e, em particular, de benzimentos a distância, que ainda praticam nossos caboclos, algumas vezes por intermédio de *curadores* negros e mulatos, era e é até hoje corrente entre bugres.[38] Estreitamente relacionados aos benzimentos, contam-se, algumas vezes, atos que podem ser também considerados reminiscências da medicina indígena: sucção da parte afetada, rezas (cânticos), escarificações, flagelações e aplicações de diferentes remédios extraídos da flora e da fauna americanas.

A origem de muitos desses remédios estaria na idéia de que a virulência do veneno da cobra só pode ser combatida com meios igualmente enérgicos — ao menos na aparência — e se possível com a própria cobra, causa do mal. Idéia que procede, por sua vez, de uma visão do mundo que organiza em oposições polares todos os elementos da natureza. Onde existe o mal, também deve existir seu contrário. Nada aqui parece repelir o simples bom senso, pois como há de viver a cobra se traz em seu corpo tão mortal peçonha? E não é na raiz da mandioca, no milagroso carimá, que se vai buscar remédio para combater o veneno que na mesma raiz se encerra?

É bem conhecido o papel desempenhado na medicina talismânica pelos guizos de cascavel, que, além de outras virtudes extraordinárias, passam por excelente preservativo contra as picadas da mesma cascavel. No Brasil holandês, o melhor específico que os índios conheciam contra a mordedura da terrível crótalo era a cabeça do próprio réptil reduzida a pasta em almofariz e aplicada sobre os ferimentos à maneira de cataplasma. Se mordidos por uma jararaca, curavam-se com um cozimento onde entravam a cabeça e a cauda da mesma cobra, preparadas juntamente com outros ingredientes.[39] Ainda hoje, em nossos meios rurais, conservam-se vestígios bem nítidos dessa idéia, que a moderna ciência não desmentiu, de que o veneno da serpente na própria serpente tem seu inimigo, e, não há muitos anos, viam-se, em ervanarias da capital paulista, cobras conservadas em meio alcoólico e indicadas como medicamento antiofídico.

Alguns curandeiros caboclos recorrem, de preferência, à cabeça da serpente, achando talvez que ali onde está a sede de todo o mal é que se deve procurar o socorro. Mas não parece a todos evidente que a peçonha da serpente se ache apenas na boca, pois segundo uma versão largamente acreditada, bem mais perigosas do que as dentuças são as espinhas, razão pela qual nunca se deve pisar uma cobra, ainda quando morta. Há, por outro lado, quem, admitindo embora que veneno e contraveneno possam coexistir no mesmo corpo, ache de boa filosofia afirmar que não se misturam, como o dia não se confunde com a noite e nem a infância com a velhice. E assim, se a peçonha vem da cabeça, o natural é buscar seu oposto no oposto da cabeça, ou seja, na cauda. Muitos caipiras do interior de São Paulo afirmam que um indivíduo mordido por cobra deve procurar, imediatamente, cortar-lhe a cauda no comprimento de um palmo: colocado sobre o ferimento, esse toco "chupará" toda a peçonha. Uma terceira opinião, e parece que a mais amplamente generalizada, precisa que no fígado da serpente é que está o contrário do seu veneno; que nele, por conseguinte, deve ser procurado o verdadeiro antídoto para as mordeduras.[40]

O princípio que dirige e que, de fato, determina esses sistemas de defesa contra os ofídios parece manifestar-se até mesmo na escolha dos medicamentos de origem vegetal a que mais freqüentemente recorrem nossos curandeiros, índios e caboclos. O aspecto exterior de certas plantas, que pode evocar a figura de uma serpente, terá contribuído, quase só por si, para apontá-las ao curandeirismo como remédio eficaz contra cobras venenosas. Não deve ser puramente casual o decidido predomínio dos cipós e trepadeiras serpentiformes, o famoso cipó-de-cobra (*Mikania cordipolia*, Will.), por exemplo, ou a raiz-preta (*Chiococa brachiata*, Ruiz), também chamada cipó-cruz e erva-de-cobra, entre os vegetais empregados para tal fim. A propósito da raiz-preta, é bem significativo como sua semelhança exterior com uma serpente não só chamou a atenção de observadores rústicos e incultos, como ainda de alguns homens de ciência, e entre estes cabe citar, em primeiro lugar, nada menos do que o de Goethe. Em carta dirigida a Nees von Esenbeck, datada de novembro de 1825, o poeta e sábio de Weimar, a quem Martius e Pohl comunicaram amostras da erva, menciona expressamente sua "disposição colubrina" (*Schlangenartige Tendenz*), embora parecendo ignorar as virtudes antiofídicas que, entre nós, se atribuíam a ela.

A existência de muitos outros casos dessa espécie de terapia analógica serve para indicá-la como uma das fontes em que se alimentou, de preferência, a farmacopéia indígena e cabocla. Em certas tribos da Guiana é uso combaterem-se os efeitos das picadas da surucucu com o pecíolo (e raiz) do *Dracontium dubium*, que imita exatamente, na conformação, o desenho da cabeça de uma surucucu.[41] É, em suma, o critério que, segundo Martius, levava antigos curandeiros e sobretudo curandeiras de São Paulo a receitar as folhas do coração-de-jesus para o mal cardíaco, por terem a forma de um coração, e, para o hepático, o lenho da abutua, devido a seu amarelo tão característico.

É preciso notar que tais remédios raramente valem por si sós, que sua eficácia, ao contrário, deve depender, em grande parte, de ritos especiais, quase sempre segredos do curandeiro, de dietas, orações e invocações a determinados santos, em particular a são Bento, que protege contra as cobras. Às vezes, para completar o efeito curativo de uma erva, é costume recorrer a mezinhas complementares. Assim, no tratamento pela raiz-preta, há quem use, entre outras, a erva-de-santana e o picão, tido como eficaz nas úlceras sórdidas.

O tabaco, de cujas propriedades mundificantes já se falou, é outro auxiliar precioso e muitas vezes obrigatório em tais tratamentos. O curandeiro ou quem se encarregue de chupar a ferida para tirar todo o veneno leva freqüentemente uma porção de fumo à boca. Algumas vezes deixa sobre o local uma cataplasma de tabaco mascado. Esse processo, herdado dos índios, e que, em muitas regiões, ainda prevalece, era corrente na capitania de Mato Grosso em fins do século XVIII, segundo se pode ler nas descrições de Lara Ordonhes.

Outra herança provável do gentio é o sistema de absoluto repouso a que tem de sujeitar-se o paciente, mesmo depois de desaparecidos todos os sintomas de envenenamento. Durante esse período deve manter-se ele num regime de rigorosa dieta alimentar, completo descanso e, de preferência, em lugares onde não seja perturbado por qualquer ruído ou movimento. Só ao cabo da fase de resguardo, que costuma oscilar entre um e dois meses, dá-se por findo o tratamento. Não parecerão descabidas semelhantes precauções a quem saiba que as vítimas de certas cobras venenosas, ainda quando aparentemente curadas, podem vir a sofrer perigosas recaídas.

Pode-se crer que, antes de adotarem, nesses casos, as terapêuticas indígenas, os primeiros colonos europeus cingiam-se a recursos adquiridos pela experiência em outros continentes. É certo que no século XVI os portugueses combatiam algumas vezes o ofidismo fazendo sangraduras e bebendo unicórnio, embora não rejeitassem a água de pau-de-cobra, o caiapiá e o carimá. A pedra bezoar, verdadeira ou falsa, e as raspas de chifre de veado, teriam igualmente seus partidários mais ou menos convencidos. Também não faltavam os que, enganados por aparências, confundissem com espécies exóticas algumas plantas do país, de onde resultava atribuírem a estas virtudes alheias.

Assim terá sucedido, entre muitas, com o jaborandi, que, mais tarde, também chegou a dar mezinha contra picadas de cobra. Os que conheciam a Índia tomaram-no, sem hesitação, por outra piperácea, o bétel do Oriente, e com isso puderam enriquecer sua medicina rústica. Uma passagem de Fernão Cardim, escrita por volta de

1584, autoriza pelo menos a suspeitar que dessa confusão date o descobrimento de certas propriedades medicinais do jaborandi: "Esta árvore há pouco que foi achada", observa o jesuíta, "e he, como dizem alguns indiáticos, o Bétele nomeado da Índia [...]".[42] Se, como parece, nossos índios desconheceram, antes do advento dos portugueses, aquelas virtudes do *Piper jaborandi*, ao menos onde coincidem com algumas propriedades do bétel, isso é o bastante para que renunciemos aqui a hipóteses tortuosas e temerárias, como a das "drogas paralelas", já aventadas por alguns autores, que tentam, assim, esclarecer como duas plantas pertencentes à mesma família puderam ser utilizadas nas Índias Orientais e na América do Sul com finalidades semelhantes.

Onde, porém, nossa terapêutica antiofídica chega a revelar traços bem mais nítidos de influência portuguesa é no largo emprego que dá à aguardente de cana como veículo para toda sorte de medicamentos. De tal ponto de vista, pode dizer-se que a aguardente tomou o papel que, no reino, e entre nós, sobretudo nos primeiros tempos da colonização, estava reservado ao vinho de uvas. Assim, ficou sendo elemento indispensável no tratamento de indivíduos mordidos por cobras, e velhos depoimentos são acordes em atestar que fortalecia a eficácia curativa atribuída a ervas tradicionalmente empregadas para esse fim, como a própria raiz-preta. É difícil determinar até que ponto tem fundamento semelhante presunção. Sobretudo depois que experiências ultimamente efetuadas inclinam a pensar que o álcool, longe de auxiliar a cura das vítimas de cobras, serviria, ao contrário, para facilitar a penetração e fixação da peçonha no organismo do indivíduo picado. O dr. J. Vellard, que sustentou e procurou documentar essa opinião, atribui mesmo à mistura de álcool o que chama insucesso de muitos dos remédios populares contra as mordeduras de cobras.[43]

Seja qual for a validez de tais experiências, o certo, porém, é que os textos de antigos cronistas não autorizam a descrer da virtude dos numerosos processos antiofídicos em que a aguardente costumava entrar como elemento de apreciável e mesmo de capital importância. Em realidade ela não se limita, muitas vezes, ao papel de simples veículo, mas pode suprir, sem maior auxílio, ou quando muito com a adição de certa quantidade de sal, qualquer dos recursos ordinariamente utilizados. Durante as viagens que empreendeu nos sertões do rio Negro, Cuiabá e São Paulo, no decênio de 1780-90, Lacerda e Almeida teve oportunidade de consignar observações, senão justificáveis, pelo menos curiosas e dignas de interesse, acerca dos efeitos do tratamento do ofidismo pela aguardente. De um piloto, narra ele, por exemplo, que, mordido três vezes, usara sempre, como contraveneno, aguardente de cana, em que deitava algum sal. Seu guia Salvador não conhecia outro remédio quando ferido por serpente, e o singular é que, embora bebesse, nessas ocasiões, prodigiosa quantidade dela, jamais acusava o menor sintoma de embriaguez, ao passo que, em outros momentos, qualquer porção logo lhe subia à cabeça. Em Mato Grosso testemunhou o explorador paulista o caso de um escravo, que, picado por cobra, sarou completamente, graças ao mesmo remédio.[44] Não faltam depoimentos de viajantes, antigos e modernos, que corroborem a opinião, bem ou mal fundada, de que a caninha ajudaria efetivamente a curar as vítimas de serpentes venenosas.

A pretendida eficiência desse recurso assegurou à aguardente um prestígio singular em nossa medicina rural. Não só contra a peçonha de cobra, mas contra qualquer veneno, contra as verminoses e, em geral, contra todos os ferimentos que pudessem redundar em corrupção e "criar matéria", ela constituiu sempre, por assim dizer, mezinha soberana e universalmente acatada. Entre os índios que utilizam frechas ervadas, não só, ou não tanto, a aguardente, que lhes é fornecida pelos brancos, como o simples suco de cana e até o açúcar, ao lado do sal de cozinha, costuma desfrutar do mesmo privilégio. E isso a tal ponto que, na Amazônia, é expressamente vedado a quem assista ao preparo do curare chupar cana ou comer açúcar enquanto perdure a cerimônia, sob pena de ficar inutilizado o veneno.

A própria idéia de ervar as pontas de frechas foi inspirada, muito provavelmente, pela observação das serpentes venenosas, e não é de admirar se o veneno das frechas aparece envolto, com freqüência, na mesma atmosfera de mistério que se costuma associar à peçonha das cobras. Parece bem significativo, por exemplo, o fato de o preparo do curare ocorrer sempre em cabanas especiais e isoladas, longe, sobretudo, da vista e de qualquer espécie de contato com criaturas do sexo feminino. Apenas às mulheres muito idosas se concede, aparentemente, o direito de assistirem e até de auxiliarem o fabrico do veneno.[45] Exceção essa que se origina, talvez, em motivos semelhantes aos que determinaram a mesma atitude com relação ao veneno da serpente.

A distribuição pouco extensa do uso das frechas ervadas, que era desconhecido da maioria de nossos índios (os tupis do litoral, por exemplo, ignoravam-no por completo), faz com que seu estudo seja de interesse relativamente escasso para o objeto do presente ensaio. Por outro lado, convém não esquecer que esse costume serviu, indiscutivelmente, para apurar, no conquistador branco, os recursos de defesa em face do índio solerte e agressivo. É notório que a um ferimento, embora superficial, produzido por frecha ervada, sobrevém, na maioria dos casos, morte certa, precedida de paralisação completa dos membros da vítima.

Não admira, assim, que as áreas onde o europeu teve de enfrentar primeiramente o terrível veneno dessas frechas mortíferas tenham sido os focos de onde se dispersaram os instrumentos defensivos de maior eficácia, e cujo emprego se ampliou mais tarde a quase todo o continente.

É certo que escudos, couraças e capuzes de toda espécie entravam naturalmente no arsenal dos conquistadores muito antes de qualquer contato com o Novo Mundo. Alguns traziam-nos em suas bagagens, e os inventários seiscentistas de São Paulo ainda fazem menção de broquéis de aço. A maioria dispensava, sem dúvida, semelhante luxo, pois escudos e coletes de couro eram em geral o quanto bastava para garantir contra o perigo das setas.

Das couras de anta, que, ao menos nas terras de Martim Afonso, foram largamente usadas pelos sertanistas, já se tratou em páginas anteriores. Ao lado dessa vestimenta, cumpre lembrar, ainda, as rodelas e os paveses, também de couro. As primeiras são especialmente mencionadas, em documentos de procedência castelhana e jesuítica, como fazendo parte dos recursos ordinários de defesa que levavam os paulistas nas suas incursões ao Guairá. Eram pequenas adargas circulares como indica seu nome, quase sempre de pele seca de tapir, talvez semelhante aos escudos que fabricavam os tupinambás. Pode-se ter idéia de sua rijeza pelos que se encontram ainda hoje entre certas tribos do Amazonas e que, segundo testemunhos idôneos, são impenetráveis a quaisquer projetis que não sejam niquelados e de velocidade extrema.[46] Os paveses eram grandes anteparos quadrados ou oblongos, que serviam para proteger todo o corpo do arcabuzeiro, quando se voltava para carregar a arma. Em uma das suas incursões ao gentio bravo do Paraguai, narrada pelo aventureiro alemão Ulrich Schmidl, os companheiros de Domingos de Irala, animados de "inspiração e graça divinas", fizeram, de couros de antas e veados, cerca de quatrocentos desses paveses, com o que puderam enfrentar vantajosamente os contrários.[47] Paveses e rodelas faziam-se também de madeira e, na Bahia quinhentista, muito especialmente de madeira da copaíba. Estes, consta que em tudo superavam aos do adargueiro, por serem mais leves e estopentos.[48]

De todas as armas defensivas que se utilizaram contra índios da terra, nenhuma, entretanto, parecia tão bem ajustada às nossas condições e aos nossos recursos como o escupil, ou gibão estofado. É amplamente conhecida a passagem de Montoya acerca do assalto dos mamalucos à redução de Jesus Maria, no rio Pardo, onde os homens de São Paulo surgem muito bem armados de escopetas e vestidos de escupis, que são ao modo de dalmáticas, estofadas de algodão, com que, coberto o soldado dos pés à cabeça, peleja seguro de frechas. Não se trata, em realidade, de um invento de paulistas, como supõe o historiador de nossa expansão colonial,[49] sr. Basílio de Magalhães, posto que entre nós ande constantemente associado às expedições da gente piratininga. Antes dos paulistas, usaram-no sem dúvida os castelhanos, e antes dos castelhanos, os indígenas de certos tratos menos rudes do Novo Continente. A própria palavra *escupil*, que emprega Montoya, nunca chegou a naturalizar-se em terras da coroa portuguesa, ao que se saiba, e no Paraguai jesuítico, quando aparece, é certamente em resultado de contato com outras possessões espanholas, onde seu uso se transmitira de vencidos a vencedores.

Tudo faz crer que nas regiões platinas, ao tempo das primeiras invasões dos paulistas, já se conheciam amplamente desses gibões acolchoados, que as frechas não atravessam, e onde somente "ficam dependuradas", conforme se lê na *Conquista espiritual* do mesmo Montoya. Sabe-se que, inclusive entre clérigos, não desdenhavam alguns de vestir seus *escupiletes*, quando tinham de percorrer paragens remotas e infestadas de inimigos.[50] Numa escultura do tempo das Missões, conservada ainda hoje na igreja de Nosso Senhor do Bonfim, em São Gabriel, Rio Grande do Sul, e que representa um são Miguel agreste e com feições de bugre, tendo, prostrado aos pés, o demônio, na figura de um aventureiro paulista, quem aparece armado de escupil é o arcanjo e não, como se poderia supor, o bandeirante.

O recurso a essa espécie de armadura, tão estranhamente impermeável às frechadas, perdurou, aqui e ali, durante longo tempo, enquanto prevaleceram condições que o impunham. Sua existência no Brasil, ainda em começos do século passado, é atestada em conhecida gravura de Debret, e no Paraguai há notícia de que foi empregada correntemente em épocas muito mais recentes. Quando e como se implantou esse uso entre nós é o que não se pode afirmar com elementos positivos e seguros, embora muitos indícios inclinem a datar sua introdução dos primeiros anos da dominação espanhola.

Com o tempo e o progressivo desaparecimento das ameaças do gentio, o emprego do escupil ficou aparentemente restrito aos centros mais rústicos ou em contato mais assíduo com o sertão, como era justamente o caso de São Paulo. Em 1590, Jerônimo Leitão, capitão e governador da capitania de São Vicente, já expedia uma ordem aos paulistas para que fizessem suas "armas dallgodão", a fim de melhor se defenderem dos tupiniquins rebelados e ameaçadores. Poucos anos depois dessa data, começam a aparecer essas vestimentas em inventários de sertanistas, como no de João do Prado, falecido em 1597.[51] São as mais antigas referências ao uso do escupil que encontramos em documentos piratininganos. Tão bem se identificaria, ao cabo, esse instrumento de defesa, com os hábitos de vida dos moradores de Piratininga, que, aos poucos, se transformou em peça quase obrigatória nas suas expedições aventurosas ao sertão. Assim se explicam os termos da carta régia descoberta e revelada pelo sr. Basílio de Magalhães, onde se lembra — isso já em 1684 — o fato de ter mostrado a experiência que "para a resistência das frechas são mais cômodas as casacas estofadas de algodão na forma de que usão os Certanejos de São Paulo".[52]

Não há exagero, talvez, em acreditar-se que o clima temperado do planalto paulista e de algumas das regiões sulinas percorridas pelas primeiras bandeiras tenha contribuído de modo ainda mais decisivo para que, no Brasil, seu uso se tornasse particularmente característico de tal área. Pesados, espessos, volumosos, esses gibões deveriam representar, em alguns casos, verdadeiro tormento para os que deles se servissem em regiões mais cálidas.

A hipótese de que teriam sido importados apenas por força do contato entre paulistas e castelhanos do Sul, numa época em que São Paulo pertencia à família platina, quase tanto como à comunidade luso-brasileira, torna-se pouco verossímil ante o texto de Gabriel

Soares em que se assinalam as "maravilhosas armas de algodão" fabricadas pelo ano de 1587 em todas as casas da Bahia.[53] Preferiam-nas já então, os portugueses, aos seus cossoletes e couraças, por apresentarem a vantagem de reter em si as setas, que não tinham as armas de metal ou de couro, em que as frechas, muitas vezes, resvalavam e iam fazer dano aos companheiros. A leitura dos documentos espanhóis sobre a conquista do Prata não leva a crer, por outro lado, que o escupil fosse conhecido em tais paragens muito antes daquela data.

Entretanto não seria preciso ir muito longe para encontrá-lo, pois que, em terras peruanas, antes da conquista espanhola, os quíchuas utilizavam-se, com o mesmo fim, de saios acolchoados de algodão, além do arnês metálico e das couraças de sarrafo e ripas de madeira, elementos que o padre Wilhelm Schmidt tem como característicos do chamado círculo cultural exógamo-patrilinear (totêmico), e que outros autores procuram filiar a certas formas japonesas e asiáticas.[54] Por esse motivo não deveriam provocar grande surpresa, no império dos incas, as armaduras de algodão que vestiam os soldados de Pizarro.

Já na Venezuela, onde o emprego das setas ervadas, por parte dos indígenas, obrigava o conquistador a extremos de precaução, pode dizer-se que o aparecimento dos justilhos acolchoados foi contemporâneo das primeiras entradas. Uma destas entradas inspirou mesmo, a Juan de Castellanos, os versos em que se comparam sugestivamente as frechas pendentes dos escupis do invasor às bandarilhas espetadas no touro por ocasião de uma corrida:

> *Como toro que lidian los villanos*
> *Que ya del suelo, ya de talanquera,*
> *Tantas garrochas salen de las manos*
> *Que le cargan el cuerpo de madera,*
>
> ....
> ....
>
> *No menos á las partes sucedia*
> *En aquestos recuentros porfiados,*
> *Por ser gran cuantidad de flecheria*
> *La que cuelga de sayos estofados".*[55]

Em realidade foram os próprios europeus os grandes agentes da disseminação do uso do escupil em quase todo o continente americano, e mesmo fora dele — nas Filipinas e na África —, tendo-o tomado, por sua vez, aos indígenas do Iucatã.

Até o nome com que essa arma veio a ser conhecida, em geral, nos países de língua castelhana é, segundo parece, de procedência iucateca, ou antes mexicana, pois *escupil* viria diretamente de *ichcauipilli*, ou *ichcahuipilli*[56] que é como chamavam os astecas aos saios de algodão, tradicionais entre certos povos de seu império e de áreas vizinhas a este.

Puderam discriminar-se as etapas diversas de sua introdução nos uniformes dos soldados que vinham subjugar e colonizar o novo mundo. Dignas de interesse, a tal respeito, são as conclusões firmadas por Georg Friederici, em seu opulento estudo sobre o descobrimento e a conquista da América pelos europeus.[57] Observa esse historiador como os espanhóis, embora já de longa data, das campanhas contra os mouros, conhecessem todo o dano que podem causar os venenos aplicados às frechas, se viram praticamente inermes, em face das setas ervadas dos índios, até pouco mais ou menos o ano de 1518. Durante a jornada de Hernando de Córdoba, tiveram eles, pela primeira vez, a oportunidade de travar relações com esse meio de defesa, já largamente empregado pelos maias. Na expedição de Juan de Grijalba, que por diversos aspectos teria assinalado verdadeiramente uma era nova na história da conquista, são os europeus, não são os indígenas, os que ostentam, por sua vez, desses *sayos basteados*. Fernão Cortez chegou a encomendar, às tribos aliadas, grande quantidade de casacos acolchoados e, desde então, muitos conquistadores passaram a exigir, como tributo, a entrega, por parte do gentio, de certa porção de algodão, que destinavam expressamente ao preparo de tais casacos.

É provável que, também por essa ocasião, se tenham fixado os traços mais nítidos e definitivos dessa arma de defesa, tal como a usaram, a seguir, nas expedições de descobrimento, sobretudo espanhóis e portugueses, europeus ou mazombos.

No Brasil, ao que se pode deduzir de velhas crônicas e documentos iconográficos, fabricavam-na pespontada em quadrados e descendo ora quase até aos joelhos — como se vê na estampa de Debret —, ora simplesmente até à cintura, e quase sempre escondendo parte dos braços. No primeiro caso destinavam-se, em particular, aos lugares onde existisse o perigo das frechas ervadas, e deveriam conter cerca de oito libras de algodão, enquanto as mais curtas, que apenas cobriam busto e ventre, tinham no máximo seis libras. De qualquer modo seriam bastante espessas para poder embaraçar as frechas e, com isso, proporcionar ao soldado ou sertanista maior segurança.

Entre as vantagens que esses saios prometiam durante as entradas ao sertão remoto, conta-se, ainda, a de poderem servir de colchões para dormir, onde não houvesse risco de surpresas. Neste último caso, o melhor era que os conservasse, cada qual, no corpo, pois impediam assim o contágio da umidade do solo e permitiam enfrentar qualquer situação arriscada. Sua eficiência podia ser prejudicada pelo mau tempo — acreditavam alguns —, pois molhados deixam passar frecha, dardo ou lança. Mas nem todos pensavam desse modo, e um honesto informante quinhentista, Vargas Machuca, chega a registar opiniões contrastantes a respeito.[58] De qualquer modo, seria bem apreciável a segurança oferecida por esses estofados: do contrário não se compreende que pudessem ter tido tão longa vida. Deles não só armavam o corpo os sertanistas, mas — a informação é de Gabriel Soares — fabricavam muito boas adargas e também celadas para a cabeça. Se assim era, temos uma explicação até certo ponto plausível para as palavras de Montoya, quando diz, dos mamalucos paulistas, que se protegiam, com eles, da cabeça aos pés.

Não se julgue, porém, que armado apenas dos gibões protetores, em boa hora trazidos das possessões de Castela, poderiam os homens de São Paulo prevenir-se contra acometidas do gentio brabo. Nem essa ameaça, continuamente presente nas expedições, nem os outros perigos que costumam assaltar o sertanista em suas entradas, podem ser evitados por meio de expedientes simplesmente engenhosos. A permanência de tais perigos basta, ao cabo, para explicar todos os artifícios de defesa e também a aptidão para criar ou assimilar tais artifícios.

Mas a contínua prática da selva não estimula somente essa espécie de adaptação quase fisiológica às situações mais perigosas, comparável, em suma, à arte do acrobata ou do pelotiqueiro. Representa, em primeiro plano, uma verdadeira educação moral, cujas conseqüências não podem ser apreciadas de modo abstrato, e independentemente das condições particulares que a suscitaram. Dessa forma se explicará melhor o que acima ficou dito sobre a atitude quase benévola com que, em muitos meios sertanejos, ainda é costume encarar alguns crimes violentos, particularmente os de morte. Atitude tanto mais estranhável, quanto é, precisamente em tais meios, que a noção de uma lei moral inflexível e absoluta consegue impor-se com maior facilidade, e onde há delitos considerados aviltantes e desprezíveis, como o furto.

Não é evidente que o simples prestígio da coragem física desempenhe, nesse caso, papel decisivo, uma vez que aquela complacência chega a envolver o próprio homicídio traiçoeiro, em que o criminoso não se expõe a perigo algum, e, praticado o delito, ainda trata, muitas vezes, de refugiar-se em lugar seguro e longe do alcance da justiça. O certo é que, para semelhante mentalidade, o crime traiçoeiro e praticado de emboscada não se acha preso a idéia de baixeza e indignidade. Não parece necessariamente mais respeitável o triunfo sobre um inimigo implacável, ou apenas incômodo, pelo fato de ser obtido através da luta física. Como a riqueza não parece mais nobilitante se alcançada graças ao trabalho lento e penoso, pois um feliz acaso pode oferecê-la até nas areias do riacho sertanejo.

Na verdade essa atitude envolve maior desprezo pelo inimigo do que aquela que leva a feri-lo de frente, com risco da própria existência. Haveria, neste último caso, uma autêntica valorização do inimigo, que adquire determinados direitos, a começar pelo mais elementar de todos, o de viver e defender a própria vida. Ainda hoje nosso homem rústico está, muitas vezes, longe de pertencer, como certas burguesias citadinas, à "raça discutidora" de Donoso Cortez. O *fair play*, que corresponde a uma atitude relativista no convívio entre os homens, e que se traduz na frase "meu antagonista é meu igual", escapa decididamente a sua órbita, e impera de preferência em sociedades onde pode florescer o amor esportivo ao debate e à luta; onde não existe ou não pode exprimir-se verdadeiramente o ódio, e onde se considera talvez desnecessária a supressão do inimigo.

Seria falso querer atribuir unicamente à herança indígena a modalidade de temperamento até hoje tão característica de muitos dos nossos sertanejos, que os faz timoratos e arredios ainda mesmo na agressão. É certo que nas épocas coloniais foram os mamalucos reputados constantemente como gente sem sombra de sujeição ou polícia, o que se verificou particularmente em São Paulo, terra em que os bastardos, como então se chamavam, compuseram, por largo tempo, o grosso das classes populares. A eles se atribuíam os mais tredos crimes cometidos na capitania, sobretudo nas povoações de serra acima. E, ainda em nossos dias, não custa encontrar, entre caipiras, o descendente legítimo daqueles roceiros do tempo de d. Luís Antônio de Sousa, o morgado de Mateus, que só tinham gosto na solidão, e para ela fugiam sempre que possível.

"Se alguém, fazendo viagem, encontra por acaso um destes", escreve o morgado de Mateus, em fins do século XVIII, "ou lhe foge, ou fica tão assustado e preocupado, que nem o chapéu lhe tira, e se lhe dizem a mínima palavra, desconfia e mata logo."[59] Influências ancestrais, do índio, explicariam, em grande parte, essa disposição de ânimo que, mormente por ocasião das guerras do Sul, acabou sobrepujando a proverbial arrogância bandeirante. Dessa arrogância perduraram, sem dúvida, fortes vestígios nas vilas importantes, mesmo com a decadência da capitania, que se acentuou justamente no século XVIII. Nos lugares remotos, ela podia, no entanto, resistir longamente à pressão de forças ambientes, mais poderosas às vezes do que todos os fatores biológicos.

A verdade é que, se essas paragens criaram uma raça, em muitos pontos mais próxima do bugre do que do europeu, é talvez porque o tipo do bugre lhes correspondia melhor. Na luta diuturna contra a floresta, onde todos os inimigos são traiçoeiros, não há lugar para se formarem as imaginações intrépidas e generosas em que o civilizado se distrai da monotonia de um mundo sem constantes e mortais perigos. A ousadia, aqui, há de ser cautelosa, previdente e acomodada a quaisquer surpresas.

Mas essa raça soturna, ainda que sem muitas das virtudes heróicas dos grandes bandeirantes, continuou a prestar bons serviços, desbravando terras incultas, fundando capelas e povoados sertanejos e, sobretudo, dilatando no continente o mundo da língua portuguesa. Precisamente para as guerras do Sul, sua contribuição deve ter sido numerosa e, em todos os aspectos, decisiva. Nos fins do século XVIII, quando corria, generalizada, a opinião de que os homens de São Paulo já não mostravam a mesma bravura e valentia dos seus antepassados, mas queriam antes desfrutar uma vida regalada, e tinham em grande horror o nome de soldados — conseqüência dos desastrosos recrutamentos, que ceifavam a gente válida da capitania —, um estrangeiro ilustre podia fazer observações deste teor: "Os paulistas de ambos os sexos são a gente de melhor fisionomia no Brasil; seu temperamento conserva sempre o gênio militar de seus maiores, pelo que são tidos como os mais bem dispostos para o exercício das armas. O nome de paulista é assombroso para os infiéis, que lhes cobraram um terror pânico".[60] E não só para os infiéis, podemos acrescentar nós. Os castelhanos da fronteira não cessavam de temer as acometidas dos chamados *portugueses de San Pablo* e, nas suas cartas, os capitães-generais da época repetem, em diferentes diapasões, o juízo que exprimira o governador Rodrigo César de Meneses: "pelo que a todos ouço os respeitão os Castelhanos, de sorte que basta ouvir o nome de Paulista, a quem elles intitulão por feras, para não intentarem nenhum projeto, e a experiencia bem tem mostrado foram estes sempre o seu flagello".[61]

É significativo como ainda em seu modo de combater, esses homens, longamente amestrados pela selva, denunciam sempre aquela capacidade de observação da natureza agreste, a imaginação inquieta, a visão precisa e segura, que nascem de um convívio forçado e constante com a vida do sertão. A arte de guerrear torna-se, em suas mãos, um prolongamento, quase um derivativo, da atividade venatória, e é praticada, muitas vezes, com os mesmos meios. Leia-se, para exemplo, a extensa correspondência trocada entre o marquês de Lavradio e o tenente-general João Henrique de Böhm durante a campanha de 1774-77, em que se deparam observações, das mais ricas em interesse, acerca da maneira com que costumavam os paulistas conduzir suas lutas contra o inimigo do Sul.

Nenhum preparo, nenhum excesso de rigor, nenhuma disciplina especial, além da que se forma no hábito hereditário e persistente de enfrentar um meio rústico, poderia fazê-los mais aptos a semelhantes pelejas. Sua ordem é a da natureza, sem artifícios aparentes e sem plano prévio. Aquilo não é tropa — notava o marquês-vice-rei — mas é a própria gente da capitania, que "dando-se-lhe liberdade e oferecendo-se-lhe e facilitando-se-lhe interesses" são os mais próprios para desbaratar os contrários. Em realidade o gênero de guerra adequado a este país, e que sempre se praticara aqui, tanto de parte dos portugueses como dos castelhanos, divergia nesse essencial do que se praticava na Europa, onde as expugnações de praças, os choques, os mesmos combates individuais, obedeciam a certa regularidade, que se não podia infringir impunemente. "Os nossos não o praticão assim, todo o seu cuidado, he em fazer hostilidades sem se exporem, vivem nos matos sem fazerem diferença dos bixos, conhecem tão bem e achão-se tão familiarizados, com aquellas habitações, que nellas se recolhem, aly se sustentão e conservão sem outro nenhum soccorro, que o de sua espingarda, e o da sua espada, e daly saem como feras, a fazerem os grandes estragos que em todos os tempos temos visto.''

Essas palavras, que descrevem o sistema de lutar comum a todos os brasileiros, na era colonial, sistema cuja eficácia se comprovou grandemente no Nordeste, durante as campanhas contra os holandeses, podem aplicar-se aos homens aliciados em São Paulo para as campanhas do Sul. Deles ainda afirma expressamente o marquês de Lavradio, que ''para emboscadas, para surprezas e outras acções semelhantes, são aquellas em que eu imagino, elles poderião satisfazer as suas obrigações: nas outras receio muito porque só Tropas disciplinadas, he que tem constancia naquelles pirigos, e como os Paulistas nunca tem conhecido que cousa seja disciplina, nem quazi que conhecem o que seja subordinação, será impossível sugeitalos a trabalhos, ou pirigos differentes daquelles de que elles estão custumados''.[62]

A natureza das ameaças a que se achavam continuamente sujeitos esses netos de bandeirantes ditava, assim, a natureza de seus próprios recursos táticos.

8

DO PEÃO AO TROPEIRO

Em capítulo anterior já se tentou mostrar como a marcha a pé foi o modo de locomoção verdadeiramente característico da expansão bandeirante. A própria navegação fluvial não figura, nesse movimento, salvo como exceção à regra. A locomoção animal, por outro lado, seria extremamente difícil e penosa nas brenhas e lugares acidentados, e embora os homens de São Paulo fossem bons cavaleiros, desde os tempos de Fernão Cardim, pouco valeria essa qualidade nas picadas dos indígenas.

Só pelo século XVIII é que as primeiras cavalgaduras começam a afluir esporadicamente para o sertão remoto e, ainda assim, onde houvesse terras já desbravadas e povoadas. Todas as tentativas no sentido de incluir esses animais no aparato regular das expedições de descobrimento viram-se condenadas ao malogro. Dos 38 cavalos que levou Bartolomeu Bueno a Goiás, em 1722, cinco apenas puderam resistir a todas as asperezas da jornada.

A capacidade e o costume de vencer a pé longas distâncias, que só se explicam pela afinidade com os indígenas, puderam assegurar aos paulistas algumas vantagens inestimáveis. Explicando a pouca eficiência dos castelhanos para se medirem com os *portugueses de San Pablo*, já Montoya dizia, em memorial de 1643, que os primeiros eram "bons atiradores de escopetas, mas nada exercitados em caminhos; porque são bons ginetes e a pé não dão um passo".[1]

Mais de um século depois, a situação não se alterara sensivelmente. No *Diário* escrito entre 1754 e 1756 pelo padre Tadeu Hennis a pedido do padre Bernardo Nudorffer, ainda são opostos os índios das Missões, destros na cavalaria, aos paulistas ou *portugueses del Brasil*, considerados *"torpes en este genero de milicia"*.[2]

125

Durante todo o século XVII, os cavalos, na capitania de São Paulo, serviam aparentemente para marchas relativamente breves e em descampados do planalto; as cargas eram levadas de preferência nos ombros dos escravos e administrados. E não só as cargas como os próprios passageiros. Uma rede sustentada por dois índios constituiu durante longos anos a carruagem ideal para quem quisesse vencer o escabroso caminho do mar, na serra de Paranapiacaba. Os quadros de artistas e cientistas estrangeiros que visitaram o Brasil em princípios do século passado familiarizaram-nos com a cena do fazendeiro rico voltando à casa nessa espécie de bangüê rústico. No trajeto de São Paulo a Santos ela fora durante longo tempo o único meio de locomoção seguro e cômodo de que dispunham os que não quisessem viajar a pé. Em 1629 ainda era impossível fazer-se a cavalo o percurso, conforme depoimento de d. Luís de Céspedes.[3] Oitenta ou noventa anos mais tarde já o caminho era acessível às cavalgaduras, "exceto em dois ou tres passos, donde se apeião os que se não querem ver em perigo". Deixando o Cubatão pela manhã, ganhava-se a eminência da serra em menos de duas horas, quando em bom tempo. Em época de chuvas fazia-se o mesmo percurso em três horas ou mais, devido ao tijuco e aos caldeirões.[4] Já isso constituiria uma vantagem bastante para explicar o progressivo abandono do sistema das redes de transporte, naturalmente moroso.

Mas a viagem a cavalo ainda não era isenta de riscos. Ao tempo de Bernardo José de Lorena, um literato anônimo, tecendo o panegírico do capitão-general que reparara a estrada, fazendo construir a famosa "calçada", ainda falava naquela "serra onde, cerrando-me os olhos uma tormentosa noute, ora rolando entre penedos soltos, ora submergindo em lama, eu vi quase chegado o termo fatal da minha existência". Já então esse caminho, horror dos antigos, onde as "descarnadas canas" de muitos viajantes se misturavam aos "montões de ossos de animais quadrúpedes que ali morriam",[5] era considerado o mais suave e seguro de toda a capitania. Quando em 1717 o conde de Assumar fora tomar posse do governo de São Paulo e Minas, nenhum membro da comitiva deixou de cair uma ou duas vezes na subida da serra, "e ouve quem repetisse treceira", observa uma testemunha. Os que não seguiram o cavalo, por falta de animais, e subiram em rede, segundo o uso da terra, foram os mais felizes, não padecendo outro acidente além da demora, pois chegaram ao alto da serra às onze da noite, tendo deixado o Cubatão pela

▶ Cabaça contendo colmeia de abelhas jataí (Amambaí, sul do Mato Grosso).

▶ Sertanista de São Paulo em luta com índios botocudos trajando um gibão acolchoado (escupil).

▶ Imagem jesuítica de são Paulo, pisando um paulista em figura do demônio. O arcanjo veste um gibão acolchoado (escupilete). (São Gabriel, Rio Grande do Sul.)

▶ Vista da ponte de Sorocaba. *Apud* F. L. d'Abreu
Medeiros, *Curiosidades brasileiras*, 1º vol.,
Rio de Janeiro, 1864,

▶ Monjolo de água
(São Carlos, São Paulo).
(Foto: Paulo C. Florenzano.)

▶ Cidade de Sorocaba. *Apud* F. L. d'Abreu
Medeiros, *Curiosidades brasileiras*,
1º vol., Rio de Janeiro, 1864.

▶ Monjolo de "pé" (Sítio Elmano de Almeida,
Mogi das Cruzes, São Paulo).
(Foto: Paulo C. Florenzano.)

► Monjolo de "pé" (Sítio Elmano de Almeida, Mogi das Cruzes, São Paulo). (Foto: Paulo C. Florenzano.)

▶ "Monjolo" de pé do Japão.
Apud Leser, *op. cit.,* p. 468.

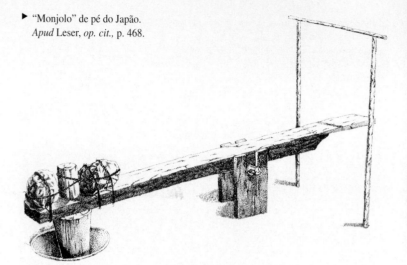

▶ "Monjolo" de pé da Transcaucásia.
Apud Leser, *op. cit.*, p. 469.

▶ "Pio" da serra da Padrela (Portugal).
Apud Jorge Dias, *O pio de piar os milhos.*
Instrumento de origem oriental
na Serra da Padrela,
Porto, 1949, p. 14.

▶ "Monjolo" hidráulico japonês. Ph. Fr. v.
Siebold, "Nippon", *Archiv zur Beschreibung*
von Japan. Apud Leser, *op. cit.*, p. 470.

▶ "Monjolo" hidráulico da Transcaucásia. *Apud* Alexander Petzholdt, *Dei Kaukasus*, II, p. 170.

▶ "Monjolo" de pé da Galícia (Polônia). *Apud* Leser, *op. cit.*, p. 469.

▶ Fiação na " roda" (São Luís do Paraitinga,
São Paulo). (Foto: Paulo C. Florenzano.)

▶ "Tear de pano" (Fazenda da Cachoeira, São João da
Boa Vista, São Paulo). (Foto: Paulo C. Florenzano.)

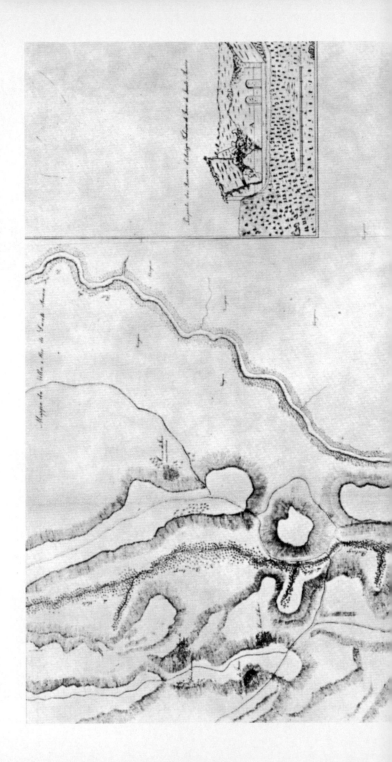

▶ Levantamento topográfico da vila e rio de Santo Amaro, São Paulo, em princípio do século XIX. Obra de Rufino José Felizardo, segundo-tenente do Real Corpo de Engenheiros. Original da mapoteca do Serviço Geográfico do Exército. Em uma das extremidades vêem-se as ruínas da fábrica seiscentista de ferro.

▶ "Tear de pano" (Fazenda da Cachoeira, São João da Boa Vista, São Paulo). (Foto: Paulo C. Florenzano.)

▶ Primitivo descaroçador
de algodão (*churka*).
Origem: Cuiabá, Mato
Grosso.

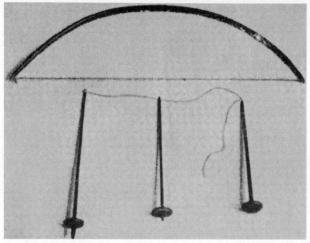

▶ Arco de cardar algodão e três fusos.
Origem: Cuiabá, Mato Grosso.
(Museu Paulista.)

▶ Tecedeira de Sorocaba
trabalhando com o tear de rede.

▶ Pormenor da tecelagem no "tear de pano": introdução da lançadeira na trama (Fazenda da Cachoeira, São João da Boa Vista, São Paulo). (Foto: Paulo C. Florenzano.)

▶ "Tear de pano" (Fazenda da Cachoeira, São João da Boa Vista, São Paulo). (Foto: Paulo C. Florenzano.)

▶ Tecedeira de São Luís do Paraitinga trabalhando com um tear de bacheiro-manta. Bairro de São Pedro do Catuçaba. (Foto: Paulo C. Florenzano.)

▶ Carda da lã (São Luís do Paraitinga, São Paulo). (Foto: Paulo C. Florenzano.)

manhã.[6] Já em 1725, o ouvidor Francisco da Cunha Lobo, em carta escrita de Santos à Câmara paulistana, dispensava expressamente a rede. Mandassem apenas trinta índios e três cavalos a dormir no Cubatão. "E adevirto a vms.", acrescentava, "se excusem ha mollestia de me mandar rede porque Ficará sendo ociosa essa Carruagem." Entretanto, passados muitos anos, em 1775, o famoso Martim Lopes ainda preferia gastar os dezessete dias da viagem por terra, desde o Rio de Janeiro, a enfrentar os perigos da serra.[7]

Sonhando sempre com novos potosis, d. Francisco de Sousa chegara a pensar, em princípios do século XVII, na possibilidade de fazer importar duzentas lhamas do Peru; nesse sentido houve mesmo uma provisão real.[8] O plano jamais chegou a consumar-se, como não se consumaram outros grandes projetos do senhor de Beringel, ao menos enquanto viveu. E o paulista continuou a caminhar a pé, onde não podia dar-se o luxo de possuir cavalgadura. Em realidade as estradas do sertão e a do mar — esta construída de propósito para pedestre, e parece que em forma de escada nos lugares mais alcantilados, segundo fazem crer velhos testemunhos — adaptavam-se mal às cavalgaduras durante todo o século XVII, o século das bandeiras. E além disso a relativa escassez de cavalares nessa época não autoriza a crer que pudessem ser utilizados em escala considerável pelos moradores da terra. A posse de cavalgaduras correspondia, aparentemente, menos a uma conveniência prática de que a um luxo. Luxo que muitas vezes se exprimia na posse, ao lado de um ou dois animais, de selas e adereços desproporcionadamente caros, mais caros, em certos casos, do que os próprios cavalos. Assim, à única cavalgadura de Antônio da Fonseca, uma égua mansa avaliada "com duas crias, macho e fêmea", em 3$200 no ano de 1619, correspondiam sela, freio, cabeçadas, rédeas e estribeiras de ferro, estimados em 6$000, quer dizer, no dobro do valor da égua.

É verdade que documentos dos tempos iniciais da colonização não autorizam a acreditar muito na escassez de cavalos por essa época. No ano de 1592 eles chegavam mesmo a ser tão numerosos nas redondezas de São Paulo, que faziam dano às roças e matavam a coices as criações. A Câmara era insistentemente convidada a opor paradeiro aos estragos por eles causados, pois "q'avía muitas cavalgaduras e q'fazião muitas dellas, e ellas nenhum proveito ao povo".[9] Em certa *Redação da Província do Brasil*, escrita em 1610 pelo padre Jácome Monteiro e ultimamente publicada por Serafim

Leite, lê-se que os campos de Piratininga eram, por aquele tempo, "mui povoados de gado vacum, de cavalos e éguas, que vêm a ser tantos em número que não tem preço [...]". Durante sua estada naquelas partes, ou seja, por volta de 1607, pudera observar o padre Jácome como "se vendiam mui bons cavalos, cada qual por um chapéu ou meia-calças, e as vacas andavam em almoeda, sem haver quem as quisesse por três patacas, que era a dívida pela qual se rematavam".[10] Contudo, nos decênios seguintes, a situação tenderia a modificar-se, ao menos no que diz respeito às cavalgaduras. O fato é que, até meados do século XVIII, estas não teriam em São Paulo função essencial, nem nas expedições ao sertão longínquo, nem nos núcleos rurais estáveis.

O sr. Alfredo Ellis Júnior, que examinou pacientemente os velhos inventários, concluiu, sem exagerar, que a regra geral, na São Paulo seiscentista, é a escassez de criadores de eqüinos. Regra a que não faz exceção nenhuma das grandes personagens do bandeirismo, a começar por um André Fernandes ou um Antônio Raposo Tavares. O maior dos criadores da época, Manuel Góis Raposo, não teve mais de cinqüenta cavalos, observa ainda o sr. Ellis.[11] E mesmo tal cifra chegará a parecer excessiva a quem percorra diretamente os antigos textos. Onde se terá baseado o erudito pesquisador para chegar a tanto? Pedro Taques, o responsável máximo por alguns exageros de nossos historiadores, diz apenas, de Góis Raposo, que teve em suas terras de Parnaíba fazenda de grande cultura, porcos, muito gado vacum e animais cavalares. O inventário do opulento lavrador, datado de 1671, silencia completamente sobre o assunto. O de sua mulher, Maria Pompeu, é que parece apoiar as palavras do genealogista, e ainda aqui, o número de cavalos mencionado não vai a cinqüenta: chegará quando muito a 26. Quantidade já respeitável, aliás, mesmo tendo em consideração que a metade desses 26 eram poldros, quase todos de menos de dois anos. Há ainda o caso de Lourenço Castanho Taques, o Velho, com as suas dezesseis éguas, ou o de Francisco Pedroso Xavier, com quinze cavalares, entre cavalos, éguas e poldros. Mesmo o de Antônia de Chaves, mulher de Mateus Leme, que deixou — isso ainda em 1610 — sete ou oito eqüinos, ao lado de setenta ou oitenta vacuns, consignados no mesmo inventário, escapa decididamente à regra geral. É significativo que a tal escassez não correspondam preços extremamente altos para os animais de sela, ao menos durante a maior parte do século. Os preços elevados que o sr. Afonso Taunay encontrou para os cavalos na São Paulo seiscentista[12] não o são, comparados, por exemplo, aos dos vacuns, incontestavelmente mais numerosos.

No testamento inédito de Matias Barbosa da Silva, rico em dados que interessam ao estudo de nossa vida colonial, há alusão expressa a essa carência de eqüinos em São Paulo, na ocasião em que ali chegara o testador, isto é, em 1699. Tendo tido, por aquele tempo, ajuntamentos com certa mulata, de quem, segundo constava, houvera um filho, sendo ambos solteiros, admitia Matias Barbosa que o mesmo poderia vir a ser seu herdeiro, uma vez que à época da conceição ele não tinha cargo algum que o constituísse no grau de nobreza necessária para lhes serem os filhos naturais insucessíveis.[13]

Para reforçar essa afirmação observa que "só vivia então de algum negócio com que andava de uma parte para outra, mas não a cavalo", acrescentando que "nem o possuía, nem os havia a esse tempo em Santos e São Paulo, de sorte que por falta deles até os cabos de guerra e pessoas principais da terra todos andavam a pé".[14] A carência não seria tão absoluta ou se explicaria pelos altos preços que então se pagavam nas minas pelo cavalares e outros animais de criação, levando os moradores com freqüência a despojar-se deles. De qualquer modo, a observação de Matias Barbosa refere-se sem dúvida à forma particularmente aguda que teria assumido uma condição de certo modo crônica na capitania de São Paulo.

Em realidade, só pelo terceiro decênio do século seguinte, com a abertura do caminho por terra que de Curitiba ia dar às campinas do Viamão e à colônia do Sacramento, é que o cavalo começa a ter lugar no ritmo ordinário da vida paulista. Solicitando, em requerimento dessa época, que não lhe fosse dificultada a passagem de cavalos para a cidade de São Paulo, um traficante reinol justificava seu propósito com a alegação de que não os havia "na dita cidade de São Paulo, por ser lá muito pouca a criação delles".[15] Permitindo contato mais assíduo com os "castelhanos", esse caminho iria influir decisivamente, não só na vida econômica, mas até nos costumes do povo. Já nos primeiros tempos da colonização, o mesmo contato introduzira na capitania a cuia de tomar congonha. Agora será a vez dos largos chapéus de palha e dos ponchos, sobretudo do poncho azul forrado de baeta vermelha, que ia tornar-se uma espécie de traje nacional dos paulistas. Na mesma época parece desenvolver-se, em São Paulo, o gosto pelo manejo de cavalaria, o tirar de lanças, e as festas de escaramuças, sertilhas, canas e encontradas. Inácio Dias, o filho de dona Leonor de Siqueira, foi, segundo Pedro Taques, o mais hábil de todos nessas artes. "Na violência da carreira se debruçava para o lado direito ou o esquerdo, a levantar do chão qualquer coisa que se lhe destinava em qualquer baliza, e nisto mesmo era a execução de brinquedo com tanta destreza e airoso garbo, que sempre conseguia os aplausos dos circunstantes." Pertencia a uma nova raça esse neto de bandeirantes, que preferia brilhar nos povoados a fatigar-se no sertão. Bento do Amaral era outro, capaz de montar o animal mais manhoso sem perder o assento, nem o aprumo, nem as estribeiras; e quando se apeava já o bicho estava manso.[16]

Com os cavalos começam a introduzir-se, em larga escala, os muares, que só excepcionalmente aparecem referidos nos antigos inventários paulistas. Duas mulas e um macho, pertencentes a Francisco Pedroso Xavier, e o burro castiço de Antônia de Oliveira, são quase tudo quanto encontramos. A partir de 1733, ou pouco depois, é que começa a avolumar-se o número de bestas muares vindas do Sul, geralmente de passagem para as minas. Em 1754, segundo documento constante do livro de registo de cartas reais, provisões, procurações etc. da vila de Parnaíba, cujo teor me foi comunicado por um dos melhores conhecedores da história sul-paulista, o cônego Luís Castanho de Almeida, um tropeiro castelhano, Bartolomeu Chevar, conduziu dos campos rio-grandenses para as Minas Gerais 3780 cabeças de muares. Ao transpor o rio Negro, onde havia registo, alegou fiador. Mais tarde, porém, tornou-se necessário ir precatória para as Minas, a fim de se receberem os 5:021$000 de impostos.

Já por essa época não seriam muito numerosos, em São Paulo, os índios de carga, substituídos, cada vez mais, pelos cavalares e muares. O que representaria, sem dúvida, progresso notável na rapidez dos negócios, além de poupar trabalhadores, em um momento em que a mão-de-obra indígena era menos abundante, e em que os negros, excessivamente dispendiosos, ficavam geralmente reservados às fainas agrícolas. Já se indicou como um primeiro obstáculo a esse progresso tinha sido a insuficiência das estradas, criadas unicamente para uso de pedestres. Além disso, à escassez de cavalares corresponderia, durante longo tempo, a existência de índios de serviços especialmente dedicados ao transporte de fardos e passageiros, sobretudo através da Paranapiacaba. Sem falar nos bastardos e mamalucos, que faziam o mesmo trabalho mediante remuneração. Em que situação não iria ficar essa gente, quase imprestável, muitas vezes, para outro mister, uma vez suprimido seu principal meio de vida? O recurso exclusivo aos animais de transporte teria, sem dúvida, uma conseqüência desastrosa: a de aumentar consideravelmente o número de desocupados e vadios, que sempre foram uma grave preocupação das autoridades coloniais. Em São Paulo não chegou a apresentar-se o problema em sua forma aguda, isso porque a substituição dos carregadores pelos cavalares e muares só se processou muito lentamente. Quase até meados do século passado ainda transitavam pelo caminho do mar as cadeirinhas e liteiras, preferidas pelas senhoras ricas.

O que sucederia em caso diverso, pode-se bem imaginar pelo exemplo de Curitiba, cuja topografia é, em muitos pontos, semelhante à de São Paulo, e onde a primeira tentativa no sentido de se ampliar a estrada de Paranaguá, adaptando-a ao trânsito de cavalgaduras, foi obstada pela feroz oposição da gente do povo, que tinha nos serviços de transporte sua principal ocupação e fonte de sustento. A proposta, apresentada em 1743 e inicialmente bem acolhida, previa uma largura média de oito braças para a estrada, o que dava boa margem para o tráfego dos animais de carga. Chegaram até a iniciar-se os trabalhos, que prometiam grandes benefícios. Mas a proposta incluía também uma cláusula estabelecendo, para os contratadores, um monopólio de oito anos: durante esse prazo, ficariam impedidas todas as demais passagens entre o litoral e os campos de Curitiba. Tal exclusivismo deu motivo à reclamação formulada dois anos depois, a 7 de março de 1745, ao ouvidor-geral e corregedor, Manuel Tavares de Siqueira.

Mantido o contrato, diziam os promotores do protesto, não teriam os homens pobres da vila e termo de Curitiba "de que sustentar-se pois pela mayor parte viviam e vivem de conduzir carga ás costas do dito porto para esta villa e della para elle, o que no dito acordum se lhes prehive e Tacha e Limita e se faculta somente aos contratadores que se obrigão a Limpar e consertar o dito caminho, o que athe aqui se fazia por ordem da Camara dessa villa e da de Parnaguá".[17] A decisão do ouvidor, procurando conciliar os pontos de vista dos contratadores e da gente popular, acabou descontentando a uns e outros, pois, suprimido o monopólio, nem os primeiros poderiam encontrar recursos com que levar avante os trabalhos, nem o povo teria com que enfrentar concorrentes tão poderosos. O resultado foi cessarem as obras onde se encontravam, e tudo voltou ao estado primitivo. Só passado mais de meio século é que se tornou possível cuidar, outra vez, em melhorar as condições do caminho. Ao lado desses obstáculos, cabe acentuar os que criava a própria administração colonial. Embora favorecendo e até incentivando a criação de eqüinos, necessários à milícia, a Coroa sempre cuidou de estorvar por todos os meios a multiplicação dos muares, mais apropriados do que os cavalos aos serviços de transporte e carga. De 1761 é a carta régia ordenando expressamente que não se desse "despacho algum a machos, ou mulas, e que mais antes pelo contrário, todos e todas as que se introduzissem depois de publicada essa total proibição, delles sejão irremediavelmente perdidos, e mortos, pagando as pessoas em cujo poder se acharem, a metade de seu valor para os [que] denunciarem da clandestina introdução delles e que nas mesmas penas incorrerão as pessôas, que uzarem de semelhantes cavalgaduras passado o ano, que para o consumo das que tiverem, se lhes concede". O motivo direto dessa ordem parece ter sido a preferência que nas Minas Gerais se costumava dar aos híbridos e o receio de que tal preferência resultasse na diminuição progressiva do número de cavalos. Mas a medida não podia sustentar-se por muito tempo. Tão grande, já então, era o número de muares, que a medicina proposta só poderia ter conseqüências funestas. Bastaram mais três anos para que se revogasse a ordem.

Livre agora do maior obstáculo, a invasão de burros e burras processava-se em escala rápida. Até os menos timoratos, como o morgado de Mateus, alarmaram-se ante as perspectivas que parecia prometer seu comércio para as fazendas de criação. Escrevendo em novembro de 1770 ao marquês de Lavradio, o capitão-general de São Paulo fazia ver o dano causado tanto aos vassalos como aos próprios interesses da Coroa. Não havia quem, dispondo dos recursos e habilitações indispensáveis, hesitasse em ir buscar animais ao Viamão, gastando de ano e meio a dois anos na viagem de ida e volta até Sorocaba, onde se realizavam os principais negócios.

Com as feiras de animais de Sorocaba, assinala-se, distintamente, uma significativa etapa na evolução da economia e também da sociedade paulista. Os grossos cabedais que nelas se apuram, tendem a suscitar uma nova mentalidade da população. O tropeiro é o sucessor direto do sertanista e o precursor, em muitos pontos, do grande fazendeiro. A transição faz-se assim sem violência. O espírito de aventura, que admite e quase exige a agressividade ou mesmo a fraude, encaminha-se, aos poucos, para uma ação mais disciplinadora. À fascinação dos riscos e da ousadia turbulenta substitui-se o amor às iniciativas corajosas, mas que nem sempre dão imediato proveito. O amor da pecúnia sucede ao gosto da rapina. Aqui, como nas monções do Cuiabá, uma ambição menos impaciente do que a do bandeirante ensina a medir, a calcular oportunidades, a contar com danos e perdas. Em um empreendimento muitas vezes aleatório, faz-se necessária certa dose de previdência, virtude eminentemente burguesa e popular. Tudo isso vai afetar diretamente uma sociedade ainda sujeita a hábitos de vida patriarcais e avessa no íntimo à mercancia, tanto quanto às artes mecânicas. Não haverá aqui, entre parêntese, uma das explicações possíveis para o fato de justamente São Paulo se ter adaptado, antes de outras regiões brasileiras, a certos padrões do moderno capitalismo?

Não convém, em todo o caso, acentuar com demasiada ênfase a transformação que a influência das novas ambições promete realizar. Há na figura do tropeiro paulista, como na do curitibano, do rio-grandense, do correntino, uma dignidade sobranceira e senhoril, aquela mesma dignidade que os antigos costumavam atribuir ao ócio mais do que ao negócio. Muitos dos seus traços revelam nele a herança, ainda bem viva, de tempos passados, inconciliável com a moral capitalista. A dispensa muito freqüente de outra garantia nas transações, além da palavra empenhada, que se atesta no gesto simbólico de trocar um fio de barba em sinal de assentimento, casa-se antes com a noção feudal de lealdade do que com o conceito moderno de honestidade comercial. Também falta, aqui, esse ascetismo racionalizante, que parece inseparável do ideal burguês, ao menos em suas origens. O amor ao luxo e aos prazeres domina, em pouco tempo, esses indivíduos rústicos, que ajaezam suas cavalgaduras com ricos arreios de metal precioso ou que timbram em gastar fortunas nos cabarés, nos jogos, nos teatros. Sorocaba vive mais intensamente nos tempos de feira do que muita capital de província. Não admira se ainda em 1893, quando o desenvolvimento ferroviário extinguira quase de todo esse comércio, um sacerdote zeloso, o cônego Antônio Augusto Lessa, chamasse a atenção de seu prelado para a necessidade de um combate sem tréguas aos costumes soltos e até às doutrinas heterodoxas que observava na cidade — "fruto pernicio-so das antigas e célebres feiras de animais, e pela aglomeração de gente de toda espécie, sem lei, sem religião e sem fé, que, denomi-nando-se negociantes, vinham de toda parte do Brasil".[18]

Ninguém duvida que a ocupação a que se entregavam tais ho-mens fosse, em todos os sentidos, produtiva e útil à coletividade. Mas o espírito em que a conduziam tendia a mascarar de qualquer forma essa feição utilitária, e em realidade era menos de bufarinheiros do que de barões. A ostentação de capacidade financeira vale aqui quase por uma demonstração de força física. Ao menos nisto, e também na aptidão para enfrentar uma vida cheia de riscos e rigores, o tro-peiro ainda pertence à família bandeirante.

9

FROTAS DE COMÉRCIO[1]

Na história do bandeirismo, tomado em sentido restrito, é lícito omitir-se, sem perda essencial, o capítulo das monções. Estas principiam a aparecer quando aquele já entrava em declínio, e aparecem servidas por instrumentos diferentes, guiadas por métodos próprios e movidas até certo ponto por uma nova raça de homens. Contudo, em acepção mais ampla, talvez um pouco arbitrária, que procure envolver, sob o mesmo rótulo, os vários movimentos tendentes, em parte, à dilatação das nossas fronteiras e ao aproveitamento de nosso território, cabe-lhe um lugar definido, e um lugar — acrescente-se — que não pode ser pequeno e nem irrelevante.

As monções representam, em realidade, uma das expressões nítidas daquela força expansiva que parece ter sido uma constante histórica da gente paulista e que se revelara, mais remotamente, nas bandeiras. Força que depois impeliria pelos caminhos do Sul os tropeiros de gado, e que, já em nossos dias, iria determinar o avanço progressivo da civilização do café. Tomadas no seu conjunto, o historiador de hoje poderia talvez reconhecer, nessas formas, uma só constelação.

É justo, apesar disso, assinalar entre as bandeiras e as monções uma afinidade especial, e até um momento incerto de transição, espécie de zona obscura onde ambas se encontram e se confundem. O descobrimento das minas do Coxipó-Mirim, que marca o ponto de partida para a história das monções, precedeu de alguns anos uma das grandes empresas bandeirantes, talvez a última grande empresa bandeirante, que foi a jornada aos Goiases do segundo Anhangüera. Empresa bandeirante também é, de resto, e com iguais títulos, a própria expedição de Pascoal Moreira Cabral, e por ela precisamente, como pela de Fernando Dias Falcão, as monções se entroncam na história das bandeiras e passam a constituir, de certo modo, seu prolongamento.

Ocorreu-me, em outra oportunidade, tentar fixar mais detidamente os motivos que determinaram a diferenciação entre os dois movimentos. Observei então como as primeiras monções do Cuiabá deveriam recrutar a mesma gente rude que formara as bandeiras do século XVII. Enquanto perduraram estas navegações a situação não se modificou aparentemente. Documentos de princípios do século passado ainda nos falam em tripulantes que sobressaltavam a população pacífica de Porto Feliz com seu gênio turbulento e suas intemperanças de toda espécie.

Entretanto essa agitação de superfície não deve esconder-nos a funda transformação que se ia operando aos poucos na mentalidade desses novos sertanistas. É inevitável pensar que as longas jornadas fluviais tiveram uma ação disciplinadora e de algum modo amortecedora sobre o ânimo tradicionalmente aventuroso daqueles homens. A própria exiguidade das canoas das monções já era um modo de se organizar o tumulto, de se estimular a boa harmonia ou, ao menos, a momentânea conformidade das aspirações em choque. A ausência dos espaços ilimitados, que convidam ao movimento, o espetáculo incessante das florestas ciliares, que interceptam à vista o horizonte, a abdicação necessária das vontades particulares onde a vida de todos está nas mãos de poucos ou de um só, tudo isso terá de influir poderosamente sobre os aventureiros que demandam o sertão longínquo. Se o quadro daquela gente aglomerada à popa de um barco tem em sua aparência qualquer coisa de desordenado, não é a desordem de paixões em alvoroço, mas a de ambições metódicas e submissas.

O emprego de meios de locomoção diversos, mas também, e principalmente, o complexo de atitudes e condutas determinadas por cada um desses meios farão compreender melhor a distinção essencial entre a primitiva bandeira e as chamadas monções de povoado. Naquela os rios constituem efetivamente obstáculos à marcha, e as embarcações, em geral simples canoas de casca ou toscas jangadas, são apenas recurso ocasional do sertanista, utilizável onde a marcha a pé se tornou impossível. Nas monções, ao contrário, a navegação, e a marcha a pé, ou a cavalo, ou em carruagem (na fazenda de Camapoã, por exemplo), constituem exceção a essa regra.

Não foi por acaso se a técnica do transporte fluvial encontrou, em São Paulo, sua fase de maior desenvolvimento sobretudo no século XVIII, com a decadência das bandeiras. Embora muito antes disso o Tietê tivesse servido eventualmente de via de penetração, a verdade é que seu percurso só se generalizou e se enriqueceu de novos instrumentos quando foi necessário um sistema de comunicações regulares com o centro do continente.

O resultado foi que, sem renunciar à existência móvel do bandeirante, os que participam do comércio de Cuiabá e Mato Grosso têm ambições mais sistematizadas. Um ritmo que já não é o da simples energia individual livre de expandir-se regula toda a sua atividade. A própria vida há de sujeitar-se neles a limites novos, a novas opressões. Aos freios divinos e naturais, os únicos, em realidade, que compreendiam muitos dos sertanistas de outrora, acrescentam-se, cada vez mais poderosas, as tiranias legais e judiciárias, as normas de vida social e política, as imposições freqüentemente caprichosas dos governantes. O que ainda perdura de comum entre uns e outros é talvez a coragem sossegada, a aparente indiferença às ameaças, aos perigos e, muitas vezes, às maiores catástrofes.

De que maneira e em que época principia a emergir, em seus traços peculiares e tão definidos, essa nova fase do sertanismo paulista? A própria palavra *monção*, palavra, ao que parece, de procedência árabe, e que se generalizara entre os marinheiros lusíadas durante os grandes descobrimentos marítimos no Oriente, seria desconhecida em São Paulo, ao menos com o sentido que depois lhe deram, até ao segundo decênio do século XVIII. No seu significado inicial, em português, servia para designar os ventos alternados que determinavam as épocas de navegação no oceano Índico.

Entra aqui um importante elemento de distinção, já que a navegação a vela era ignorada dos paulistas em nossas vias fluviais. É verdade que, mesmo em Portugal, passara o termo, com o tempo, a designar unicamente as estações adequadas às viagens, em outras palavras, os períodos em que sopravam os ventos propícios. Partiam as armadas de Lisboa, todos os anos, nos meses de março e abril, para chegarem aos portos de destino por volta de setembro, pois até fins de agosto ficavam os navios impedidos de se aproximar das costas, e as barras tinham de permanecer fechadas. Quanto à tornaviagem da Índia, esta deveria fazer-se, por sua vez, até princípio de fevereiro.

Existe, assim, um traço comum entre nossas monções e as do Oriente: isto é, a periodicidade regular a que eram sujeitas. E embora no Brasil essa periodicidade não fosse determinada pelos ventos, dependia, contudo, de fatores naturais igualmente decisivos. Digna de nota é, além disso, a equivalência aproximada, posto que puramente fortuita, entre os períodos respectivos, pois o tempo geralmente adotado para a partida das monções de Porto Feliz eram também os meses de março e abril. Algumas vezes dilatava-se o prazo até fins de maio e mesmo até meados de junho, desde que não ultrapassasse o são João. A causa de tal preferência era estarem os rios cheios por essa época, o que fazia a navegação menos difícil e arriscada. Não faltava, é certo, quem, por outros motivos, e sobretudo pelo temor das sezões e febres malignas, ameaça constante no tempo das enchentes, optasse pelos meses de julho a setembro. De um modo geral, entretanto, era simplesmente o regime das águas, não o dos ventos, como na Arábia e Índia, o que determinava entre nós a periodicidade.

Cabe ainda assinalar uma terceira correspondência, esta relativa à duração das viagens, pois de São Paulo, ou melhor, de Porto Feliz, até Cuiabá, não se consumiam menos de cinco meses de jornada, que era exatamente o tempo ordinariamente empregado nas navegações de Lisboa à Índia. Muito mais, diga-se de passagem, do que o necessário para ir do Rio de Janeiro à boca do Tejo.

Como o Oriente longínquo, a nossa Cuiabá foi, por algum tempo, lugar de lendárias riquezas. Riquezas que se alcançavam a força de audácia e de heroísmo, não de trabalho vil, conforme os conceitos da época. Em ambos os casos exerceram essas riquezas enorme poder de atração sobre os homens, redundando no progressivo abandono de todas as demais atividades úteis. Ao tempo de um Sá de Miranda, o cheiro da canela podia despovoar o reino, e as fumaças da Índia perverter os antigos e austeros costumes da gente portuguesa. Aqui, o ouro do sertão arruinava São Paulo e reduzia-o à miséria, a tal ponto que tiveram seus filhos, ao cabo, de suportar a própria perda da autonomia, ficando inteiramente subordinados ao governo do Rio de Janeiro por um período de mais de quinze anos.

Os benefícios mais seguros, embora também mais penosos da lavoura, foram logo abandonados pelos do reluzente metal das minas, metal tão fácil que, dizem-no as velhas crônicas, podia ser extraído da terra como se extrai a nata do leite. Os que ficaram aferrados aos seus lares, entregues a misteres menos rendosos, não bastavam para sustentar com o trabalho agrícola a população da capitania, de modo que iam uns às minas a buscar riquezas e outros a buscar remédio com que pudessem melhor suportar esta vida terrena. De poucos, com efeito, seria possível dizer, como na elegia de Camões:

Vive um com suas árvores contente
Sem lhe quebrar o sono repousado
a grã cobiça do ouro reluzente.

O desbarato a que essas minas, opulentas, é verdade, mas só na superfície, iriam condenar os demais ramos de atividade da colônia, e principalmente da capitania, foi de tamanhas conseqüências que, ainda ao final do século, o bispo d. José Joaquim da Cunha de Azeredo Coutinho, em curiosa *Notícia sobre a divisão dos limites entre Portugal e Castela na América*, que existe manuscrito na Biblioteca Nacional do Rio de Janeiro, propunha fossem elas desprezadas, ainda que em favor do castelhano, pois desse modo — alegava — passariam os portugueses a ser seus verdadeiros e efetivos donos. E, repisando a tese sustentada em seu conhecido *Discurso sobre o estado atual das minas do Brasil*, alegava: "he huma verdade demonstrada e feita palpavel pela experiencia, que a Nação que commercia imediatamente com a Nação mineira de ouro he sempre a mais rica relativamente". Cumpre notar que, quando o bispo economista redigia esse escrito, ainda não tinham sido descobertas ou exploradas as minas da Austrália, nem as da Califórnia, nem as do sul da África.

Deixemos, entretanto, o que têm de especioso, artificial e puramente teórico as lamentações de Azeredo Coutinho, inspirado em parte na doutrina dos fisiocratas franceses, seus contemporâneos, para só reter a impressão de desencanto que, já em sua fase de decadência, despertavam as riquezas de nosso sertão ocidental. Ao tempo do seu descobrimento, esse timbre pessimista pôde existir, sem dúvida, entre alguns espíritos mal acomodados ou melancólicos, mas não constituía de modo algum regra geral. A regra geral exprimia-se antes no alvoroço que, segundo um cronista da época, despertou a notícia desse descobrimento, pois — observa esse cronista — abalaram-se "muitas gentes, deixando casas, fazendas, mulheres e filhos, botando-se para estes Sertoens como se fora o Parahyso incoberto em que Deus pos os nossos primeiros paes".[2]

139

Eram sem conta os exageros que logo correram mundo a respeito das novas minas e a fama do Cuiabá, diz ainda o nosso Barbosa de Sá, testemunha ou quase testemunha dos sucessos, "soou thé os fins do orbe, passando os Limites do Brasil e Portugal e dahy aos Reynos estrangeiros". De granetes de ouro, contava-se, serviam-se os caçadores em suas espingardas, à guisa de chumbo, e de ouro eram as pedras em que nos fogões se punham as panelas. A tanto chegava a abundância do metal precioso que, arrancando-se touceiras de capim nos matos, vinham as raízes vestidas de ouro.

Mas não era essa riqueza que a princípio impelira os sertanistas para o remoto sertão. Durante a maior parte do século XVII, as terras a oeste do rio Paraná foram consideradas grandes reservatórios de índios domesticados ou brabos, que os paulistas iam prear para as suas lavouras. Ali tinham erigido os castelhanos do Paraguai povoações como Santiago de Xeres, e ali os padres da Companhia estabeleceram as missões do Itaim: Angeles, San José, San Benito, Natividad, e mais tarde, Antirapucá e Tepoti, todas invadidas pelos paulistas a partir do ano de 1632. A área ainda hoje chamada de Vacaria foi cruzada por Antônio Raposo Tavares quando de sua gigantesca expedição à Amazônia. Luís Pedroso Xavier, como, antes dele, Antônio Castanho da Silva, vai morrer entre o gentio das cordilheiras peruanas. Manuel de Campos Bicudo penetra nada menos de 24 vezes o território entre o Paraná e o Paraguai. Antônio Ferraz de Araújo e Manuel de Frias atingem as missões dos Chiquitos, ameaçam Santa Cruz de la Sierra e são derrotados finalmente, salvando-se com vida apenas seis homens de sua tropa.

O primeiro paulista, porém, a alcançar as beiradas do rio Cuiabá foi, ao que se sabe, Antônio Pires de Campos, e este ainda ia, não em busca do metal precioso, mas do gentio coxiponé, que vivia naquelas paragens. O segundo foi Pascoal Moreira Cabral, que, indo também à caça de índios, deparou casualmente, em 1718, com granetes de ouro cravados pelas barrancas do rio Coxipó-Mirim. Desse sítio subiu até ao da Forquilha, onde aprisionou indígenas que traziam mostras de ouro nos batoques e em outros enfeites.

Deliberou então reunir os companheiros e levantou arraial no lugar onde mais tarde se erigiria a capela de São Gonçalo. A faina aurífera principiou imediatamente. Como não viessem preparados para minerar, tiveram os expedicionários de improvisar os instrumentos. Assim, os pratos destinados às refeições foram transformados em bateias e os canos das espingardas em picaretas. Outros cavavam a terra com as próprias mãos, e não faltou, desse modo, quem recolhesse até duzentas oitavas de ouro em pouco tempo.

Enquanto se entretinham nessa atividade, receberam o auxílio dos irmãos Antunes, de Sorocaba, cujas forças se uniram às dos descobridores. E depois, quando, já faltos de armas, pólvora e chumbo, foram subitamente atacados por índios contrários, tiveram o inesperado e oportuno socorro de outra bandeira, a de Fernando Dias Falcão. Este socorro, ao que parece, foi decisivo, pois constava a bandeira de 130 homens de guerra e dispunha de recursos de toda espécie para a mineração e a conquista do gentio.

Ao espírito de iniciativa, à experiência e aos largos haveres de Fernando Dias Falcão, devem-se, tanto quanto a Pascoal Moreira Cabral, os primeiros resultados felizes de uma empresa destinada a dilatar consideravelmente os domínios lusitanos na América. Tendo regressado a São Paulo, talvez em companhia de Antônio Antunes Maciel, o bravo parnaibano trata de organizar a sua custa nova expedição que, já em 1719, segue com destino ao rio Coxipó, conduzindo os elementos indispensáveis à exploração das riquezas encontradas. Levava ferreiros, carpinteiros, alfaiates, tudo enfim quanto parecesse necessário ao aumento do arraial. Além das excessivas despesas em que teve de empenhar-se para a compra e transporte de enorgem bagagem (só de pólvora iam seis arrobas), emprestou somas avultadas a muitos companheiros, entre os quais podem citar-se Brás Mendes Pais, Gabriel Antunes, José Pompeu e Antônio Antunes.

De regresso ao arraial, Dias Falcão viu-se eleito cabo maior dos mineiros, conservando Pascoal Moreira o posto de guarda-mor, para o qual fora anteriormente escolhido. Colocado assim em segundo plano, o descobridor não deixou, mais tarde, de reconhecer os grandes méritos de Falcão quando alegou que este soubera agir "catolicamente", acomodando os habitantes e conservando o povo unido. Pode-se bem avaliar da prosperidade logo alcançada pelo arraial, tendo em consideração que, ao voltar em 1723 a São Paulo, o cabo dos mineiros de Cuiabá podia pagar de quintos à fazenda real doze libras e 84 oitavas de ouro.

Essa prosperidade acentuou-se quando um feliz acaso revelou aos aventureiros as riquíssimas aluviões de um sítio próximo ao do Coxipó-Mirim, precisamente o lugar onde hoje se ergue a cidade de Cuiabá. O acontecimento é narrado pelas velhas crônicas da maneira seguinte. Em outubro de 1722, o sorocabano Miguel Sutil dirigira-se a esse sítio, onde tinha dado princípio a uma roça de mantimentos. Chegado, fez as plantações e mandou dois índios com machados e cabaças à procura de mel-de-pau. Alta noite voltaram eles ao rancho, sem trazer uma só gota de mel. Às palavras irritadas com que os recebeu o Sutil, replicou logo o mais ladino: "Viestes buscar ouro ou mel?", e metendo a mão no seu jaleco de baeta, tirou um embrulho feito de folhas. Ali estavam 23 granetes de ouro que, pesados, representaram 120 oitavas.

Na madrugada seguinte, guiados pelos dois índios meleiros, seguiram Sutil, um seu companheiro e os escravos para o lugar onde, à flor da terra, reluzia o cobiçado metal. Depois de ali trabalharem todo o dia recolheram-se ao rancho o Sutil, com meia arroba de ouro, e seu camarada, o português João Francisco, alcunhado o Barbado, com seiscentas oitavas. Essas riquezas espantosas, que aparentemente ultrapassavam tudo quanto até então se vira no Brasil, logo se divulgaram, apesar das precauções tomadas pelos descobridores. O resultado foi o abandono total, ou quase, do arraial velho do Coxipó-Mirim. Toda gente dirigiu-se tumultuosamente às chamadas *lavras do Sutil*.

Em pouco tempo abatia-se o mato cerrado que vestia essas terras opulentas e, ao cabo de um mês de trabalho insano, as minas do Senhor Bom Jesus do Cuiabá, como depois se chamaram, do nome da igreja que ali se erigiu, tinham fornecido mais de quatrocentas arrobas de metal, sem que as socavações se tivessem aprofundado, em geral, muito mais de meio metro. Trazida a notícia a São Paulo, determinou quase imediatamente o êxodo de parte da sua população válida. Contam-se às centenas e aos milhares as pessoas — paulistas e emboavas — que, logo nos primeiros anos da exploração, chegaram ao arraial cuiabano.

Era difícil, nestas condições, tentar estabelecer qualquer ordem política e governo econômico, apesar dos esforços de Pascoal Moreira, que ensaiou uma espécie de senado rústico onde tomavam parte ele próprio, na qualidade de guarda-mor, um escrivão, um meirinho e doze colatários eleitos, com o título de deputados. Ao mesmo tempo decidiu-se a arrecadação do tributo real por *bateias*, ou seja, por escravo ou administrado que as utilizasse. Neste ponto adotara-se o alvitre já seguido nas Minas Gerais, antes de vigorar o regime das fintas, instituído por d. Brás Baltasar da Silveira. Fora o sistema preconizado pelo novo governador de São Paulo, Rodrigo César de Meneses, como sendo o mais útil ao real serviço e o mais suave aos povos.

Apesar de todos esses esforços, vivia aquela gente entregue às suas paixões, dividida em parcialidades turbulentas e entregue muitas vezes ao capricho de caudilhos da espécie dos terríveis irmãos Lourenço e João Leme da Silva. Outra coisa, aliás, não seria de esperar, dada a distância em que se encontrava o arraial e dadas as dificuldades de sua comunicação com São Paulo.

Era variável o roteiro das primeiras viagens, que se faziam sem ordem e sem época determinada. Desciam então as canoas o Tietê até à foz, seguiam o curso do atual Paraná, entravam por um dos seus afluentes da margem direita, em geral o Pardo e, neste caso, subiam depois o Anhanduí-Guaçu, ganhando as contravertentes do rio Paraguai, para atingir este rio através de um dos seus afluentes orientais. Subindo em seguida o Paraguai, alcançavam o São Lourenço e finalmente o Cuiabá, que os conduzia à nova terra da promissão.

Foi por volta de 1720 e graças à diligência dos irmãos Leme que se começaram a verificar as vantagens de uma alteração nesse itinerário, de modo a que as canoas subissem a parte encachoeirada do Pardo, que fica acima da barra do Anhanduí-Guaçu, até ao ribeirão de Sanguexuga. Neste ponto justamente atinge o divisor das águas do Paraná e Paraguai sua menor largura — cerca de duas léguas e meia. Sabe-se que, já em 1723, o capitão-mor Fernando Dias Falcão e o tenente-coronel João Antunes Maciel seguiram essa rota em seu regresso a Cuiabá.

As conveniências de um varadouro breve, por onde pudessem ser transportadas as canoas, eram claramente manifestas. Não só pela maior facilidade desse transporte como pela maior facilidade de defesa contra os índios contrários. Uma vez escolhido o sítio, convinha, entretanto, fazerem-se plantios e criações necessárias para o abastecimento das expedições. Foi o que se deu logo depois de 1725, com a fundação, no local do varadouro, da fazenda de Camapoã.

Outra medida requerida aos poucos pelas necessidades de defesa foi a formação de comboios grandes, que substituíssem as unidades mais ou menos isoladas, empregadas nos primeiros tempos. Sendo relativamente curto o prazo mais apropriado para estas navegações, onde se empatavam de ordinário avultadas somas, a regra era partir um só comboio por ano. Aos particulares seria lícito agregarem suas canoas às embarcações oficiais, bem apetrechadas e armadas para a guerra, e assim ficariam elas melhor protegidas.

Outras medidas que o tempo e a experiência aconselharam, relacionam-se sobretudo com o resguardo das mercadorias e mantimentos transportados, assim como dos viajantes. Os prejuízos causados nos primeiros tempos pela ausência desse resguardo foram de molde a determinar essas providências. Houve, por exemplo, comboio, saído de São Paulo em 1720, em que todos os passageiros e tripulantes pereceram. Os que vieram depois encontraram mantimentos podres ao longo do caminho e, nas canoas, corpos mortos de viajantes. Correu todo esse ano de 1720, sem que chegasse viva alma ao arraial do Coxipó, embora numerosas pessoas tivessem embarcado no Tietê com esse destino. Dos que chegaram em 1721, escapando à morte, alguns tinham perdido amigos, escravos e bagagens. Conta-se de um, o capitão José Pires de Almeida, que chegou a dar um mulatinho, tido por ele em conta de filho, por um simples peixe pacu, com que enganasse a fome. Só assim pôde chegar com vida, pois perdera toda a escravatura e o mais que consigo levara.

A fim de remediar essas falhas, devidas em grande parte à pouca proteção contra as chuvas, introduziu-se o uso de toldar as canoas. Para isso recorria-se geralmente a cobertas de lona, brim ou baeta, sustentadas sobre uma armação de madeira, constituída de uma barra que descansava sobre duas forquilhas também de madeira e dispostas de um lado e outro na parte central de cada canoa. Sobre a barra superior e horizontal, a que se dava o nome de cumeeira, colocavam-se perpendicularmente, de palmo a palmo, barras menores, formando como um telhado cujos beirais ultrapassassem as bordas da canoa.

É de crer que esse sistema de cobertas tenha sido introduzido aos poucos. A princípio usou-se, segundo todas as probabilidades, proteger a carga com alguns metros de tela encerada. Do rol das despesas feitas com 23 canoas que seguiram para o Cuiabá na expedição do governador Rodrigo César de Meneses, figuram 150 varas desse encerado. O preço pago, de 81 mil-réis, embora represente quantia considerável para a época, não parecerá excessivo se considerarmos que a aniagem destinada só ao toldo do capitão-general e sua família custou tanto como 150 mil-réis.

De outro melhoramento importante, este para a proteção dos passageiros e tripulantes contra as picadas de insetos — o mosquiteiro —, pode-se precisar que foi introduzido entre os anos de 1720 e 1725. Sua invenção ou difusão, assim como a das canoas toldadas, permitiu que o comércio entre São Paulo e Cuiabá pudesse efetuar-se, ao cabo, sem grande parte dos perigos e importunações que perseguiam os antigos viajantes.

No mais, a técnica da navegação fluvial adotada durante a época das monções conserva praticamente intata a tradição indígena. No fabrico das canoas, na escolha do material de construção, no próprio sistema de navegação, pode-se dizer que é nula a influência européia. Embarcações monóxilas, isto é, feitas de lenho inteiriço, adotam-se geralmente. É natural que se preferissem estas, por mais duráveis e resistentes, às simples canoas de casca, também de procedência indígena e de que se serviram muitos dos antigos bandeirantes. Para sua confecção empregavam-se madeiras determinadas, como a da peroba e a da ximbaúva, devido não só ao diâmetro relativamente grande que podem atingir, como ao fato de suportarem bem a umidade.

Cortam-se os troncos, em geral, nos meses que não têm *r* e durante a lua minguante, particularmente em junho e julho, e no trabalho de escavação usam-se apenas machados, enxós, fogo e água, segundo o rude processo dos índios, processo que em nossos dias ainda é usado entre pescadores do litoral do estado. O casco assim preparado deveria medir de espessura, quando muito, seis centímetros. Para aumentar a segurança, durante as viagens, costumavam os construtores rematar a borda com uma faixa adicional de madeira. A essa operação chamavam *bordar* a canoa. Desde os trabalhos de falquejar e escavar o tronco até os de bordar e encumeeirar a canoa, transportá-la do mato e lançá-la ao rio, consumiam-se, de ordinário, algumas semanas, raramente menos de um mês.

É claro que o tamanho dessas embarcações se subordinava às possibilidades oferecidas pela vegetação florestal. Possibilidades que, com o tempo, só tendiam a diminuir. Um século antes das primeiras monções, ainda pudera d. Luís de Céspedes Xeria, governador castelhano do Paraguai, descer o Tietê e o Paraná em uma canoa monóxila feita de um tronco de dezessete metros e sessenta centímetros de circunferência. Já nos últimos decênios do setecentos começaram a escassear os paus de canoa devido à sistemática e progressiva destruição desses gigantes florestais, e para encontrá-los saíam os homens pelos braços dos rios, internando-se meses a fio nas florestas. Consta de uma povoação — a atual cidade de Piracicaba — que só pôde sustentar-se nos primeiros anos de seu estabelecimento, depois que os moradores se dedicaram a fabricar e vender canoas. Poucas indústrias, aliás, casavam-se melhor com as condições de uma região ainda coberta de espesso arvoredo e de onde as canoas, pelas águas do Tietê, tinham fácil acesso à futura Porto Feliz.

Segundo se depreende de antigas relações, o tamanho normal dessas canoas era de doze a treze metros de comprido por metro e meio de boca. A relação entre a largura e o comprimento seria, assim, aproximadamente, de um para dez e mais, de onde o perfil esguio que, aos contemporâneos, sugeriu a comparação com lançadeiras de tecer algodão. Acrescente-se que, para a popa e a proa, eram elas extremamente agudas, o que reforçava a semelhança com as lançadeiras.

Durante as viagens, ficava a parte central destinada à carga. À frente, no espaço livre, que não excedia de dois, e três metros, iam seis remeiros, além do piloto e do proeiro. Nos lugares encachoeirados, levava-se ainda um guia ou prático, por vezes dois, que trabalhavam alternadamente. Na mareagem, tanto como na técnica de construção naval, prevalecia decididamente a tradição indígena. A essa tradição pertence, por exemplo, o uso de os tripulantes remarem sempre de pé, uso que foi corrente não só no Brasil como em todo o continente americano antes do advento dos brancos.

O proeiro, segundo parece, era a figura mais importante da tripulação, pois levava a chave do caixão das carnes salgadas e também a do frasqueiro, comandava e governava a proa e, batendo com o calcanhar no chão, marcava o compasso das remadas. A prática das nevagações apurava nele a tal ponto a capacidade de observação, que do simples movimento das águas podia deduzir muitas vezes onde o rio era mais fundo ou mais raso, e onde existia canal ou escolho. Não raro guardava de memória todas as circunstâncias que, nesse percurso de mais de cem cachoeiras, pudessem afetar a navegação. Não é, pois, de admirar se desfrutava de grande prestígio e se podia ostentar, segundo nota um cronista do tempo, "toda a chibança de um vilão obsequiado e respeitado".

Em certos lugares a tripulação era forçada a passar por terra, arrastando as canoas ou guindando-as em cordas, no que se gastava muito tempo e trabalho. Em cachoeiras médias ou menores, não saíam os barcos do rio, embora fosse preciso aliviá-los da carga e dos passageiros.

O total destes, somado ao dos tripulantes, nunca seria superior a 25 ou trinta. Muito mais levavam as pirogas indígenas que Pigafetta avistou no nosso litoral, sem falar nas que Simão de Vasconcelos assinala entre os tamoios do tempo de Anchieta, com capacidade para 150 remadores e frecheiros. É preciso considerar, todavia, no caso das canoas das monções, que o transporte obrigatório da carga tinha de limitar o espaço disponível.

Das embarcações mais avantajadas em tamanho sabe-se que podiam comportar até trezentas e quatrocentas arrobas de mercadorias, além do mantimento consumido durante a viagem, e que costumava ser renovado na fazenda de Camapoã. Com uma ração diária de pouco mais de cem gramas de toucinho, um litro de farinha (de milho ou de mandioca) e meio litro de feijão, podiam dar-se por contentes tanto os mareantes como os passageiros. Esses produtos, e particularmente o feijão, que era o *panem nostrum quotidianum* dos navegantes, segundo um deles, compunham, com efeito, a base de toda a sua dieta. A farinha servia não só para as refeições principais, mas ainda, se de milho, para o preparo da jacuba, beberagem indefectível nessas jornadas. Para completar recorria-se aos pescados e também aos palmitos, frutas e caça, que se apanhavam geralmente à tarde, isto é, depois das cinco horas da tarde, quando as canoas embicavam pelos barrancos, ou de manhã, antes de prosseguir a viagem.

Entre as mercadorias carregadas ia de tudo quanto pudesse servir para as necessidades imediatas da vida e também para o luxo. Desde o sal, destinado à cozinha dos mais ricos e aos batizados, até as fazendas de seda para festejos ou solenidades. Porque do Cuiabá só se exportava ouro, e pouco mais se produzia do que ouro. "Ouro que a terra já se cansa de dar [...]", comentava cem anos depois das primeiras monções o sargento-mor engenheiro Luís d'Alincourt.

Nas frotas de comércio — frotas que chegaram a abranger, por vezes, trezentas ou quatrocentas canoas — ia o bastante para que não morressem de fome os moradores do Cuiabá, e depois os de Vila Bela e de outras localidades nascidas da expansão cuiabana e à medida que se empobreciam as antigas jazidas. Os mantimentos que entre eles se cultivavam e os animais domésticos que se criavam, serviam unicamente para impedir que desfalecessem os trabalhos de mineração e para que essa fonte de riqueza não entrasse em fatal colapso.

Alguns dos elementos de subsistência só aos poucos se introduziram e, em certos casos, não sem forte resistência das autoridades. Os primeiros moradores do arraial cuiabano tiveram uma existência comparável à dos índios coletores e caçadores, existência que só se concede em largos espaços livres e só se concilia com um modo de vida andejo e inconstante. O próprio exercício da mineração requeria, no entanto, uma fixidez e sedentariedade que se obtêm, de ordinário, mediante a concentração e a reprodução, em terreno relativamente limitado, das indispensáveis fontes de subsistência.

Algumas referências vagas de velhos cronistas ajudam-nos a acompanhar várias etapas dessa sedentarização, perturbada não raro por sérias crises. Sabemos, assim, que o primeiro milho colhido no Cuiabá em 1723 não chegou para o sustento dos habitantes. A caça e, um pouco menos, a pesca, tornaram-se, por isso mesmo, recurso obrigatório de quem quisesse sobreviver. Ao plantio do milho, feito de acordo com as tradições bandeirantes, sucede, logo após as monções seguintes, o de feijão, abóbora, possivelmente mandioca. A cana-de-açúcar foi levada em 1728, às escondidas, por iniciativa de um morador. Às escondidas porque sua propagação nas imediações das lavras tinha sido proibida pelos governantes. Um dos motivos da proibição estava em que tendia a distrair os escravos do trabalho das minas. O outro motivo, aparentemente mais plausível, eram os danos que podem decorrer do consumo de aguardente pelos mineiros.

Mas o desequilíbrio suscitado pela intrusão de formas de atividade mais ou menos estáveis e domésticas em um sertão ainda mal preparado para recebê-las não seria corrigido apenas com o cultivo do solo. Era preciso completar esse expediente com a introdução de animais de criação. Os primeiros foram com a monção de 1723: porcos e galinhas. Só mais tarde seriam levados também o boi e o cavalo. Consta que, em fins de 1727, chegaram em canoas os primeiros bovinos: quatro ou seis novilhas pequenas, que já em 1730 se tinham reproduzido. Imagina-se o que terá sido o trabalho de transportar esse gado em pé, nas canoas, através de inúmeras cachoeiras, desde Araritaguaba, a atual Porto Feliz, até às minas. E o pior é que, segundo parece, não pôde sustentar-se por muito tempo sua criação, devido, talvez, à carência de sal, de modo que foi preciso fazer-se, em 1739, nova remessa de animais.

Com tão escassos elementos e tão distanciados do resto do mundo, puderam, entretanto, os moradores de Cuiabá, criar um centro de povoamento estável e duradouro. E até mesmo transformar esse centro em fulcro de um novo sistema de colonização, que já em 1734 alcançava a bacia amazônica nas margens do Guaporé, com o descobrimento, pelos irmãos Pais de Barros, das minas chamadas do Mato Grosso.

Em que sentido caberia dizer que foi fecundo para a civilização brasileira do presente, e mesmo do futuro, esse surpreendente movimento colonizador de nosso Extremo Ocidente? Poderíamos tentar procurar na história das monções algum apoio para a doutrina desenvolvida pelo engenhoso historiador Arnold Toynbee, de que o desbravamento de um solo novo, sobretudo em território ultramarino, tem efeito intrínseco estimulante sobre os colonos, provocando novas e enérgicas formas de existência. A causa aparente desse fato estaria em que, na migração transmarina, a bagagem social dos emigrantes há de ser despachada a bordo de um navio, antes de sua partida, e depois desembarcada, ao termo da viagem, antes de se terem eles estabelecido definitivamente nas novas terras. Todos os elementos transportados — pessoas e propriedades, técnicas e instituições e idéias — acham-se igualmente subordinados a tal lei. E tudo quanto não possa suportar a jornada marítima há de ser abandonado no local do embarque. Muitos objetos — neste caso não apenas objetos materiais, mas também e sobretudo idéias — que os emigrantes tratam de levar consigo precisam, além disso, ser desarmados para o embarque, e destes é provável que boa parte não seja reposta mais tarde em sua forma originária. Semelhante lei teria governado todos os movimentos de expansão ultramarina, antigos e modernos, inclusive a colonização da América pelos europeus.

Neste ponto pode ocorrer, é verdade, um pequeno reparo. Como lembrar, com efeito, a colonização ultramarina, a propósito de um movimento que foi, todo ele, de penetração do continente? A objeção, entretanto, só é justificável na aparência. Em verdade a migração para Cuiabá, durante a era das monções, foi, em quase todos os seus aspectos e muito especialmente nos seus efeitos imediatos, uma forma de migração ultramarina. Os agentes e protagonistas desse movimento partiam de um porto habitado — Araritaguaba — para atingirem, cinco meses depois, outro porto — Cuiabá —, tendo atravessado uma área vasta e erma como o oceano. A fazenda do Camapoã, situada ao meio do caminho, é uma ilha onde o navegante vai buscar refresco e repouso. E se sucede serem as canoas assaltadas por índios bravios, o mais provável é que esses assaltos partam do feroz gentio paiaguá, os piratas do Taquari e do Paraguai.

Seja como for, o resultado que se possa tirar da aplicação da doutrina de Arnold Toynbee é, no caso, pouco sugestivo. A colonização paulista do Cuiabá e Mato Grosso é como uma réplica, em escala reduzida, do que foi a colonização portuguesa do Brasil. São Paulo deu o que podia dar, e certamente não era muito, uma vez que lhe faltava em braços e em recursos materiais o que lhe sobrava em energias. As terras centrais, que por obra de seus filhos, se agregaram finalmente à América portuguesa, tiveram de contentar-se com uma espécie de existência reflexa, fundada, por sua vez, em uma economia puramente extrovertida, se assim se pode dizer. O trabalho dos homens estava inteiramente mobilizado para a busca do ouro. Nisto a obra de que as monções foram parte conspícua pode equiparar-se grosseiramente a um monstruoso e desordenado empreendimento capitalista. Capitalista no sentido mais lato e, naturalmente, menos rigoroso que pode admitir a palavra. Todos os gestos, todos os atos são determinados, nesse caso, pelo gosto da pecúnia e visam a um objetivo preciso e previsto. Tão absorvente, por sua vez, é esse objetivo, que relega para um plano inferior o que não lhe possa servir imediatamente.

Assim, no sistema de comunicações adotado, os únicos progressos reais que aos poucos se introduziram, foram iniciativa dos próprios indivíduos que se aventuraram a tais viagens, e nasceram de sua experiência direta, sem qualquer outro auxílio ou estímulo. Do que representavam as navegações, pode dar idéia o depoimento de um passageiro, escrito em 1727 e que me permito reproduzir aqui. É o seguinte: "Eu saí de Sorocaba com catorze negros e três canoas minhas; perdi duas no caminho e cheguei com uma e com setecentas oitavas de empréstimo e gastos de mantimento que comprei pelo caminho. Dos negros, vendi seis meus, que tinha comprado fiado em Sorocaba, quatro de uns oito que tinha dado meu tio, e todos dez para pagamento das dívidas. Dos mais que me ficaram, morreram três e só me ficou um único e o mesmo sucedeu a todos os que foram ao Cuiabá. Enfim, de 23 canoas que saímos de Sorocaba, chegamos só catorze ao Cuiabá; as nove perderam-se e o mesmo sucedeu às mais tropas e sucede cada ano nesta viagem".

Pode-se acrescentar que continuaria a suceder, com pouca diferença, até aos primeiros decênios do século passado, quando as viagens fluviais para o Cuiabá se foram tornando cada vez mais raras. As últimas, sabe-se que ocorreram por volta de 1838, ano em que uma epidemia de febre tifóide grassou nas margens do Tietê, deixando poucos sobreviventes entre o que ainda restava dos mareantes e pilotos de Porto Feliz. Durante o período de mais de um século, que vai de 1719 a 1822, as minas do território hoje mato-grossense tinham rendido, segundo as estimativas, forçosamente imprecisas, de Calógeras, pouco mais de 5 mil arrobas de ouro.

Compensaria tal riqueza tudo quanto exigiram as monções dos desbravadores do Brasil Central? É fácil responder, neste ponto, pela negativa. Mas postos nos dois pratos da balança os lucros e as perdas que porventura terão ficado do esforço daqueles desbravadores, os primeiros hão de avultar por imensa margem. E então, uma parcela da maior importância representará o que eles significaram particularmente para a unidade de nosso país. À experiência dos práticos, pilotos e proeiros das canoas das monções deve-se, em parte apreciável, a abertura das comunicações regulares entre Mato Grosso e o Pará, que viriam criar mais uma linha de comércio para aqueles sertões. Essa via constitui, em realidade, um prolongamento, na direção do extremo norte, do velho caminho fluvial que avança do sul, do planalto paulista.

A função histórica dessa estrada de mais de 10 mil quilômetros de comprimento, que abraça quase todo o Brasil, supera mesmo a de quaisquer outras linhas de circulação natural de nosso território, sem exclusão do próprio São Francisco, por muitos denominado o "rio da unidade nacional".

Outro resultado permanente está em que as monções puderam corroborar de modo admirável a obra iniciada pelas bandeiras, assegurando-nos a posse plena e tranqüila de uma área de milhões de quilômetros quadrados. É significativo que semelhante aspecto não tenha passado despercebido ao tempo em que se efetuavam as navegações. Escrevendo em fins do século XVIII, notou o geógrafo e explorador paulista Francisco José de Lacerda e Almeida que, embora

151

existisse talvez um roteiro mais cômodo, capaz de substituir com vantagens a penosa subida do rio Pardo, não ousava recomendar o abandono desta por parte das monções de comércio. É que, enquanto não se povoassem os campos da Vacaria e outras terras entre o Paraná e o Paraguai, tudo aconselhava a que se continuasse a freqüentar tais paragens pelo roteiro comum, a fim de não ficarem elas expostas à cobiça do castelhano.

II
TÉCNICAS RURAIS

1

TRADIÇÃO E TRANSIÇÃO

O recurso a numerosas técnicas primitivas, em parte ainda persistentes, de aproveitamento do solo americano, resultou, sem dúvida, dos contatos mais ou menos íntimos que manteve o colonizador europeu com os antigos naturais da terra nos tempos que se seguiram à conquista. Em todo o continente foram assíduos esses contatos, e não deixaram de exercer sua ação transformadora, mesmo onde o branco se mostrou, aparentemente, mais recalcitrante.

É certo que variaram de intensidade nas diferentes áreas coloniais, e que sua influência há de ter variado em grau correspondente. Conhece-se o caso daqueles puritanos da Nova Inglaterra que, regressando do cativeiro entre as tribos do Oeste, surgiam em suas cidades pintados e paramentados ao modo dos índios e falando idiomas nativos. Ou o das crianças mestiças, filhas de mulheres puritanas aprisionadas. Contudo o historiador F. J. Turner, que alude a esses episódios, apresenta-os como ocasionais nas possessões anglo-saxônias. Seriam o lado excepcional, quase escandaloso, da história dessas possessões.[1]

Em alguns lugares do mundo americano sabemos, entretanto, que, ao menos em parte, esses casos puderam ser quase a regra. E que o foram na América portuguesa, inclusive, onde, e enquanto, o "negro" da terra não cedeu lugar ao negro da África nas fainas agrárias e domésticas. Em São Paulo, por exemplo, e nas terras descobertas e povoadas por paulistas, que constituem de preferência o objeto do presente estudo, atestam numerosos documentos a permanência geral do bilingüismo tupi-português durante todo o século XVII. E há bons motivos para supor-se que a assimilação lingüística, favorecida mais tarde pelo crescente afluxo de imigrantes e correspondente diminuição do gentio manso, só se completou verdadeiramente nos primeiros decênios do século XVIII. Textos de meados daquele século, como, por exemplo, a biografia do padre Belchior de Pontes, por Manuel da Fonseca, já se referem como coisa do passado ao predomínio da língua geral entre os moradores da capitania.

Da intimidade das relações entre brancos e índios, o vocabulário brasileiro guarda vestígios ainda hoje. Entre outros, sobressaem, em particular, os termos técnicos relacionados à vida rural, e que, só por si, já assinalariam o grau apreciável da contribuição indígena em tal domínio. Se, apesar da integração de áreas paulistas no mundo de língua portuguesa, que se acentuou no decurso do século XVIII, essas expressões vocabulares continuam a prevalecer, é certamente porque o português não lhes oferecia, de modo geral, o equivalente apropriado. Da população subjugada nossa gente conserva, em realidade, não apenas numerosos vocábulos, como ainda os objetos que esses vocábulos designam.

O número mais considerável relaciona-se, provavelmente, ao exercício venatório. Não parece exagerado dizer que a quase totalidade dos termos que no interior do Brasil designam armadilhas para a caça — e também para a pesca — são de ascendência indígena. E esse predomínio seria mesmo de esperar, dada a natural instabilidade de uma população que tirava dessas armadilhas parte apreciável de seus meios de subsistência. Em alguns documentos antigos chega-se a dizer pitorescamente dos índios, e também dos sertanistas, brancos ou mestiços, que tinham sua melhor bodega nos matos e rios. Outro fato, que parece derivar também dessa mobilidade, está na persistência de vários termos de procedência tupi na nomenclatura de utensílios, ordinariamente de trançado (*samburá, jacá, xuã*...), que se destinam a guardar ou transportar certos objetos no curso das jornadas.

Mas mesmo no vocabulário relativo às artes sedentárias, o idioma dos antigos naturais da terra deixou vinco profundo. Não há dúvida que a introdução de ferramentas européias pôde afetar os primitivos métodos de lavoura, mas raramente os afetou no sentido de sua radical transformação. O machado, a foice, a enxada importados ajudaram a fazer mais eficazes, por isso, em geral, mais desastrosos, aqueles métodos, afeiçoando-se a ele e substituindo os antigos instrumentos de pau e pedra, assim como o anzol de ferro viera a substituir, na pescaria, os espinhos tortos a que se referira Gabriel Soares em seu tratado quinhentista. Pelo menos desses anzóis sabe-se que, no século XVI, havia, em Portugal, quem os fizesse de mau fio e impróprio, visando apenas ao lucro de sua exportação para o Brasil. O abuso, denunciado no regimento de anzoleiros de Lisboa, em 1572,[2] é sinal da importância que adquirira esse instrumento na possessão ultramarina.

É compreensível, por tudo isso, o papel considerável que, no próprio trato com o gentio, em particular nos "resgates", chegavam a adquirir os instrumentos de ferro. Em São Paulo sobretudo, onde foi excepcionalmente assíduo aquele trato, as forjas de ferreiro instalam-se desde cedo, na vila, e não faltou quem se estabelecesse com elas em pleno sertão, entre o gentio; o caso, por exemplo, de Manuel Fernandes, pai dos fundadores de Parnaíba, Itu e Sorocaba. Esse, já em 1583, daria motivo a uma reclamação junto aos oficiais da Câmara, alegando o prejuízo que, desse fato, poderia advir aos moradores e pedindo a prisão do ferreiro.

Não só o tráfico do sertão como a necessidade de se abastecerem os brancos e mamalucos de objetos indispensáveis aos misteres agrários, em terra de tão escassa comunicação com a metrópole européia, explicaria o desenvolvimento considerável que, na vila de São Paulo, desde seus inícios, pudera alcançar o ofício de ferreiro.[3] As mesmas razões explicam as tentativas empreendidas, já em fins do século XVI, para o aproveitamento, em mais ampla escala, das jazidas locais. É provável, mesmo, que o primeiro engenho de fundir ferro que se erigiu em terras americanas — os de Jamestown, na Virgínia, são posteriores a 1607 — tenha sido o de Araçoiaba, perto da atual Sorocaba, e data de fins do século XVI. Dele restam-nos poucas notícias, embora a riqueza das jazidas que Afonso Sardinha ali desvendara desse origem a diversas tentativas efetuadas para se reviver a exploração primitiva, culminando, já durante o século passado, na fundação da fábrica real de Ipanema.

O segundo engenho de ferro principiou a funcionar exatamente no ano de 1607 e achava-se localizado a apenas duas ou três léguas de São Paulo, no sítio de Ibirapuera, do lado esquerdo do rio Pinheiros. São vagas e confusas, entretanto, as notícias publicadas acerca desse estabelecimento. Tão confusas, em realidade, que o próprio Pandiá Calógeras, ordinariamente lúcido e bem informado nestes assuntos, não chega a fornecer-nos a respeito esclarecimentos satis-

157

fatórios. Fundando-se num engano do cronologista José Jacinto Ribeiro, presume ele que certo contrato celebrado em 1609 entre o governador d. Francisco de Sousa, o provedor da fazenda Diogo de Quadros e o cunhado deste, Francisco Lopes Pinto, visava o estabelecimento de um segundo engenho de fundir ferro — o primeiro fora o de Araçoiaba — não no local acima referido, mas na "ilha de Santo Amaro, próximo ao rio Geribatuba, fronteiro à ilha de São Vicente e à esquerda do morro das Neves".[4]

Calógeras não exclui, é certo, a possibilidade de ter havido uma forja perto do atual rio Pinheiros, pois que suas ruínas foram visitadas por Eschwege em princípio do século passado e dela existem ainda hoje sinais visíveis, mas acredita que se tratasse de estabelecimento mais recente. Sobre a outra, entretanto, a da ilha de Santo Amaro, fornece precisões importantes: estava a fábrica bem situada "à beira-rio, o combustível era facilmente transportado, a mina estava à porta, e os produtos acabados, descendo o Geribatuba, encontravam logo o mercado de Santos ou, subindo a estrada antiga, melhorada, ao que se diz, por Anchieta, os das vilas acima da serra do Cubatão".

Estariam perfeitamente certas essas considerações no caso de ter existido a forja mencionada e no local apontado. Mas cabe aqui uma restrição aparentemente decisiva: a fábrica da ilha de Santo Amaro nunca existiu. Perfilhando a informação fornecida por José Jacinto Ribeiro, Calógeras apenas divulgou ainda mais, e endossou, com sua grande autoridade, uma versão inaceitável à luz dos fatos históricos.

O trecho da *Cronologia paulista* que serviu de fundamento para semelhante versão diz textualmente o seguinte: "26 de Fevereiro de 1609. O Marquez das Minas, D. Francisco de Souza, o Provedor da Fazenda, Diogo de Quadros, e seu cunhado Francisco Lopes Pinto, por escriptura desta data, formão uma sociedade tendo por fim a fundação de uma fabrica de ferro na ilha de Santo Amaro, nas margens do rio Geribatuba, fronteiro á ilha de São Vicente e á esquerda do morro das Neves".[5]

Há aqui mais de um engano que cumpre desfazer. Em primeiro lugar, a sociedade referida, em que efetivamente participavam Diogo de Quadros, Francisco Lopes Pinto e o filho primogênito de d. Francisco de Sousa, não visava propriamente a fundação de uma fábrica, pois esta já existia em funcionamento dois anos antes, conforme o atestam documentos da época. E acrescente-se, de passagem, que o contrato em apreço não foi assinado a 26 de fevereiro, mas a 11 de agosto de 1609. 26 de fevereiro — de 1629, não de 1609 — é a data da morte do referido Francisco Lopes Pinto, e como os dois fatos são mencionados no mesmo lugar na obra de Azevedo Marques, uma das fontes prováveis de José Jacinto Ribeiro, torna-se facilmente explicável a confusão.

Finalmente o Geribatuba a que se refere a escritura celebrada na nota do tabelião Simão Borges não é certamente o rio Jurubatuba, que nasce na serra de Paranapiacaba e correndo para sudoeste deságua no lagamar de Santos, mas seu antigo homônimo do planalto paulista, que é o atual rio Pinheiros. Este atravessa em parte o atual município de Santo Amaro, circunstância que parece explicar, por sua vez, a confusão com a ilha de igual nome.

Acresce que, segundo pôde apurar o próprio Calógeras, baseando-se, desta vez, principalmente em Pedro Taques, a forja em questão ficava situada na vizinhança das "terras de Afonso Sardinha, morador em Ubatá, junto ao qual o engenho se achava, no sítio Borapocira, da outra banda do rio Jerabatiba". Ora, é bem notório que Afonso Sardinha, embora proprietário de casas em Santos, tinha sua morada principal no planalto e seu sítio da roça justamente ao longo do rio Pinheiros, abrangendo o atual Butantã, que é o Ubatá de Pedro Taques e o Ibatata, Batata ou Ibitatã de documentos municipais seiscentistas e setecentistas.

Quanto ao Borapoeira, é sem dúvida o Ibirapuera, lugar onde se erigira a capelinha dedicada a santo Amaro. Que esta existia já quando se instalou nas imediações a fábrica de ferro, não resta a menor dúvida. Demonstra-o cabalmente o fato de Martim Rodrigues ter dado em 1605 a Baltasar Gonçalves, mordomo de *Santo Amaro de Birapuera*, dez arráteis de cera para a confraria. Em 1628 já se faziam romarias à capela desse orago, e Luís Fernandes Folgado, residente no lugar e cujo nome se acha relacionado à história ulterior da fábrica, recomenda ao testamenteiro Lourenço Nunes que cumpra em seu nome a promessa que fizera de uma novena ao santo.[6]

Todas essas razões parecem mais do que suficientes para se desfazer a crença na existência de um engenho de ferro situado na ilha de Santo Amaro. O único que existiu durante o século XVII em território paulista, exceção feita, naturalmente, das forjas de Araçoiaba, foi o das margens do rio Pinheiros, perto da atual localidade de Santo Amaro.

O documento que permite fixar-se o ano de 1607 para início do funcionamento da referida fábrica é a seguinte passagem do *Livro de Assentos* de Martim Rodrigues Tenório, morador em Ibirapuera: *"El enjeño de hierro começo a moler quinta fera a 16 de aguosto de mil y seiscientos y siete años al qual enjeño pusieron por nombre nuestra señora de aguosto qués la assunción bendita y su dia a 15 del dicho mes".*[7]

A instalação fora dificultosa e demorada devido, aparentemente, à falta de maquinaria e de pessoal para as obras. Para cúmulo da infelicidade, os recursos com que poderia contar o provedor da fazenda perderam-se na viagem marítima, de sorte que tudo progredia a passo muito lento. No ano anterior, mais precisamente a 13 de janeiro de 1606, em carta endereçada ao senhor da terra, ou seja, ao donatário da capitania, assim se exprimem os camaristas da vila de São Paulo: "Diogo de Quadros é ainda provedor das minas; até agora tem procedido bem; anda fazendo um engenho de ferro a três léguas desta vila e como se perdeu no Cabo Frio, tem pouca posse e vai devagar, mas acabá-lo-á e será de muita importância por ser perto daqui coisa de três léguas da vila e haver muito metal de ferro [...]".[8]

Para a obtenção das ferramentas indispensáveis requerera Diogo de Quadros ao governador-geral do Estado, Diogo Botelho, lhe mandasse entregar dos almoxarifados da Bahia, do Rio de Janeiro e de São Vicente tudo quanto pudesse ser útil à fábrica projetada. Atendida a solicitação por provisão dada a 10 de janeiro de 1605, pelo governador, na cidade do Salvador da Bahia de Todos os Santos, a 2 de novembro do mesmo ano, já se achavam as ferramentas pedidas no almoxarifado de Santos. A lista dessas ferramentas e sua avaliação respectiva, feita por Jerônimo Maia e Diogo Dias, representa, talvez, subsídio apreciável para o estudo dos inícios da mineração de ferro em terras vicentinas.

Abrangia dois malhos, que podiam pesar pouco mais ou menos 175 quilos entre ambos; duas argolas grandes que pesariam também seus 175 quilos; duas safras, com o mesmo peso aproximadamente; duas chapas pequenas, pesando cada qual cerca de trinta quilos; duas chapas grandes, de sessenta quilos cada uma. Tudo somado correspondia a doze quintais, perfazendo, à razão de três 36 mil-réis por quintal, a soma de 36 mil-réis.[9]

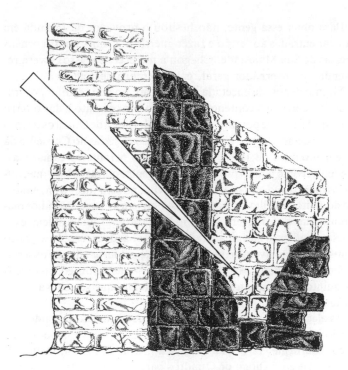

FORNO CATALÃO

Baseado em *apud* Arthur Byne e Mildred Stapley, *Spanish ironwork* (Washington, 1915), p. 30.

Pode-se supor que esse material tenha sido pelo menos o ponto de partida para a construção da fábrica. Obrigado a contar com índios da terra, gente de pouco trabalho, e dispondo ele próprio de posses escassas, é explicável que não pudesse dar ao engenho o andamento rápido que seria para desejar. Não lhe faltou, no primeiro momento, a ajuda graciosa dos moradores da vila. Sabe-se que a maioria deles o auxiliou o quanto pôde, fornecendo índios de serviço para o transporte da cal dos casqueiros de Santos para a construção do forno catalão no Ibirapuera. Se entre a chegada das ferramentas e o início dos trabalhos de fundição do ferro decorreram quase dois anos, tudo faz crer que a gente com que contava não pudesse atender a todas as necessidades.

Para obter essa gente, não hesitou o provedor da fazenda em organizar entradas ao sertão e fazer guerra ao gentio, contra ordens expressas de Sua Majestade. Chegou a merecer, por isso, severa reprimenda do governador-geral, em dezembro de 1606.

Mesmo depois de encetada a produção, no ano seguinte, os trabalhos não corriam a contento. Obrigado por contrato a dar o ferro produzido à razão de dois mil-réis o quintal, Diogo de Quadros dava-o pelo dobro desse preço, o que motivou queixas sérias no Conselho da vila, em fevereiro de 1609. Comparecendo perante os camaristas, defendeu-se como pôde o provedor. Disse, entre outras coisas, que, durante os quatro anos em que residia na vila, pudera fazer o engenho à custa de muito trabalho. No último ano obtivera apenas oito índios maramomis, que lhe fornecera Antônio Roiz, capitão de sua aldeia, e esses mesmos índios só lhe tinham feito três arrobas de carvão. Nos quatro últimos meses não tivera gente, nem força, para levar adiante os serviços, com notável dano para sua majestade — que perdia com isso seus reais quintos — e para a sua própria fazenda, que se achava quase exausta.

As alegações foram ponto por ponto contestadas, depondo Antônio Roiz contra o provedor que, dizia, não pagava os índios de serviço, conforme era de sua obrigação. Como, ao fim, instassem os camaristas com Diogo de Quadros para assinar o termo das suas declarações, lavrado por Simão Borges o escrivão, recusou-se ele a atendê-los e "foi pela porta fora".

É bem possível que só então, para obter maiores recursos e fazer silenciar os adversários recalcitrantes, ocorresse a Diogo de Quadros o expediente de interessar no negócio não só o primo e cunhado, Francisco Lopes Pinto, como o próprio marquês das Minas, ou o filho mais velho deste, d. Antônio de Sousa. Teria sido essa, em verdade, a origem do contrato celebrado a 11 de agosto de 1609, que alguns consideram, erradamente, como o passo inicial para a construção do engenho de ferro de Santo Amaro.

Tendo servido por alguns anos nas capitanias do Norte, sob as ordens de d. Francisco de Sousa, Diogo de Quadros deve ter estado em São Paulo logo depois de 1601. Por pouco tempo, em todo caso, pois já no ano seguinte embarcava para o reino, levando amostras de ouro mandadas pelo governador, assim como uma carta dos camaristas paulistanos a sua Majestade, solicitando mercês e favores para a vila.

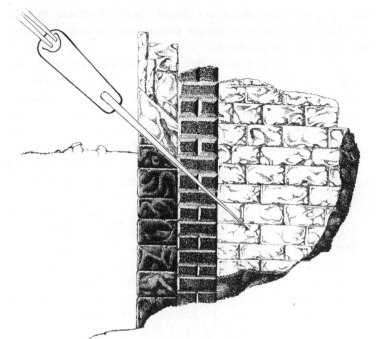

FORNO CATALÃO

Baseado em *apud* Kurt Klusemann, "Die Entwicklung der Eisengewinnung in Afrika und Europa", *Mitteilungen der Anthropologischen Gesellschaft*, vol. LIV (Viena, 1924), p. 134.

Em começo de 1606 já estava, porém, de regresso, tendo passado pela Bahia, onde, nomeado provedor das minas por Diogo Botelho, tomara as necessárias providências para o bom êxito de seu empreendimento do Ibirapuera. Assim é que requerera do governador-geral lhe fizesse entregar dos almoxarifados da Bahia, do Rio de Janeiro e de São Vicente, tudo quanto se tornasse preciso para a fábrica projetada. Deferiu-se logo o pedido, e Diogo de Quadros pôde seguir para a capitania de São Vicente.

Foi aparentemente durante essa viagem marítima, e à altura do Cabo Frio, que sobreveio o acidente onde se perdeu o navio em que viajava e mais os aviamentos e recursos necessários à construção e instalação do engenho. Compensou-se em parte o prejuízo com as ferramentas chegadas em novembro de 1605 ao almoxarifado de

Santos e com a boa vontade dos moradores de São Paulo, que lhe emprestaram índios de seu serviço para o transporte de cal procedente das ostreiras litorâneas.

Essa boa vontade transluz da carta que a 13 de janeiro de 1606 mandavam os camaristas ao senhor da terra, onde se encaram com otimismo as perspectivas do engenho de fundição.[10] Na semana antecedente, o mesmo Diogo de Quadros tinha entregue aos homens do Conselho uma carta de Sua Majestade prometendo, entre outros benefícios, a remessa de mil negros de Guiné, que os moradores deveriam pagar num prazo de três anos, além de mineiros destros e experimentados, pois os que vieram até aquela data não tinham dado boa conta de si.[11]

Durou pouco, entretanto, a harmonia entre Diogo de Quadros e os principais da vila. Já em 15 de agosto do mesmo ano de 1606 queixava-se o procurador do Conselho de que o provedor tencionava ir-se para o sertão, largando o engenho principiado, "em bons termos de se acabar", e mais outro, que se obrigara a fazer pelo seu regimento. Entendendo mal o capítulo do mesmo regimento, em que Sua Majestade mandava juntar homens que trabalhassem nas minas, pagando seu trabalho, ele fizera guerra ao gentio, contra ordem expressa de Sua Majestade, o que lhe valeria uma censura do governador-geral.[12]

Apesar de tamanhos contratempos, Diogo de Quadros consegue pôr em funcionamento o engenho. Não cessaram com isso as recriminações dos seus adversários, que o acusavam de infringir mais uma vez o regimento, vendendo o produto pelo dobro do preço estipulado.

Com o regresso de d. Francisco de Sousa à capitania, o fundador da fábrica tenta dar novo rumo ao negócio, nele interessando um primo e cunhado, Francisco Lopes Pinto, e o próprio governador, ou o filho deste, d. Antônio de Sousa. É o que faz supor o contrato assinado a 11 de agosto de 1609.

Desde então o nome de Diogo de Quadros quase desaparece da documentação municipal paulistana. Em 1611, o ano da morte de d. Francisco de Sousa, ainda exerce, entretanto, o cargo de provedor das minas. Quatro anos mais tarde, faz uma entrada ao sertão do gentio carijó. Mas em 1618 já está longe do Brasil, nas Índias Orientais.[13]

A Francisco Lopes Pinto cabe agora, aparentemente, a direção exclusiva ou quase exclusiva da fábrica. Pode-se presumir, com motivos plausíveis, que não teve nisso melhor sucesso do que o cunhado, seja devido ainda à carência de braços para os trabalhos de fundição, seja à pobreza do minério, que, conforme assinalaria Eschwege dois séculos mais tarde, poderia ser vantajosamente explorado por meio dos altos-fornos, não dos fornos catalães, como os que então se usavam, pois contêm apenas 35% a 40% de ferro.[14] É significativo que essas duas causas de malogro — falta de mão-de-obra e falta de boa pedra — chegaram a ser expressamente confessadas, por volta de 1626, entre os moradores de São Paulo, segundo se lê em requerimento dessa data, feito pelo então provedor, Vasco da Mota.[15]

Faltou ainda a Lopes Pinto, como faltara a Diogo de Quadros, a capacidade de angariar as boas graças do povo da terra. Chegou a ser suspeito de judaísmo, e em 1618 incluiu-se mesmo seu nome no rol da finta que se fizera da "gente da nação". Isso não por lhe conhecerem pais e avós, "senão pela fama que na terra havia".[16] Para rebater tal calúnia, teve de exibir alvarás de perfilhamento e instrumentos de cognação. Graças a essa circunstância dispomos de elementos para apurar, não apenas sua verdadeira filiação e qualidade — Lopes Pinto era cristão-velho, fidalgo da casa real e professo da Ordem de Cristo — mas certas razões que o teriam envolvido no negócio do ferro. Numa época em que os ofícios se transmitiam ordinariamente de pais a filhos, o fato de ter sido ele, assim como seu sócio Diogo de Quadros, neto de um oficial de fazer armas e saios de malha, pode explicar, talvez, seu interesse em questões de metalurgia.

E é de crer que a experiência ancestral de Diogo de Quadros e Lopes Pinto nessas questões tenha contribuído para o aperfeiçoamento dos processos de fundição e refinação do metal, entregues, até então, a mineiros ou aventureiros da espécie de Afonso Sardinha. Incumbidos da construção de dois engenhos preferiram eles principiar por aquele que se achasse mais ao alcance dos centros de consumo imediato. O produto, saído em barras da fábrica de Santo Amaro, podia ser conduzido sem dificuldade até o alto da serra do Cubatão e também às portas da vila, pelo caminho fluvial, aproveitando-se, no último caso, os cursos do Pinheiros, do Tietê e do Tamanduateí, que suportavam pequenas embarcações de transporte. Ainda ao tempo da viagem de Eschwege, isto é, em começo do século passado, havia lembrança do emprego dessa via para a condução de sinos e canhões até a cidade. Muito mais breve seria, sem dúvida, o caminho terrestre de Santo Amaro, o primeiro e, por muito tempo, o único "caminho de carro" existente em São Paulo. A abundância de matas nas margens dos rios vizinhos assegurava, por outro lado, o abastecimento, durante muito tempo, do combustível necessário aos trabalhos de fundição. O sistema usado nesses trabalhos era, sem dúvida, o dos fornos catalães. Constava essencialmente de um poço retangular, com paredes de pedra que resistiam à ação do calor, e de um cano, geralmente de cobre, que atravessando em sentido oblíquo uma das paredes, quase à boca do poço, servia para conduzir a corrente de ar até à altura do depósito de carvão. O ar podia ser insuflado com o auxílio de simples foles manuais de couro. Eschwege fala, todavia, em uma "casa da roda" (*Radstube*), cujos restos ainda encontrou em Santo Amaro, no local do antigo engenho.

Pode presumir-se, salvo melhor explicação, que a roda se destinasse a formar a própria corrente de ar para a forja, ou ainda a acionar algum martelo-pilão para os trabalhos de frágua, pois há notícias de que em Araçoiaba, já em fins do século XVIII, se utilizou instrumento semelhante. Como o engenho fosse situado à margem de um riacho tributário do Pinheiros, não parece desprezível tal hipótese. O certo é que, conforme se viu, no rol das ferramentas retiradas em 1605 por Diogo de Quadros do almoxarifado de Santos, constam dois malhos e duas safras, pesando ao todo seus 350 quilos.

Do mesmo rol constam ainda duas chapas, que pesavam, cada uma, sessenta quilos. É possível que se tratasse das chapas de ferro requeridas nos trabalhos preliminares da fundição feita conforme o método catalão. Eram introduzidas verticalmente no poço, formando dois compartimentos. No lado onde ia ter o cano condutor de ar colocava-se o carvão vegetal, e no outro dispunham-se, em camadas sucessivas, carvão e minério. Feito isso retirava-se a chapa e lançava-se fogo ao carvão. Sujeito à ação do monóxido de carbono, que se formava junto à boca do cano, entrava o minério em fusão e, escorrendo através do carvão em brasa, ia acumular-se sob a forma de uma massa esponjosa, ao fundo do poço. Trazida essa massa à superfície, era levada finalmente à forja vizinha, onde a depuravam, reduzindo-a a lingotes.[17]

Nesse estado, o produto achava-se apto a entrar no comércio. Em inventários da época, menciona-se com freqüência o ferro em barras servindo de meio de pagamento, e é provável que uma parte dele proviesse da forja de Santo Amaro, pois do contrário se explicariam mal as referências a "ferro do reino", que deparamos ocasionalmente nesses textos. Sabe-se que o próprio Francisco Lopes Pinto pagava com produto de sua forja até aluguéis de casa, conforme consta do processo de inventário de João Gomes, em 1622.[18]

Na incipiente indústria local de ferragens, o produto da terra, dada sua qualidade inferior, seria empregado principalmente em artigos toscos, destinados ao resgate de índios. Mas serviria também para o fabrico de alguns instrumentos utilizados na lavoura, na navegação, nas minas, na guerra ao gentio: foices, enxadas, cunhas, machados, almocafres, pregos, cavilhas, verdugos e terçados.

Nos documentos consultados, faltam dados que permitam avaliar a produção normal e média da fábrica. Não é de crer, todavia, que fosse considerável, pois tudo indica que as enormes dificuldades com que lutou Diogo de Quadros desde a fundação do estabelecimento se agravaram ainda mais depois de 1611, quando desaparece d. Francisco de Sousa.

Dezoito anos mais tarde desaparecerá, por sua vez, a própria fábrica, com a morte de Francisco Lopes Pinto, ocorrida no ano de 1629. Essa a versão tradicional, registada pelos que se ocuparam da matéria. É curioso que no inventário dos bens deixados por Lopes Pinto já não figure o engenho de ferro, e que seu testamento apenas mencione as dívidas e contrariedades resultantes do negócio. Mas o engenho vai surgir em outro inventário, o de um genro de Clemente Álvares, Luís Fernandes Folgado, que morrera no ano anterior em Santo Amaro. Avaliaram-no em quinhentos cruzados, isto é, duzentos mil-réis, correspondendo metade dessa soma à parte do defunto. Com a declaração de que "sendo caso que o malho e safra e *bogua* se achar ser de Sua Majestade, sempre estarão no dito engenho como té agora estiveram pagando o quinto a Sua Majestade como até agora se fez, com a mais ferramenta necessária para o dito engenho mover [...].[19]

A outra metade estaria, talvez, em poder de Cornélio de Arzão, pois figura no inventário que de toda a sua fazenda mandou proceder a Santa Inquisição, naquele mesmo ano de 1628.[20] Apenas os avaliadores deixaram de orçá-la neste caso, "por não haver pessoa que o entenda".

* * *

Em nenhum caso parece lícito dizer que as ferramentas chegaram a alterar de modo substancial os usos da terra. Em realidade o sistema de lavoura dos índios revela quase sempre singular perseverança, assegurando-se vitória plena, a ponto de ser adotado pelos adventícios. Os quais, após a primeira geração na colônia, pareciam, não raro, ignorantes dos hábitos de seus ancestrais, ao contrário da raça subjugada, que se mostrou de um conservantismo e misoneísmo a toda prova. Isso foi especialmente verdadeiro com relação aos produtos vegetais importados, que não trocava pelos nativos, mesmo onde tudo parecia favorecer uma receptividade maior.

Nas missões jesuíticas do Sul, refere-nos o padre Cardiael que os carijós, doutrinados e domesticados de pais a filhos, jamais puderam acostumar-se ao uso do trigo. Poucos o semeavam, e quando o comiam era cozido ou em broa, sem fermento, que tostavam em pratos assim como o faziam com o milho. Alguns, por terem sido padeiros entre os padres, eram capazes de preparar bom pão, mas largavam o ofício quando voltavam às suas moradas. "Para o índio", diz, "é uma espécie de filosofia isso de moer o trigo, amassá-lo, deitar sal e levedura à massa, esperar que fermente, que cresça, dar-lhe forma e, enfim, cozer o pão. Só o faz, quando obrigado."[21]

Com relação aos animais domésticos trazidos pelo europeu, mostraram-se, é certo, mais transigentes, sempre que encontraram facilidades e vantagem em criá-los e servirem-se deles. É particularmente notório o caso da disseminação do cavalo entre os guaicurus. Nos *Comentarios do adelantado* Alvar Núñez Cabeza de Vaca, redigidos em meados do século XVI pelo escrivão Pero Hernández, já se descreviam esses indígenas como *"tan lijeros y recios, que corren tras los venados y tanto les dura el aliento y sufren tanto el trabajo de correr, que los cansan y toman a mano [...].*[22] Explica-se, assim, que o eqüino pudesse naturalizar-se facilmente entre eles.

Compreende-se também a rápida difusão entre os índios de todo o continente das aves domésticas trazidas do Velho Mundo ou, como no caso do peru e do pato, transportadas de uma para outra região do próprio continente. Tão rápida, na verdade, que, em alguns casos, iam encontrá-las os conquistadores em terras nunca antes visitadas por europeu, e isso levou um cronista como Oviedo a ter as galinhas domésticas por nativas na América. Em 1540 Orellana já as encontrou, vindas, segundo se presumiu, de Cabo Verde, entre as tribos da foz do rio Negro. E vinte anos mais tarde, Ursua e Aguirre puderam assinalá-las alguns dias de viagem para o sul da boca do Napo. Neste último caso, porém, tudo leva a supor que tenham procedido das conquistas espanholas do Pacífico. Uma difusão no mesmo sentido, isto é, de oeste para leste, explicaria igualmente sua presença em terras situadas na área do atual estado de Mato Grosso.[23]

O fato de terem existido galinhas — e também porcos — de Espanha no vilarejo português de São Vicente, antes da expedição de Martim Afonso de Sousa[24] não é muito para admirar-se, quando se sabe que, já em 1519, se criavam elas entre os tupinambás da Guanabara, onde as foi encontrar a frota de Fernão de Magalhães, segundo se lê em Pigafetta.[25] Em meados do século XVI seriam quase os únicos animais domésticos existentes nas tabas desses índios, se acreditarmos no depoimento de Thévet, e só ocorriam em sítios previamente freqüentados pelos portugueses.[26] Alguns decênios mais tarde, entretanto, já eram criadas por dentro do sertão trezentas e quatrocentas léguas, o que só se pode atribuir ao comércio intertribal.[27] A mesma causa determinaria sua expansão até ao extremo Norte, onde em princípio do século seguinte as encontrariam os franceses na ilha do Maranhão, com o mesmo nome que lhes costumavam dar no Rio de Janeiro.[28]

Esse nome — *arinhâ* ou *arinhã* (*arignam*, em Léry, *arignane*, em Thévet e *araignam*, em D'Abbeville) — não seria, provavelmente, mais do que uma deformação fonética da palavra portuguesa "galinha", apesar das várias tentativas efetuadas entre alguns estudiosos para filiá-la a um étimo tupi.[29] Com a introdução de outro galináceo, este de origem americana, mas trazido ao Brasil por europeus — o peru —, aplicaram-lhe a mesma designação, acrescida da partícula aumentativa.

Da facilidade com que se naturalizaram entre os índios essas aves, é característico o fato de terem passado eles a fornecê-las a europeus mediante preços muitas vezes irrisórios. Refere Pigafetta como, já em 1519, se obtinham, no Rio de Janeiro, cinco ou seis galinhas por um anzol ou uma faca. E "por um rei de ouros, que é carta de jogar", acrescenta, "deram-me seis galinhas, e ainda cuidavam que me tinham logrado".[30] A constante procura teria contribuído para certa valorização em meados do século XVI quando Thévet, também entre os índios da Guanabara, podia trocar, por uma pequena faca, duas galinhas.[31] Num poema anchietano lê-se, a propósito dos tratos dos brancos com o gentio do Espírito Santo:

la mentira es mui barata
con qualquer vintê de plata
no escapan, pollos, ni pollas
Gallina, pirú, ni Pata [32]

O curioso é que, adotando embora a ave forasteira, os índios não se utilizavam dela à maneira dos brancos. Os ovos particularmente passariam por venenosos entre os tupinambás, segundo testemunho de um viajante quinhentista.[33] Outro depoimento da mesma época fala no escândalo que provocavam, entre esses índios, certos cristãos, quando devoravam quatro e cinco ovos numa refeição. Pois cada ovo, diziam, corresponde a uma galinha, e uma galinha dá para alimentar duas pessoas.[34] Na generalidade dos casos, guardariam eles essas aves principalmente para recreio e distração — como guardavam papagaios e araras —, não para alimento. Comparados aos outros xerimbabos, que lhes forneciam, quando muito, as penas necessárias aos enfeites e flechas, teriam a vantagem da procriação doméstica, o que lhes poupava grandes trabalhos.

O caso é bem significativo da extensão do conservantismo que caracterizava essas populações indígenas. À aceitação de um elemento importado não correspondeu, entre eles, uma indiscriminada aceitação das formas adventícias tradicionais de aproveitamento desse elemento. Ao passo que o europeu transigiu, em tudo, com os processos indígenas, sem se dar sequer o cuidado de aperfeiçoá-los.

Dois exemplos são, a esse respeito, bastante significativos e, só por isso, merecem ser mencionados. O primeiro refere-se à viação fluvial, onde, mesmo ao tempo do comércio regular e intenso despertado pelos descobrimentos das minas de Cuiabá e em Mato Grosso, que durante o século XVIII prolongou e, por assim dizer, rematou a obra dos bandeirantes na formação da atual silhueta geográfica do Brasil, dependeu de uma estrita fidelidade a práticas dos antigos naturais da terra. Tão característica foi a dependência que o declínio daquele comércio — e isso já nos primeiros decênios do século passado — se relaciona em grande parte com a diminuição, nas beiradas do Tietê e seus tributários, das perobas e ximbaúvas apropriadas ao fabrico das canoas de madeira inteiriça.

De uma dessas canoas, que ainda hoje se conserva, embora incompleta, em Porto Feliz, no próprio local do embarcadouro antigo das expedições regulares, pode-se dizer que a curvatura do casco, escavado a ferro e fogo, ainda reproduz claramente o perfil do tronco utilizado: a distância média entre as bordas — 1,14 cm — é com efeito muito inferior à maior largura do bojo — 1,43 cm — segundo as medidas que pude apurar pessoalmente. Em tudo reflete-se, aqui, a técnica indígena de fabrico das canoas monóxilas que persistiu mais tarde, praticamente sem mudança.

O outro exemplo significativo da resistência das técnicas indígenas encontra-se nos métodos de tecelagem de redes que serão considerado mais detidamente em um dos capítulos deste volume. O europeu recém-chegado adotou imediatamente o costume de dormir e descansar em redes, e em toda a capitania de São Paulo representaram elas, por longo tempo, as verdadeiras camas da terra. Ainda em princípio do século passado, pareceu esse uso, ao naturalista francês Auguste de Saint-Hilaire, um traço distintivo dos paulistas, em confronto com os mineiros, que tinham sido atingidos mais em cheio pelas influências ultramarinas.

Os métodos de tecelagem de tais redes são os mesmos de que ainda se servem hoje as tecedeiras dos arredores de Sorocaba e de Mato Grosso. Utilizam teares verticais — e não horizontais como os de "fazer pano" — e tecem de baixo para cima. O mesmo sistema, com poucas variantes, é praticado até aos nossos dias entre numerosas tribos do continente americano. Erland Nordenskiöld, ao assinalar sua presença entre indígenas do Chaco e da Bolívia, exclui de modo cabal a possibilidade de ter sido ele importado com os brancos ou pretos. E referindo-se ao uso de enrolarem os fios da urdidura em volta de duas traves horizontais para que depois recebam a trama — uso que tive oportunidade de observar entre tecedeiras sorocabanas e cuiabanas — procura atribuir-lhe procedência aruaque, servindo-se para isso de ponderáveis argumentos.[35] Embora os nossos antigos cronistas não nos tenham deixado, em geral, muitos pormenores a respeito, tudo leva a crer que os mesmos métodos fossem correntes entre os tupis da costa.[36] De outra forma, explica-se mal a persistência, entre os colonizadores brancos e os mestiços, de uma técnica sem dúvida ignorada em Portugal.

Pode-se dizer que, com muito poucas exceções, onde o europeu adotou entre nós algum produto indígena associado a métodos plenamente desenvolvidos para seu aproveitamento, adotou também estes métodos, abstendo-se de modificá-los. Quando se tratasse de artigos já conhecidos no Velho Mundo, como era o caso do algodão, limitava-se em geral a aperfeiçoá-los em alguns pontos, sem contudo alterá-los substancialmente.

2

OS TRIGAIS DE SÃO PAULO

No fabrico da farinha de mandioca, o produto nativo que mais depressa conquistou os povoadores europeus, chegando, na maior parte da colônia, a substituir o pão de trigo, o único progresso sensível introduzido por estes foi o emprego da prensa de lagar ao lado do tipiti de palha. Mesmo nos inventários paulistas, mencionam-se em muitos casos prensas que se deveriam destinar em geral à produção da farinha, muito embora o instrumento indígena continuasse a sobreviver, principalmente no litoral, e até hoje não tenha sido desalojado de todo em outros lugares do Brasil.

É provável contudo que, na capitania de São Vicente, o maior consumo da mandioca se assinalasse desde os primeiros tempos nas povoações da marinha. Sabe-se que, pelo menos até 1782, a farinha-de-guerra consumida por dois regimentos estacionados na cidade de São Paulo ia toda de beira-mar.[1] E as condições certamente menos propícias, no planalto, ao cultivo da mandioca em escala suficiente para se abastecer um centro de povoamento mais estável do que os primitivos núcleos indígenas, terão sido um dos incentivos para o desenvolvimento adquirido ali pela lavoura do trigo durante o século XVII. Lavoura que, mudando a paisagem econômica da região, acarretaria, por sua vez, a introdução de utensílios da técnica européia, como o moinho d'água, a azenha ou a atafona. E, segundo algumas probabilidades, também o arado, posto que esse instrumento pudesse associar-se igualmente ao plantio da cana-de-açúcar, gramínea que, ainda mais do que o trigo, pede terreno previamente preparado e amanhado.

Mais de um testemunho positivo indica a presença eventual e o cultivo de algum trigo na capitania ainda em fins do século XVI.

Contudo faltam elementos para afirmar-se que seria produzido correntemente e em escala comercial. Tendo andado pelo campo de Piratininga em 1585, o padre Fernão Cardim salienta, em um dos seus tratados, que a planta se dava bem ali e no Rio de Janeiro, mas acrescenta que não constituía gênero usual, dada a falta de moendas e "também pelo trabalho de colher".[2]

Deve-se notar que o exame das velhas atas da Câmara de São Paulo conduz facilmente, neste caso, a interpretações ilusórias. Mesmo um pioneiro no estudo da história dos trigais paulistas, como é o sr. Sérgio Milliet, pôde enganar-se quando tentou situar entre 1564 e 1583 o início da era do trigo em terras paulistas. Não há dúvida que a alusão a "farinhas de beira-mar", que encontrou numa ata de 1564, se aplica a farinhas "de guerra", isto é, de mandioca, não de trigo. E o mesmo ocorreria no caso de certa resolução da Câmara, em 1583, também lembrada pelo mesmo autor, mandando que se fizessem as farinhas no mês de março.[3] Com as razões invocadas seria lícito, aliás, recuar ainda mais a data inicial, tendo-se em conta que, já em janeiro de 1556, a Câmara de Santo André fixara em seis vinténs o alqueire de farinha.

A verdade é que, naqueles tempos, "farinha", sem maior especificação, era farinha-de-guerra. Escrevendo em 1567 sobre a fertilidade das terras piratininganas, o padre Baltasar Fernandes não deixara de observar: "dá pão como lá [...]". Mas acrescentava logo: "[...] se o semearem".[4] E ainda vinte anos depois, tão escasso era o trigo da capitania que, segundo Gabriel Soares, daria apenas para algumas hóstias e mimos.[5]

Parece mais do que provável que o incremento ulterior dessa lavoura se deveu em parte aos esforços de d. Francisco de Sousa, quando governador da repartição do Sul e superintendente das minas. A importação em larga escala de sementes européias seria, no caso do trigo, dificilmente praticável, pois o tempo consumido na viagem transatlântica bastava, segundo a experiência, para destruir seu poder germinativo. É significativo que, mais de um século depois, quando se cogitou nas sementeiras de trigo no Rio Grande de São Pedro, Sua Majestade apelou para os lavradores de São Paulo, não para os de Portugal, mandando lançar bando, ao som de caixas, para que contribuíssem com sessenta alqueires de grãos destinados às ditas sementeiras. Neste caso sabemos que o pedido não pôde ser prontamente atendido, porque em junho de 1737, data do registo e publicação do bando, fora semeada grande parte do trigo da terra e o mais reduzido a farinha.[6]

Já ao tempo de d. Francisco a experiência do sucedido nas Índias de Castela falava eloqüentemente contra a introdução de sementes européias. Consta, com efeito, que os grãos trazidos ao Novo Mundo pelo próprio Colombo não chegaram a vingar, e que as sementes encomendadas em muito maior escala por seu filho Diego para a Nova Espanha não deram melhor resultado. Em 1511 semeia-se "trigo de três meses" e nenhum prosperará. Três anos depois efetua-se nova tentativa — desta vez para Castilla del Oro, na América Central — e outra, esta enfim, bem-sucedida, em 1520.[7]

Tais exemplos terão determinado d. Francisco de Sousa a pedir a intercessão de el-rei junto aos governadores do rio da Prata e Tucumã, no sentido de remeterem 3 mil fangas de bom trigo, além de quinhentas de cevada, a fim de se poderem plantar nas capitanias do Espírito Santo, Rio de Janeiro e São Vicente. Explicava que "esse trigo e cevada não se pode prover de Castela nem de Portugal, porque quando [lá] chegasse não servia de proveito respeito à tardança no mar". Pedia mais, segundo já foi lembrado, que lhe mandassem duzentas lhamas ("carneiros de carga, daqueles que costumam trazer e carregar a prata de Potosi") para o transporte do ouro e prata retidos das minas existentes naquelas capitanias.

A provisão régia mandando atender aos pedidos lavrou-se em Lerma aos 14 de julho de 1608, mas suas cláusulas deveriam parecer irrealizáveis. Conhecendo provavelmente a megalomania e prodigalidade do governador português, o rei e seu Conselho das Índias determinaram, é certo, que fosse enviado o trigo, além da cevada e dos "carneiros de carga", mas só no caso de não fazerem falta, e mediante pagamento à vista em Santos, "por uma vez e em dinheiro".[8] Em terra de tamanho desamparo e de tão escasso numerário, como então era a capitania vicentina, semelhantes condições bastariam, sem dúvida, para arruinar os grandes planos de d. Francisco. Parece incerto, por outro lado, que as próprias províncias do Prata e Tucumã se achassem em situação de atenderem com solicitude ao pedido. A provisão abatera de 3 para 2 mil fangas o montante do trigo a ser enviado, mas esse mesmo total — que, na base do valor atribuído pelo historiador argentino Emílio A. Coni à fanga então usada naquelas províncias, pode ser estimado em mais de 40 mil alqueires de 13,8 litros[9] — equivalia, quando não superasse, ao da produção anual de Buenos Aires pela mesma época.

Ficara margem, no entanto, para se atenderem modestamente as pretensões do governador onde a provisão admitia que, se alguém, no Prata, quisesse de sua vontade trazer os produtos para vendê-los nos portos de Santos ou do Rio de Janeiro, levando de retorno ferro ou dinheiro, poderia fazê-lo, sem embargo de qualquer deliberação anterior em contrário. Achando-se então em exploração as jazidas de ferro de Santo Amaro e Araçoiaba, seria essa, aparentemente, a solução razoável.

Registada em novembro de 1609 a provisão, parece que não foram imediatos os seus frutos, e ainda, que o povo da terra não se mostrou particularmente animado ante as perspectivas de introdução dessa nova granjearia, receoso de que se convertesse em causa de novas obrigações e sujeições. O fato é que, em maio do ano seguinte, devendo ir à Europa um dos filhos do governador, a mandado do pai, propunha-se tratar de certos negócios em benefício do povo, e para isso pedia procuração. Entre os negócios, figuraria a aquisição de sementes de trigo e bacelos de parreira, uma vez que o vinho importado empobrecia a terra. Juntos os oficiais e o povo, assentiram logo em que se desse procuração, mas frisando que d. Antônio não se obrigasse a trazer sementes ou bacelos, pois cada qual queria ficar livre de plantar o que bem entendesse.[10] De qualquer forma, logo depois dessa data, devem ter chegado sementes, possivelmente do Prata, visto como d. Antônio não voltou à capitania, e as notícias sobre o trigo da terra passaram a ser freqüentes nas atas durante os anos imediatos.

Em 1614, por exemplo, a produção já seria apreciável, comportando a existência de pelo menos um moinho na vila de São Paulo. No mesmo ano, e em 1616, concedem-se várias cartas de data de água e assento, o que indica rápido incremento da indústria. O moinho de João Fernandes Saavedra deveria ser armado no caminho de Jerobatuba. O de Cornélio de Arzão provavelmente no Anhangabaú. Os dois de Manuel João, para as bandas de Pinheiros. O de Amador Bueno, nas beiradas do Mandaqui.[11]

Pela mesma época, empenha-se a Câmara em abater os preços, às vezes extorsivos, que se cobravam para a moagem. A forma de pagamento que logo se introduziu, foi a da maquia, já tradicional entre moleiros e lagareiros portugueses, e expressamente mencionada nas atas da mesma. No caso dos moleiros ou atafoneiros tinha esse nome, a que logo se associou sentido pejorativo, a porção de trigo que lhes cabia em paga do que recebiam para moer.[12] Em 1614 chegara-se a cobrar em São Paulo um alqueire em quatro. E embora os oficiais da Câmara deliberassem que se desse de seis alqueires um, é de crer que a ordem não tenha chegado a cumprir-se, e no ano seguinte requeria o procurador que, em cinco alqueires, um se pagasse de moenda. Em 1619, quando a concorrência já era maior, acordavam os camaristas em que os moleiros levassem de maquia um alqueire em oito. Aqui intervieram, porém, os senhores de moinho, para alegar que a medida prejudicaria sua indústria, já onerada pelas constantes despesas com carpinteiros e ferreiros. Finalmente[13] decide-se que levem de sete alqueires um, proporção que daí por diante dominará com maior freqüência.

Os inventários seiscentistas conhecidos também fazem alusão, simultaneamente, à presença do trigo e dos trigais nos sítios da roça. No de Isabel Sobrinha, por exemplo, que é de 1619, estima-se em oito vinténs o alqueire do trigo, quando o do feijão é avaliado em seis vinténs. A pouca diferença no preço atribuído ao produto exótico em confronto com o da terra é significativa do desenvolvimento logo atingido pela sua produção. Desenvolvimento que parece alcançar o apogeu de meados para fins do século. Luzia Leme, por exemplo, deixa, em 1656, três casas de trigo, abrigando respectivamente quatrocentos, 450 e 250 alqueires. A tulha de Valentim de Barros, em 1654, tem quatrocentos alqueires. Alguns lavradores enviam diretamente seu produto a vender em Santos ou em outras capitanias. É o caso de Felipe de Campos, que em testamento de 1681 dizia ter mandado a um correspondente seu, no Rio de Janeiro, 105 cestos de farinha.

A julgar por mais de uma indicação dos inventários, as espigas eram primeiramente malhadas a vara, e os grãos que se desprendiam, misturando-se à terra e à areia, limpavam-se, em seguida, com o auxílio de peneiras. Em Minas, onde Saint-Hilaire foi encontrar o mesmo processo empregado na serra da Piedade em princípio do século XIX, à debulha e limpeza seguia-se ainda a lavagem dos grãos em gamelas com água, por um processo exatamente idêntico ao que prevalecia na lavagem do ouro. É possível, contudo, que se tratasse, neste caso, de adaptação determinada por circunstâncias locais. Em São Paulo, durante todo o século XVII, essas operações deveriam ser bem rudimentares, pois em caso contrário mal se explica a diferença nula entre os preços atribuídos respectivamente ao trigo em palha e ao grão malhado.

Há razões para crer, contudo, que debulha e limpeza fossem praticadas nos sítios da roça e só depois se encestasse o produto para enviá-lo aos moleiros ou vendê-lo aos comerciantes. No século XVII a moagem ainda seria feita mais freqüentemente nas vilas. No inventário de Pedro Alves Moreira consta, em 1639, que, dos 224 alqueires que lhe rendera a seara, tinham sido entregues a Manuel João, senhor de moinho, trinta, isto é, dez cargas de três alqueires cada uma, em paga da moagem, o que dá perto de um em sete de maquia. Do resto da safra, utilizou-se parte no pagamento de dívidas do defunto e cinqüenta alqueires venderam-se em Santos na base de doze vinténs o alqueire. Alqueire de farinha. Doze vinténs rendera igualmente o trigo moído que Valentim de Barros mandara a vender ao Rio de Janeiro.

Este Valentim de Barros era outro que não tinha moinho no sítio, embora a importância de suas plantações possa avaliar-se pelo fato de ter deixado nada menos de 29 foices de segar trigo. Não está excluída, no seu caso e em outros, a possibilidade de possuírem pequenas moendas suficientes para o consumo doméstico. Não faltaria também o forno de fazer pão, semelhante aos que ainda se encontram hoje nas velhas áreas coloniais, como não faltavam bacias de cobre para fazer pão-de-ló.

Quanto a moinhos de água e azenhas, seriam pouco vantajosos nos sítios da roça, onde a produção não permitia o seu funcionamento regular e constante. A remessa do produto aos senhores de moinho especializados no mister seria, assim, a regra mais generalizada. E, embora não falte notícia da existência dessas máquinas em alguns casos — no caso, por exemplo, de Isabel Sobrinha, com moenda própria, que em 1641 se avaliou em cinco mil-réis, o mesmo preço de "huas casas em que vive" — pode-se presumir que só no século XVIII se teria disseminado o moinho rural. Isto é, já quase na fase de declínio da lavoura do trigo, que deve ter sofrido rude golpe com o escoamento de mão-de-obra para as lavras de ouro, a partir do último decênio do Seiscentos.

Contudo esse declínio não se pode dizer que tenha deixado sem uso as máquinas tradicionalmente associadas à fabricação de farinha. Tanto elas como as técnicas e os usos ordinariamente relacio-

178

nados com a produção do trigo, inclusive o próprio pagamento da maquia aos moleiros, transferiram-se quase integralmente para o tratamento do milho. E temos, neste, mais um dos casos, aliás pouco freqüentes, da assimilação de uma técnica adventícia a um produto nativo durante o período colonial.

Os documentos de que ora dispomos não fornecem pormenores expressos acerca dos moinhos de trigo mais usuais em São Paulo a partir do segundo decênio do século XVII, época em que principiam a ser assinalados nos textos municipais. As cartas de data de assento mostram, contudo, que deveriam situar-se sempre à beira de algum rio ou ribeirão; isso já inclina a filiá-los aos moinhos acionados por meio de roda d'água, até hoje largamente empregados na produção do fubá de milho.

No caso dessas máquinas, o grão é despejado num vaso em forma de pirâmide invertida, existente em cima do moinho — a tramonha —, e vai cair diretamente sobre a mó. A rotação da mó é obtida por intermédio do eixo vertical, que por sua vez recebe movimento do eixo da roda d'água, graças a um rodete dentado.

O modelo é indicado, com freqüência, na península hispânica, em particular na parte noroeste. Sua presença em Portugal — Trás-os-Montes, Minho, serra da Estrela, Algarve, ilha da Madeira —, e não só em Portugal,[14] pôde ser assinalada por vários estudiosos. De construção bastante rústica, pois quase só reclama pau e pedra, explica-se a sua pronta difusão na área brasileira onde primeiramente se introduziu a lavoura do trigo. Aqui no entanto os mancais, podendo ser também de madeira, já seriam muitas vezes de metal. De outro modo não se explica a referência a despesas com ferreiros, que alegavam em 1614 os senhores de moinhos paulistanos, quando se cogitara em elevar o valor da maquia.[15]

De um tipo diferente de moinho de água empregado em Portugal e, segundo parece, com especialidade no Minho — a azenha —, também consta que chegou a usar-se entre nós. Esse era movido por meio de uma roda de penas onde a água caía verticalmente. Informa-nos um estudioso dos velhos costumes paulistas que, segundo tradição oral, existiu, não há muito, no sul de Minas, um engenho desse tipo, usado para a fabricação do fubá. Acrescenta que a mó, nos velhos moinhos paulistas, costumava ser feita por pedreiros no Salto de Itu, e que esses aparelhos primitivos se lubrificavam de ordinário com graxa de porco ou sebo de boi ou até sabão de cozinha.[16]

Além da azenha, do moinho de roda d'água e, possivelmente, de pequenas moendas braçais, em algum sítio da roça, onde a produção de farinha só se destinava a atender às necessidades caseiras, não nos consta que se tivessem introduzido ou propagado em São Paulo outros tipos de moinho. Nada autoriza a crer que se chegassem a instalar moinhos de vento, por exemplo, como os que existiam em Portugal pelo menos desde 1552 (data em que um privilégio real concedera a certo Jerônimo Fragoso o direito de construir um deles em Évora, semelhante aos que haviam em Flandres[17] — e também em Buenos Aires, onde, em 1607, o Cabildo requeria ao governador não deixasse saírem os flamengos ali residentes, que tinham feito o moinho (deve entender-se: moinho de vento), pois só eles entendiam dessa máquina.[18]

Em São Paulo, também, um flamengo — Cornélio de Arzão — aparece entre os primeiros donos de moinhos. O seu, porém, era de água, provavelmente de roda d'água e, segundo a carta de data que lhe foi concedida em 1616, situou-se primeiramente nas beiradas do Anhangabaú entre a subida para Santo Antônio e o sítio que fica abaixo de São Bento. Doze anos mais tarde estava em Santo Amaro, às margens do rio Pinheiros e perto do Engenho de Ferro. Do inventário de sua fazenda, mandado fazer em 1638, pela Inquisição, consta que esse "moinho de moer trigo moente e corrente" se avaliou então em dez mil-réis. Posto em pregão, alguns dias depois arrematou-o Diogo Martins da Costa, "que nele lançou catorze mil-réis que logo pagou em dinheiro de contado".[19]

3
UMA CIVILIZAÇÃO
DO MILHO

É característico da acolhida ordinariamente dispensada entre gente da terra — índios, mestiços, brancos aclimados — aos métodos e recursos adventícios no aproveitamento de produtos nativos, que a transferência para o milho de técnicas associadas no Velho Mundo ao tratamento do trigo não afetou, tanto quanto se poderia esperar, os hábitos alimentícios da população. A preferência geral continuou a dirigir-se, não para o milho moído ou fubá, que se destinava, em geral, aos escravos, mas para o grão pilado ou apenas pelado ao pilão, de acordo com os métodos usuais entre os índios.

Ainda hoje, essa preferência prevalece largamente nas áreas paulistas menos marcadas pela influência de correntes imigratórias recentes, em particular de italianos. Na região de serra acima, que em São Paulo corresponde tradicionalmente à área da farinha de milho — ao passo que a da mandioca ocupa sobretudo a vertente marítima —, um estudioso dos nossos problemas rurais pôde distinguir nitidamente entre zonas onde perdura a farinha de milho "propriamente dita", isto é, obtida mediante maceração, piloamento e torração do grão, e outras, onde já prevalece o consumo de produto moído. Estas últimas situam-se nas áreas onde o imigrante italiano deixou vinco mais fundo nos hábitos e na dieta das populações. As outras abrangeriam principalmente a bacia do Paraíba e quase todo o território acidentado pelos contrafortes da cordilheira marítima. Nessa região pôde encontrar, o mesmo observador, muita gente que, por nada deste mundo, ousaria comer fubá. "Dizem que aquilo é quirera, é comida para cachorro."[1]

Esse desapreço em que, ainda hoje, é tido o produto do milho moído prende-se muito possivelmente ao fato de se achar associado, desde tempos remotos, à alimentação dos animais caseiros e à dieta dos pretos escravos. "Farinha de cachorro" foi como, já em 1727, lhe chamou o secretário do governador Rodrigo César de Meneses, relatando sua derrota e viagem de São Paulo às minas de Cuiabá, quando enumera os produtos de milho (farinha, canjica, cuscuz, biscoutos, pipocas, catimpuera, aloja (aluá?), aguardente, vinagre etc.), "único remédio e regalo" dessas minas.[2] E em um papel anônimo de 1747 escrevia-se, do milho seco, que servia para dele se fazer fubá, assim chamado nas minas, em Portugal farinha, e que desse fubá se fabricava "o angu para os negros, cozido em um tacho de agoa athê Sequar".[3] Acrescenta o mesmo depoimento que em nada se diferencia a farinha assim preparada da broa européia, salvo em ser esta cozida ao forno e levar sal.

Quanto aos demais produtos do milho, que, segundo o mesmo anônimo, se consumiam ordinariamente nas minas gerais, é significativo que, em sua totalidade, prescindiam de moagem, por conseguinte de uma técnica sensivelmente estranha aos usos tradicionais e indígenas de tratamento do cereal. Alguns desses produtos dispensavam, aliás, qualquer trituração prévia do grão, como era o caso do milho verde, que se come assado e ainda em espiga, ou o das pipocas, também chamadas "escolhido da brasa", de que, segundo o citado anônimo, "usavam muito os paulistas".

Mas o milho verde, por sua vez, dava o curau que se fazia com auxílio do pilão, socando os grãos ainda em leite e cozendo-os. Do bagaço, amassado e posto embaixo das cinzas do fogão, faziam-se ainda as pamonhas.

A principal contribuição do milho para a dieta dos paulistas provinha, no entanto, dos grãos já amadurecidos. Neste caso cabe lugar de realce à farinha de milho "propriamente dita", que nas minas era o verdadeiro pão da terra, e em todo o planalto substituía geralmente a de mandioca, usual no resto do Brasil. Para fabricá-la pilavam-se os grãos, depois de postos por alguns dias de molho, a fim de se tornarem menos resistentes. A massa resultante era torrada num grande tacho de cobre e depois passada por uma peneira de largas malhas, a sururuca.

Havia ainda a canjica grossa, produzida com o milho seco, quebrado ao pilão, que lhe tirava o olho, deixando o mais quase intato. Em meados do século XVII, seria esse, conforme o biógrafo de Belchior de Pontes, um "guisado especial de São Paulo" consumido por gente de todas as classes. Não levava, então, qualquer condimento, e isso explica sua fácil aceitação, pois só a falta de sal por aquelas partes poderia ter inventado semelhante manjar.[4]

No século seguinte ainda dizia dele o anônimo do códice Costa Matoso que nas minas "os ricos o comem por gosto e os pobres por necessidade, por não ter mais tempero que o ser bem cozido". Há notícia, entretanto, na já mencionada relação de Gervásio Leite Rebelo — de 1727 —, de que a canjica grossa, sem qualquer condimento, já então seria destinada, de preferência, aos negros. E o seria também a roceiros sem recursos para comprar sal ou outro tempero. Nessa forma, experimentou-a Hércules Florence, pela primeira vez em 1825, num rancho das margens do rio Capivari e achou-a de "sabor singular".[5] Adverte, porém, que na forma em que a usavam sempre os paulistas, ao fim das refeições, isto é, deitando-lhe açúcar e leite, constituía manjar delicioso. É ainda à canjica grossa e sem qualquer condimento que se refere outro autor francês — Ferdinand Dénis — ao observar que, sendo por excelência o prato local de São Paulo e dos campos do Sul, encontrava-se disseminado no interior, por todas as partes onde os paulistas estenderam suas explorações. "Confessamos", escreve, "que pela sua simplicidade extrema, ela nos pareceu bem digna de ter sido tomada à culinária das tribos selvagens."[6]

O uso corrente e cotidiano desse prato principiou a sofrer forte concorrência, quando, a partir de fins do século XVIII, e só então, generalizou-se, em São Paulo, o consumo do arroz. A falta deste gênero fora perfeitamente compensada, até então, pela canjica fina, de milho bem socado, que, temperada com adubos, "supre a falta do arroz e na opinião de muitos é melhor", dizia o anônimo do códice Matoso.

É interessante notar como, também no Prata, se verificou processo semelhante de adaptação dessa iguaria indígena ao paladar do colono. Ali, a canjica grossa — o velho *caguihyh* dos carijós — transformou-se com o tempo em comida democrática e boa para gente mais rústica, ao passo que, nas casas apuradas, se tornaria a base da *mazamorra* sulina.[7]

O anônimo citado relaciona, além das canjicas, grossa e fina, numerosos produtos de milho, especialmente da farinha de milho, que, na primeira metade do século XVIII, se consumiam ordinariamente nas minas descobertas pelos paulistas: o cuscuz, variante local do velho petisco de mouros, já há muito aclimado na península Ibérica; os biscoitos, fabricados desse cuscuz levado ao forno, e próprios para as longas jornadas; os bolos de farinha de milho amassada com melado, que se embrulhavam em folhas do mesmo milho; os pés-de-moleque também chamados alcomonias, onde entrava a farinha juntamente com o melado e amendoins.

E havia todo um rol de beberagens onde, por vezes, se revelava a longa persistência da tradição indígena. Isto se daria especialmente com a catimpuera, de que há menção em vários documentos. Em Minas seu fabrico era competência de mulheres, que mascavam o milho de canjica, lançando-o depois no caldo da mesma canjica: já ao dia seguinte tinha seu azedo e estava perfeita. Diz o informante anônimo que, para ser mais saborosa, deveria ser mascada por alguma velha, e quanto mais velha melhor. Isto "por lhe aproveitar a baba, e assim dela gostam os de bom estômago, que os nojentos a levam a socar ao pilão, e aquentam-na com água". Passava por medicinal e própria para cortar as febres, se feita com o milho branco, e, de preferência, mascada ainda por mulher velha.

Pode-se supor que resultasse, por outro lado, de influência africana, a cerveja de milho, feita pelos pretos da costa da Mina com o milho ainda em grelo. Depois de postos a secar ao sol, sobre folhas de bananeira, os grãos eram socados, peneirados e metidos num tacho com água a ferver. Ao cozimento, depois de devidamente coado, guardavam-no em barris, até ganhar azedume.

A procedência africana dessa bebida é sugerida, não só pelo fato de serem escravos pretos, geralmente, seus produtores e principais consumidores, como pelo nome — aluá — que lhe davam em Minas Gerais, idêntico ao de várias espécies de bebida fermentada que se introduziram no Brasil com os negros da África. Cabe notar, entretanto, que no depoimento de Gervásio Leite Rebelo sobre os produtos de milho que se usavam, em 1727, entre os passageiros das monções de Cuiabá, se encontra a forma *aloja*, e que esta designação, de procedência espanhola,[8] está associada até hoje, no Paraguai e no Prata, a uma espécie de cerveja feita principalmente pelas tribos do Chaco com a algaroba e outros frutos e sementes. Não se acha, pois, excluída a possibilidade de seu uso, pelos paulistas, ter sido uma conseqüência do trato destes com as populações platinas.

Além dessas e também da jacuba, que se fazia da farinha desfeita em água ou leite, às vezes adoçada com rapadura, outra bebida de milho que mencionam muitas vezes os textos coloniais é a aguardente. Seu fabrico é mais um exemplo de adaptação de técnicas européias à elaboração de um produto genuinamente nativo. Não existia em São Paulo, antes do decênio de 1627-37, se é exato, como o indicam pesquisas recentes,[9] que só por esse tempo se introduziram aqui os primeiros alambiques. Trinta anos mais tarde — em 1667 — podia ser comprado numa vila nascente da borda da mata — Jundiaí — à razão de dois tostões a canada, quando a de aguardente de cana ia apenas a meia pataca. Vendiam-na também em botijas, ao preço de três vinténs cada uma, enquanto a de caninha custava meio tostão.[10]

A carestia maior da aguardente de milho, comparada à cachaça de cana, e a circunstância de ter longamente resistido, apesar disso, às medidas adversas das autoridades, leva a supor que teria seus devotos especiais e exclusivistas. As medidas adversas, consta que principiaram por volta de 1687. É desse ano, pelo menos, a determinação do ouvidor-geral, dr. Tomé de Almeida e Oliveira, para que de modo algum se vendesse, em São Paulo, a aguardente de milho, "por assim convir ao bem do povo e haver mantimentos". O taverneiro que se achasse vendendo desse gênero, deveria pagar dois milréis para o Conselho e seria condenado a um mês de cadeia. Poucos dias depois da proibição, o ouvidor, tendo em conta o fato de numerosas pessoas viverem de seu fabrico, e considerando os prejuízos que a medida poderia acarretar, resolvia deixar ao critério da Câmara o fazer executá-la ou torná-la sem efeito.[11]

Em 1725 os oficiais do Conselho voltavam a insistir nas ordens proibitivas, mandando, em edital, que fossem cumpridas. Fixava, já agora, o edital, em seis mil-réis a multa, e em trinta dias a prisão para toda pessoa que fabricasse a dita aguardente de milho. A deliberação não deve ter ficado inteiramente sem efeito, pois que, em janeiro de 1737, determinavam os camaristas que se cobrassem doze mil-réis de multa a duas pessoas que, segundo denúncia apresentada pelo estanqueiro de São João de Atibaia, fabricavam, naquela freguesia, a bebida combatida.[12]

Esse extenso inventário dos produtos de milho, que se consumiam em São Paulo e nas áreas de expansão paulista, justifica-se pela importância verdadeiramente dominante que pôde assumir ali a gramínea indígena, durante a fase colonial, comparada a outros gêneros de alimentação. Comparada muito especialmente à mandioca.

Essa importância é explicável só em parte pelas maiores possibilidades que oferecia ao seu cultivo a área de serra-acima primeiramente ocupada pelos colonizadores e que, sobretudo durante o Seiscentos, se converteria no principal núcleo da expansão paulista. Já se fez referência, aqui mesmo, ao fato de a maior parte da farinha-de-guerra, ou mandioca, usada na cidade de São Paulo, até 1782, pelo menos, ser procedente da beira-mar, devido à escassez da sua produção no planalto.

A outra explicação, todavia, e penso que a decisiva, da preferência dada ao milho sobre a mandioca, há de relacionar-se com a própria mobilidade que, por longo tempo, distinguiu a gente do planalto. Nas primitivas expedições ao sertão bruto seria de todo impossível o transporte das ramas de mandioca necessárias ao plantio nos arraiais situados onde já não existissem tribos de lavradores. Primeiro porque, além de serem de condução difícil, pois ocupariam demasiado espaço nas bagagens, é notório que essas ramas perdem muito rapidamente o poder germinativo. E depois, porque, feito com bom êxito o plantio, seria preciso esperar, no mínimo, um ano, geralmente muito mais, para a obtenção de colheitas satisfatórias.

O milho, por outro lado, além de poder ser transportado a distâncias consideráveis, em grãos, que tomavam pouco espaço para o transporte, oferecia a vantagem de já começar a produzir cinco e seis meses ou menos depois da sementeira. É significativo que, ao descrever o roteiro de São Paulo às minas de ouro, numa época em que esses caminhos já eram largamente trilhados, Antonil pôde observar, em sua *Cultura e opulência do Brasil*, como havia ali "roças de milho, abóbora e feijão, que são as lavouras feitas pelos descobridores das minas e por outras que ai querem voltar". "E *só disso*", acrescenta expressamente, "constam aquelas e outras roças nos caminhos e paragens das minas: e quando muito têm algumas batatas."[13]

Em Cuiabá, durante a visita do governador Rodrigo César de Meneses, que andou naquelas minas entre 1726 e 1727, a farinha de mandioca não é sequer mencionada pelo seu secretário Gervásio Leite Rebelo no rol dos gêneros que de ordinário se consumiam. Destes, o principal era, sem dúvida, o milho. Depois vinha o feijão e, ainda, vendidos a preços exorbitantes, galinhas, ovos e carne de porco, fresca ou salgada. Também Antonil assinala como novidade, em seu tratado de 1711, a presença de porcos domésticos e galináceos — criações estas que, por sua vez, se associam ao complexo do milho — em algumas roças do caminho. Eram vendidos aos viajantes por somas altíssimas, de onde o dizer-se, dos que passavam a Mantiqueira, que deixavam ali dependurada a consciência.

Em quasc todo o século XVIII, os mantimentos que obrigatoriamente iam nas expedições procedentes do planalto eram farinha, feijão e toucinho de porco. E tudo faz crer que, já por esse tempo, a referência à farinha, sem maior especificação, deveria aplicar-se à de milho. Nas listas de mantimentos que consumiam, por exemplo, os homens da expedição exploradora de Afonso Botelho de S. Payo e Sousa, entre 1769 e 1775, aos campos de Guarapuava, a simples menção de farinha, que aparece constantemente nas justificações de despesa, poderia, à primeira vista, suscitar dúvidas. Mas essas mesmas dúvidas dissipam-se ao verificarmos que a farinha, quando não tivesse sido comprada em vilas, como Curitiba, onde era nula a produção de mandioca, provinha do "milho das roças da expedição".[14]

E mesmo quando principia a aparecer em maior abundância no planalto, a farinha de mandioca não chegará a desalojar a de milho da situação de privilégio que desfrutava, esta, nos hábitos da população. Na expedição de Cândido Xavier de Almeida e Sousa, que saiu de São Paulo em 1800, com destino às fronteiras do Paraguai, iam apenas seis alqueires de farinha de mandioca para 164 de farinha de milho.[15]

A preferência dada a esta prende-se, em parte, conforme já foi sugerido, à circunstância de se ajustar melhor, o grão indígena, aos hábitos de mobilidade peculiares à gente dc serra acima, tanto quanto às condições que favoreciam ali a sua produção em maior escala, ou que impediam a produção da mandioca. Mas aos fatores que explicariam, naturalmente, o predomínio do milho, acrescentou-se uma racionalização, que buscaria fundar sobre outros motivos a preferência de que era objeto. Mais de um viajante da primeira metade do século passado ainda se refere à aversão constante que tinham os velhos paulistas pela farinha de mandioca, considerada menos nutritiva, embora de mais fácil digestão, do que a de milho. Spix e Martius escreviam dos moradores de São Paulo, em 1818, quc consideravam a mandioca alimento pouco sadio. A mesma coisa julgavam, entretanto, da farinha de milho, os moradores das províncias do Norte.[16] E Ferdinand Dénis notava, igualmente, que no Sul do Brasil prevaleciam, com relação à mandioca, exatamente os preconceitos que, no Norte, militavam contra o maior consumo de milho, tido ali por nocivo à saúde. "Nessa circunstância", acrescenta, "a opinião do vulgo está de acordo, senão com a razão, ao menos com a necessidade. O solo das províncias meridionais é muito mais propício à lavoura das diferentes espécies de milho do que à da mandioca. Esta, por sua vez, ganha sua mais livre expansão ao longo da costa meridional e pelas vizinhanças do equador."[17]

Quando se queira compreender a facilidade com que em certas áreas pôde desenvolver-se o "complexo do milho" será preciso ter em conta, aliás, não apenas as condições de solo e clima, que favoreceriam ali sua lavoura (capaz, por outro lado, de garantir, sem trabalho excessivo, o sustento de certas criações domésticas: cavalos, porcos sobretudo, e galináceos), mas a simplicidade e rusticidade das técnicas necessárias à elaboração de seus produtos. Tomadas, quase sem alteração, aos antigos naturais da terra, essas técnicas acomodavam-se mais facilmente à vida andeja e simples de parte notável da população do planalto. Tratando-se, além disso, de gênero cuja produção visava, não ao lucro comercial, mas à subsistência familiar, faltou um estímulo poderoso para o desenvolvimento de recursos técnicos favoráveis à produção em maior escala. Apenas quando se fez necessário forjar um tipo de alimentação abundante, boa para escravos e criações domésticas, surgiram condições que permitiam, até certo ponto, esse desenvolvimento. Tivemos então o moinho de fubá, em que se transferiram ao milho processos já elaborados para o tratamento de outro cereal.

Quanto ao mais, conservaram-se quase sem mudança os métodos usuais, entre nós, antes do advento do homem branco. Ao europeu deve-se quando muito a introdução do forno ou tacho de cobre, usado na fabricação de farinha. Mais tarde o simples pilão de madeira, herdado dos indígenas, aperfeiçoou-se nos vários tipos de monjolo, originários, todos, do Extremo Oriente. Não há notícia segura de que esse instrumento fosse conhecido no Brasil antes do século XVIII, e à alegação de Varnhagen, de que teria sido trazido por Brás Cubas para a ilha de São Vicente, falta qualquer apoio documental.

Contudo, já em fins de Setecentos, fala-se na sua presença em sítios muito diferentes e apartados uns dos outros. Sempre, é certo, dentro da vasta área primeiramente desbravada e, em grande escala, povoada por gente de São Paulo. Isso sugere a rapidez com que se teria disseminado entre nós um instrumento que não requer mão-de-obra numerosa e é capaz de tornar mais eficazes, sem alterá-las substancialmente, as técnicas indígenas de elaboração de um produto indígena.

4

MONJOLO

Simplificando os processos da elaboração dos produtos do milho, o monjolo deveria assegurar-se em pouco tempo lugar de realce entre as técnicas rurais típicas de toda a vasta área de expansão paulista. Capistrano de Abreu, depois de Saint-Hilaire e Burton, chegou a afiançar que a escolha, para casas de vivenda, dos fundos dos vales, onde mais facilmente se movimentaria essa máquina, é um distintivo peculiar dos paulistas e seus descendentes. E pretendeu mesmo que, às margens do rio São Francisco, se podem determinar aproximadamente os limites das duas correntes opostas de penetração — a de baianos e pernambucanos, provinda do Norte, e a dos homens de São Paulo, ida do Sul — marcando os pontos onde os altos deixam de ser preferidos para a habitação, mesmo quando não há risco de enchentes, e onde o monjolo entra a funcionar.

Assim, a predileção pelas terras baixas, a freqüência ou a simples presença do monjolo, o milho como alimento habitual, sob a forma de canjica (no sentido do Sul), a farinha pilada e o fubá, a carne de porco preferida à de boi, indicariam, de modo geral, estabelecimentos de paulista ou neto de bandeirantes.[1] À base de todas essas predileções, comenta o historiador, estaria a falta de sal, que impede o desenvolvimento do gado vacum e ainda hoje não tempera o angu, nem a canjica.

Pode ser um tanto sumária e, em parte, ainda pendente de confirmação, essa afirmativa de que as habitações em terra baixa distinguiriam de modo tão sistemático as áreas de expansão da gente de São Paulo. Dos outros traços apresentados como característicos do povoamento das mesmas áreas, é lícito dizer, no entanto, que parecem corresponder aos fatos e estão bem documentados. Saint-Hilaire, em suas viagens pela zona do São Francisco, notou como, à medida que se avançava no sertão, via-se crescer o cultivo e consumo da mandioca, planta "que não se vê nos arredores de Vila Rica" — a Ouro Preto de hoje. Naquele mesmo sertão já prevaleciam, contra a farinha de milho, e mesmo a de trigo, as idéias generalizadas no Norte. A de trigo passava, neste caso, por imprópria num clima tórrido e a de milho era tida como responsável pela elefantíase, a lepra e diversas doenças da pele. Os habitantes preferiam decididamente a farinha de mandioca, e mesmo aqueles que cultivavam o milho em abundância empregavam-no unicamente no sustento de muares, porcos e galinhas.[2]

Até aos nossos dias a presença do monjolo, tão intimamente associado ao uso predominante do milho na alimentação, deixou marca na toponímia de toda uma extensa região brasileira — e dela apenas — que vai do centro-norte de Minas Gerais até ao norte do Rio Grande do Sul e abrange grande parte de Goiás e Mato Grosso. O *Guia postal da República dos Estados Unidos do Brasil*, que se publicou em 1930, assinala 62 localidades, no Brasil, que tiram o nome do rústico instrumento. É a seguinte sua distribuição: 31 em Minas Gerais, 16 em São Paulo, seis no Paraná, três em Mato Grosso, três no estado do Rio, duas no Rio Grande do Sul e uma em Goiás. O total seria, sem dúvida, bem mais considerável se acrescido dos nomes de rios ou riachos que fornecem a água necessária para se acionarem essas máquinas.[3]

A escassez do sal ou do difícil acesso às salinas, na maior parte dessa área, que corresponde aproximadamente à da expansão paulista, pode tornar explicável — como o pretendia Capistrano de Abreu — a fácil difusão, ali, de todo o "complexo" do milho. No baixo São Francisco, ao contrário, e no sertão do Nordeste, a presença de zonas salineiras ou salitreiras, e também de águas permanentemente salobras, há de ter agido apreciavelmente sobre os padrões locais de povoamento, e afetado às linhas de penetração e ocupação do solo. De algumas daquelas salinas chegou a ser voz corrente que, depois de exauridas, se renovam, passados alguns anos. E Orville Derby, que registrou a crença, procura apoiar-se nela para sua conjetura de que o sal, derivado de rochas sedimentares, é carregado pelas águas durante a estação chuvosa e depositado no solo quando as mesmas águas, reunidas nas depressões da superfície, se evaporam pela época das secas. Para o geólogo norte-americano, a série de grés que compõe aquelas rochas é semelhante às camadas que fornecem sal na Europa e que, nos Estados Unidos, terão contribuído largamente para a primitiva colonização das terras a oeste dos Alleghanys. [4] Entretanto a associação sugerida entre a falta de sal e o consumo predominante dos produtos de milho e da carne de porco, nas áreas rurais do Centro-Sul, não pode ser generalizada sem perigo. Ela explicaria mal a persistência de tais hábitos alimentares, mesmo nas partes dessa área onde há abundância de barreiros ou terras salinas, como sucede em certas regiões de Goiás, por exemplo, onde, ainda hoje, a absorção de princípios salinos pelas plantas torna a cana-de-açúcar "completamente salgada". [5] E também em Mato Grosso, onde todo o complexo do milho pôde prevalecer, sem mudança, apesar das minas do Jauru ou dos depósitos salinos do Sul, que já no século XVII tinham permitido, nos campos da Vacaria, a formação de rebanhos imensuráveis de gado alçado.

Ainda menos plausível na aparência é outra associação freqüentemente tentada: associação entre o consumo preponderante do milho e a presença, nessas mesmas áreas, de condições hidrográficas mais favoráveis do que as no Nordeste ao uso do monjolo. Pois a verdade é que tal uso não se encontra, necessariamente, à origem dos processos de elaboração do milho. Os índios, que transmitiram esses processos aos portugueses e seus descendentes, serviam-se unicamente do pilão manual de madeira, que empregaram também os primeiros colonos. E não é impossível que estes e seus netos, brancos ou mestiços, antes de conhecerem o monjolo de água, oriundo do Extremo Oriente, já estivessem familiarizados com o de pé, que poderiam receber diretamente de Portugal.

A descrição que, do "pio de piar os milhos", nos oferece em estudo recente um erudito investigador português, pode aplicar-se com efeito, em todos os pormenores, ao nosso monjolo de pé. "Praticamente", escreve, "estes aparelhos constam de duas peças principais: o *pieiro*, bloco de pedra ou cepo de madeira com um buraco escavado e que serve de almofariz, e o pilão, composto de uma tábua *balancée* pregada sobre um eixo transversal, na extremidade da qual está encravado um cepo cilíndrico, que é o pilão propriamente dito. O camponês põe-se de pé, em cima da tábua, de maneira a que o eixo fique entre os dois pés. Quando se inclina para um lado e faz força sobre a ponta livre da tábua, o pilão levanta-se; depois, quan-

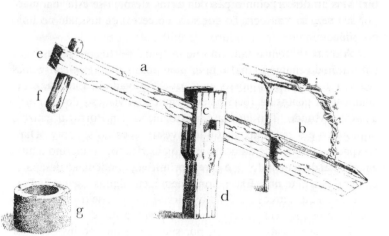

MONJOLO

a) haste — *b*) cocho — *c*) tranqueta ou cavilha — *d*) virgem ou pasmado — *e*) munheca — *f*) mão — *g*) pilão

do se inclina para o outro, o pilão desce e penetra no pieiro, onde está o cereal que se quer descascar."[6]

A diferença mais importante está na nomenclatura das peças e do próprio aparelho. Assim é que, no português do Brasil, o nome de pilão é reservado não à "mão", que pila ou péla o cereal, mas ao recipiente, onde este é depositado.[7] Nesse caso, a mão, fixada a uma das extremidades da haste, irá triturar, ou simplesmente esfolar, os grãos metidos no bojo do pilão (no sentido brasileiro). A haste oscila, por sua vez, sobre a "tranqueta" ou cavilha da "virgem" ou "pasmado" — que é o cepo verticalmente plantado na terra — segundo o movimento que lhe imprime o operador, de pé sobre a parte central.[8]

No caso do monjolo de água, aparentemente desconhecido em Portugal, pelo menos nos nossos dias, o mesmo movimento é proporcionado, como se sabe, pela queda da água sobre a extremidade da haste oposta à da mão. Para isso ela traz uma cavidade apropriada, o "cocho", que, ao encher-se de água, desce, forçando a mão a subir. Mas ao descer, com o peso da água, despeja-se esta, e a mão, por sua vez, irá cair com fragor sobre o cereal depositado no bojo do pilão.

A outra diferença está em que o "pio" português se destina à trituração do chamado milho miúdo ou milho alvo (*Panicum miliaceum*, Lin.), não à do nosso *maís*, que só invadiu a Europa, especialmente a península Ibérica, em seguida às viagens de Colombo ao Novo Mundo. Tão íntima é a associação, em Portugal, entre o milho alvo e o pio, que, segundo investigações do sr. Jorge Dias, a expansão ainda hoje do nosso milho americano, ao mesmo tempo em que vai destronando ali o cereal primitivo, condena ao desaparecimento essa máquina. Excepcionalmente, em alguns lugares de Portugal — ao que parece em Trás-os-Montes —, usa-se triturar o maís nos mesmos pios em que se descasca o milho miúdo.[9]

Essa associação conduziu, por sua vez, o mesmo investigador à tentativa de relacionar à própria expansão do milho alvo na Europa, até a península Ibérica, a expansão daquele instrumento por essas regiões. Ambos teriam trilhado juntos os mesmos caminhos, a partir da Ásia oriental, seu lugar de origem. A hipótese parece sugestiva e vem fortalecer aparentemente a tentativa, já expressa pelo mesmo estudioso em outro trabalho do autor, de salientar — tomando como base a preferência dada a certos gêneros de cultivo e a determinados instrumentos e usos rurais — a espécie de insularidade geográfica e cultural, que, separando o nordeste português do resto da península Ibérica, e mesmo de todo o mundo mediterrâneo, iria relacionar em alguns pontos essa "área atlântica" a regiões centrais e setentrionais da Europa.[10]

Para isso bastaria mostrar como o uso do milho alvo ou miúdo, generalizado outrora no centro e leste da Europa, sem falar no Extremo Oriente, seria, no sul, quase uma especialidade lusitana, melhor, do nordeste de Portugal, de sua "área atlântica". E depois, que essa associação, válida para tal área, também o seria para as demais regiões européias, onde o consumo do mesmo cereal foi de uso corrente.

Nenhum dos dois problemas oferece-lhe dificuldades. Por um lado acredita que, exceção feita de Portugal, e "talvez do norte da Itália", o milho alvo ou miúdo — e sob essa designação inclui também o painço (*Panicum italicum*, Lin.) — foi geralmente desconhecido na Europa meridicional. "No Mediterrâneo", diz, "o trigo era cultivado desde a Antiguidade, mas o milho miúdo não era conhecido ainda nos tempos clássicos."[11] Além disso encontrou elementos para mostrar como a associação entre esse grão e os pios não seria uma peculiaridade portuguesa: está documentada pelo menos para alguns lugares do oriente da Europa, onde o aparelho serviria para desbagar não somente a cevada, mas ainda o milho miúdo. Esses pontos merecem, todavia, alguma reflexão. Em primeiro lugar, se o milho miúdo era desconhecido nos tempos clássicos, como explicar o fato de ser expressamente referido em Virgílio, por exemplo — "[...] *et milio venit annua cura*"[12] —, ou em Varrão?[13] Além disso, a leitura de mais de um estudo moderno e autorizado sobre a história rural indica que o milho alvo já teria papel importante no continente europeu durante a era neolítica, em que se estendia para oeste até à Sabóia e à Germânia. Na Idade do Bronze chegaria a transpor o norte da Itália e o resto do continente europeu.[14] E nada sugere que tenha havido grande descontinuidade na expansão do cultivo e consumo desse cereal entre o centro e o sudoeste da Europa durante a Antiguidade e a Idade Média. Em trabalho de Charles Parain sobre a evolução antiga das técnicas agrárias observa-se que o milho miúdo existiu, nos tempos romanos, na Britânia e na Gália (e não tanto na Gália do norte quanto na Aquitânia), e ainda nas planícies do Pó e na Campânia. E sua sobrevivência, durante a Idade Média, é registada exatamente na Itália do norte, na região pirenaica e no sudoeste e oeste da França, "onde os camponeses viviam sobretudo dele, ao passo que vendiam o trigo que cultivavam ou entregavam-no aos seus senhores em paga de obrigações".[15] Esses fatos, não há dúvida que são de molde a enfraquecer a tese da descontinuidade.

A outra tese, de que os pios, mesmo fora de Portugal, andam largamente associados, como ali, ao milho miúdo, também parece sujeitar-se a restrições. No trabalho de Paul Leser acerca das relações culturais entre a Europa e o Oriente, mostrada através de usos e instrumentos agrícolas comuns, trabalho esse fortemente colorido, aliás, pela filiação do autor aos métodos histórico-culturais de Graebner e Schmidt, e onde, por conseguinte, os aspectos puramente morfológicos tendem a prevalecer sobre os funcionais, diz-se, contudo, de um instrumento exatamente idêntico ao pio português e ao nosso monjolo, que, na Ásia oriental, serve, em primeiro lugar, para a descasca do arroz, embora possa ter outros empregos.[16] E em Haberlandt lê-se que o mesmo aparelho é usado, desde os Alpes, através da Rússia meridional até ao Extremo Oriente, para pilar a cevada, esmagar a linhaça ou descascar o arroz.[17] Nenhum desses depoimentos refere-se expressamente ao milho miúdo.

É evidente que isso não fala contra o emprego da máquina, naqueles lugares, com o fim que lhe dão em Portugal. Seria mesmo um tanto para admirar se esse emprego não ocorresse em certas terras, justamente da Europa oriental, onde, ainda em meados do século XVIII, o milho miúdo, ao que consta, era de intenso consumo, chegando a substituir em grande parte o trigo, destinado, este, quase apenas às cidades maiores.[18] Tudo faz supor, no entanto, que tal função fosse apenas subsidiária, não predominante, e, ainda menos, exclusivista. Cabe então uma pergunta: por que jungir os pios unicamente ao milho miúdo, quando eles se poderiam associar, talvez com maior razão, à cevada, por exemplo, ou ao linho, que desde eras remotas são conhecidos e utilizados em terras lusitanas?

E cabe também uma conjetura. Por que não associar a difusão desse instrumento, no Velho Continente, à do próprio cereal que, no oriente asiático, se acha mais estreitamente vinculado à sua utilização? Deixando de parte a região valenciana e, de modo geral, o levante espanhol, onde a introdução do arroz é devida provavelmente a árabes e mouros, todas as outras zonas da Europa em que seu consumo e plantio se desenvolveram, de algum modo, já na Idade Média — Rússia meridional, península balcânica e vale do Danúbio, Hungria,[19] norte da Itália —, estiveram sujeitas à ação de povos invasores procedentes da Ásia central, seja diretamente, através de conquista, como é o caso, entre outras, da conquista turca, seja através da relativa proximidade geográfica ou de contatos econômicos mais ou menos intensos com os invasores.

Excluindo, por ora, o exemplo português, não deixa de ser curioso que a presença, na Europa, de máquinas de pilar cereais, exatamente idênticas ao nosso monjolo, fosse assinalada, até aqui, apenas nessas mesmas regiões e suas proximidades. Embora, ao que me consta, ela não tenha sido apontada pelos que se ocuparam do problema, a coincidência parece bastante significativa para justificar alguma consideração.

No Oriente, fundando-se em copiosa literatura etnográfica e em relatos de viajantes, Leser pôde indicar referências à sua existência na China, no Japão, na Indo-China, na Índia setentrional, sobretudo Bengala, e na Pérsia.[20] Em todos esses casos o aparelho estaria associado, principalmente, à descasca do arroz. Na Europa, os mesmos autores apontam ainda a Hungria, a Polônia, a Estíria, a Caríntia, a Carniola, Salzburgo e a Itália. Regiões essas que se prendem, de algum modo, a áreas rizícolas ou alcançadas pelas conquistas magiar e otomana. Em alguns casos é expressamente mencionada, ainda aqui, sua associação ao preparo do arroz.

A reconstrução, por Meringer, de um aparelho semelhante, encontrado na Suíça, revela tratar-se de caso especial, talvez de origem independente. Neste caso a máquina seria movida, não pela queda direta da água sobre uma das extremidades da haste horizontal oscilante, mas por intermédio de uma roda hidráulica, comparável à dos martelos usados tradicionalmente na forja de ferro.[21] Contudo um aparelho de pelar arroz movido com socorro da roda d'água também é registrado por Meynen na China, ao lado dos outros dois tipos mais freqüentes, e que correspondem, respectivamente, ao nosso monjolo de água e ao monjolo de pé.[22] Este último modelo seria o usual da Indo-China e ainda na Ásia central, na Transcaucásia e na Europa.

E é também o que ocorre em Portugal, a julgar pela descrição que nos deu o sr. Jorge Dias do "pio de piar os milhos", encontrado especialmente na serra da Padrela. Nesse caso português, seria certamente temerário procurar explicação da ocorrência em algum contato com povos invasores provenientes da Ásia central. No entanto a presença, ali, de aparelhos de descascar cereais semelhantes aos que se encontram no Oriente, assim como em regiões distantes da Europa, deixa de parecer misteriosa, desde que se admita a possibilidade de ter sido introduzido diretamente da Ásia, em resultado das navegações portuguesas.

Essa possibilidade explica, aparentemente, melhor do que a associação entre os pios e o milho miúdo, o aparecimento do instrumento em Portugal, além de apartar a dificuldade que sempre há de oferecer — caso se admita a associação — o fato de não ter sido assinalado até agora, ao que nos conste, algum aparelho semelhante na França, por exemplo, ou na Inglaterra, ou ainda no Egito, onde, já no Antigo Império, o mesmo cereal era cultivado ao lado do trigo e da cevada, ou na Síria em que teria sido domesticado já em épocas pré-históricas.[23]

A relação entre esse instrumento e as técnicas específicas de descascar cereais, semelhantes às que se encontram no Extremo Oriente, pode lançar alguma luz sobre o problema das origens do monjolo no Brasil, que deu margem a esta excursão através da Europa e do Oriente. Assim como, em Portugal, seu emprego se transferiu para o tratamento do milho miúdo, entre nós se terá transferido, em parte, para o do milho graúdo, o maís. Em parte, porque continuou, e continua a empregar-se, entre nós, tal como sucede no Oriente, para a descasca do arroz. E justamente a existência, aqui, de arrozais, desde os tempos da colônia, terá facilitado ainda mais do que em Portugal a fixação e disseminação desse maquinismo asiático, a ponto de se ter ele integrado, cabalmente, em algumas das nossas paisagens rurais mais características. Assim, ao passo que em Portugal não é, ou já não é, conhecido o monjolo de água, no Centro-Sul do Brasil continua ele a ser talvez o instrumento mais típico para a descasca ou trituração do milho nas regiões onde puderam prevalecer intatas as velhas técnicas coloniais.

Trazido, ao que parece, de Cabo Verde, o arroz é assinalado, em depoimentos merecedores de crédito, no litoral vicentino, já em meados do século XVI. Sabe-se mesmo que, em 1552, ao regular-se a mercê dos dízimos e primícias de toda a costa, ficou expressamente estabelecido que não entraria no caso o arroz de São Vicente. E isto devido a ser ele "a principal coisa depois do açúcar".[24] Em fins do século XVI, e princípio do seguinte, ainda figura, entre os produtos exportados de São Vicente para o Prata, valendo cinco pesos a pipa.[25]

Como explicar o laconismo da documentação correspondente ao longo intervalo que vai daquela data até fins do século XVIII, sem suspeitar que essa lavoura, aparentemente próspera nos tempos iniciais, foi, por qualquer motivo, abandonada, ou não chegou sequer a transpor as escarpas da serra do Mar? Para semelhante explicação há apoio, aliás, em certa passagem de frei Gaspar da Madre de Deus, onde se fala do desprezo em que, ao seu tempo, jaziam culturas tais como a do açúcar e do arroz, em que antes "todos se ocupavam", atribuindo esse desprezo à incúria dos moradores.[26]

A censura entendia-se, não há dúvida, com os moradores da costa, pois, escrevendo na última década do Setecentos, o frade historiador diz ainda que, a esse tempo, o açúcar e a maior parte do arroz que consumiam os moradores de Santos e São Vicente lhes ia de serra-acima.

A verdade é que, pelo menos um século antes aparecem indícios de seu consumo na vila de São Paulo. De 1691 é a advertência dos camaristas aos almotacés para que "não almotaçassem arroz, nem açúcar, nem farinha, nem feijão, nem milho, por não ser de uso".[27] Isso quer dizer que a venda seria feita independentemente de quaisquer restrições, e tal situação, no caso do arroz, perduraria até muito mais tarde, provavelmente até 1730. É desse ano, de 23 de julho, o edital da Câmara de São Paulo onde se ordena que sua venda ficaria sujeita à almotaçaria, salvo nos casos em que o vendedor fosse o mesmo produtor: "ordenamos e mandamos que, *de hoje em diante*, as quitandeiras, que costumam vender nas quitandas ou pellas ruas desta cidade, nam vendam fumo, sal c *arros* c tousinho, sem que almotasem primeiro pello requerimento que nos fizeram os taverneiros desta cidade, cujos generos só poderam vender os tais, com licença nossa, debaixo de almotaçaria, e aquellas pessoas que os taes generos tiverem de sua lavra, porque só a estas o nam proibimos [...]".[28]

Não se conhece o requerimento dos taverneiros, que serviria, talvez, para melhor elucidar todas as circunstâncias do caso, mas a leitura do edital torna plausível a suspeita de que o arroz, já então, galgara a serra, e seria plantado e consumido entre gente do planalto. Que era plantado, sugere-o aquela referência expressa a pessoas que tivessem os tais gêneros "de sua lavra". A omissão das palavras "arroz" e "arrozal" nos inventários paulistas publicados — e os inventários publicados abrangem quase unicamente o século XVII — já tem sugerido a crença de que essa granjearia fosse desconhecida aqui durante a maior parte do período colonial.[29] Pode-se supor que seria, na pior hipótese, de importância comercial reduzida, se posta em confronto com outros gêneros. E isso é explicável pela circunstância de não se conhecerem, então, entre nós, máquinas para a descasca mais eficazes do que o pilão manual ou o monjolo, que dão produto escasso e sem grande valor comercial, pois raramente se conseguem, com tais instrumentos, grãos intatos e perfeitamente limpos.

A explicação é válida ao menos para a segunda metade do século XVIII, quando aparecem notícias certas da abundância desse gênero em todo o planalto paulista. Um documento de 1767, onde são discriminadas as dificuldades que se opõem ao transporte de produtos da capitania em embarcações destinadas ao reino, diz: "Se aqui houvesse engenho de arroz como há no Rio de Janeiro [...], então seria mais fácil haver carga [...]".[30] No mesmo ano, em carta escrita pelo capitão-general, d. Luís Antônio de Sousa Botelho Mourão, morgado de Mateus, acerca da situação da lavoura na capitania, declara-se expressamente: "O arroz é admirável e dá-se em qualquer parte".[31] Esse "em qualquer parte" inclui, sem dúvida, a própria região piratiningana. Do contrário não se compreende que tratando, em outro documento do mesmo ano, da própria área da cidade de São Paulo e seu termo, o morgado de Mateus ainda sustentasse: "o arroz produz-se aqui com muita facilidade e abundância".[32]

Os engenhos para descasca existentes no Rio de Janeiro, a que se refere o governador, seriam de data recente, visto como, ainda em 1753, certo Antônio Francisco Marques Guimarães, ali residente, requeria licença e privilégio para a construção de uma "fábrica" de descascar arroz. E parece que a iniciativa prometeu logo bom resultado e estimulou outros interessados, visto como, já no ano seguinte, o mesmo Marques Guimarães pleiteará a fixação de penalidades para os transgressores do privilégio, que lhe fora concedido, de erigir uma fábrica dessa natureza no recôncavo do Rio de Janeiro.[33]

Nada impede que o produto, então consumido em São Paulo e no Rio, descendesse das sementes plantadas aqui já no século XVI. Do arroz da Carolina, que se expandiria depois pelo Brasil todo, sabe-se que só mais tarde será introduzido, e primeiramente no Maranhão. Gayoso conserva-nos a data dessa introdução — 1765 e 1766 — atribuindo-a aos esforços do então administrador da Companhia de Comércio, capitão José Vieira de Sousa, "que pedira aos deputados de Lisboa uma porção de arroz da Carolina, repartindo-a entre os moradores".[34] Até àquela data plantava-se ali unicamente o arroz vermelho, da terra, nativo na região amazônica e em partes do atual estado de Mato Grosso.

Em São Paulo, onde não consta a existência do arroz indígena, bravo ou cultivado, é lícito pensar que, nos primeiros tempos, continuara a ser plantado o produto adventício pelos sitiantes, embora se destinasse, principalmente, ao uso doméstico. Isso não quer dizer que em certas ocasiões, e em escala reduzida, deixasse de servir como artigo de comércio. Que o era, prova-o cabalmente o próprio fato de, em 1691, ser vendido livre de almotaçaria. Posteriormente, aparece, uma ou outra vez, entre os gêneros levados nas frotas de comércio do Cuiabá. Neste caso é certo, porém, que ia em pequena quantidade servindo, apenas, aos passageiros e mareantes, durante o trajeto.[35] Mas, em princípio do século XIX, já é mencionado como elemento predominante nas rações administradas aos doentes, em hospitais paulistanos e santistas, ao lado do pão, que se substitui, eventualmente, pela farinha de milho ou mandioca.

Frei Gaspar refere, no último decênio do século XVIII, que o arroz consumido em Santos e São Vicente ia do planalto da capitania, das áreas de serra-acima. À mesma procedência deve associar-se o que figura, já então, como gênero exportado nos mapas de carga de navios saídos do porto de Santos. Dos poucos mapas que existem publicados, três referem-se a 1797, o ano, precisamente, em que se imprime em Lisboa o livro do historiador beneditino. Por esses documentos ficamos sabendo que nas três embarcações saídas — o *Santos Mártires Triunfo do Mar*, o *Nossa Senhora da Cana Verde* e o *Nossa Senhora de Oliveira* — se transportaram, ao todo, daquele porto de Santos para o de Lisboa, 9932 arrobas de arroz.[36] Mais do que qualquer outro gênero agrícola, exceção feita apenas do açúcar fino, que sempre se mantém na dianteira.

Contudo o fato de ter escasseado o plantio e, necessariamente, o consumo do produto, em épocas anteriores, depois da aparente prosperidade que alcançara nos primeiros tempos da colonização, não é circunstância desprezível para quem se ocupe destes problemas. E o simples fato de voltarem a aparecer, em textos de fins do século XVII, as referências a esse mantimento, após prolongado silêncio, pode fortalecer a suspeita de que, abandonado na ilha de São Vicente e vizinhanças, seu cultivo tenha sido reintroduzido diretamente no planalto, um século mais tarde. E com o cultivo, também os maquinismos que, no Oriente, se associavam correntemente à sua produção e benefício.

O mutismo dos textos anteriores a fins do Setecentos acerca do monjolo não prova decisivamente que esse instrumento fosse desconhecido ali um século antes. É significativo que, em fins do Setecentos e princípio do Oitocentos, seja assinalado em vários sítios e muito apartados uns dos outros — Vila Rica, São Paulo, Cuiabá... —: isso indica que não se trataria de aquisição recente. Que o uso, ao menos do monjolo de pé, date, entre nós, já de fins do século XVII, justamente da época em que principiam a aparecer referências mais precisas, em documentos paulistas, ao consumo do arroz, representa, sem dúvida, simples conjetura, mas bem apoiada.[37]

Menos aceitável é a crença, inicialmente formulada pelo visconde de Porto Seguro, e aceita muitas vezes sem crítica, de que o primeiro monjolo do Brasil fora montado por Brás Cubas — que por sua vez o trouxera da China — em terras da ilha de São Vicente, onde fundaria, depois, a vila de Santos. Dessa máquina proviria o nome de Enguaguaçu (pilão grande), dado pelos índios ao mesmo sítio.

Essa crença, que não é endossada por nenhum documento quinhentista, parece provir de um simples engano na interpretação de frei Gaspar, onde este escreve que Pero de Góis recebeu em sesmaria a região fronteira ao Enguaguaçu, e ali "fez hum Engenho d'agoa chamado da Madre de Deus". Trata-se aqui, em realidade, de um engenho de moer canas, não de uma almanjarra de pilar cereais. E o nome de Enguaguaçu, ou Pilão Grande, viria da configuração aparente da ilha e suas redondezas para quem está no alto da serra, pois as montanhas e outeiros em torno da água e da terra firme "fórmão huma concavidade muito semelhante á dos instrumentos onde o Gentio Brazilico fazia as suas triturações".[38] A própria viagem de Brás Cubas à Ásia, de onde teria trazido a idéia do instrumento, está sujeita às mais sérias dúvidas. Ao contrário do que afirma Porto Seguro, ele não acompanhou certamente Martim Afonso ao Oriente e, segundo todas as probabilidades, também não esteve ali em época anterior.[39]

Ao autor da *História geral do Brasil*, que vira, em 1873, na seção chinesa da Exposição Internacional de Viena, um instrumento exatamente idêntico ao nosso monjolo, deve-se, de qualquer modo, a primeira referência conhecida à sua origem asiática. Onde errou certamente foi na tentativa de fixar as circunstâncias e a data de sua introdução entre nós.

Não obstante aquela origem, a verdade é que viria aclimar-se tão admiravelmente em nosso meio rural e acomodar-se às condições da terra, que pareceu logo plausível a opinião de que já teria entrado com os primeiros colonos. E não faltou mesmo quem, como John Luccock, chegasse a julgá-lo de simples procedência indígena. Essa aclimação e adaptação está relacionada, sem dúvida, ao fato de se ter revelado auxiliar serviçal, quase insubstituível, em muitos lugares, no processo de elaboração de produtos alimentares que constituíam a verdadeira base da dieta de uma parte bastante considerável da população.

O próprio nome que veio a receber, e que ainda hoje constitui um problema para historiadores e lingüistas, reflete provavelmente o grande préstimo desse instrumento: cativo que não requer feitor.[40] Aquela sua plangência constante e monótona representa até hoje um distintivo notável dos sítios rurais ainda não invadidos por técnicas mais civilizadas.

"Monjolos" e "negros monjolos" são nomes que também se dão, em textos coloniais, a uma das castas de africanos que o comércio de escravos introduziu em nossas lavouras. Haverá motivo sério que incline a afastar, sem hesitação, a hipótese, já aventada, de que, por simples extensão de significado, a designação pode transferir-se dos negros para esses verdadeiros *robots* rústicos? Não seria mal lembrada, em realidade, a aproximação entre o oscilar moroso e compassado da haste do monjolo e os movimentos de algum negro já relegado das fainas mais ásperas para o mister de preparar a farinha de milho ou a canjica e de pelar o arroz destinado ao consumo caseiro. Essa aproximação já está sugerida, aliás, no próprio nome — *Negro Velho* — que ao tempo de Spix e Martius davam à máquina nos arredores de Sorocaba[41] e que, ainda hoje, se preserva, pelo menos entre descendentes de alemães, nas colônias sulinas.[42] As condições da economia rural, em certas terras do Centro-Sul, onde predominou largamente a lavoura de subsistência, e onde não existiam grandes plantações que reclamassem mão-de-obra numerosa, foram o maior estímulo, sem dúvida, à introdução dessas máquinas, que deveriam reduzir ao mínimo o esforço do homem.

5
DO CHUÇO AO ARADO

As próprias condições que, no Brasil, impediam o desenvolvimento de uma lavoura estável vieram a favorecer, por outro lado, a persistência dos processos rotineiros herdados, quase sem mudança, do indígena. O único instrumento agrícola que continuou generalizado entre os colonos foi a cavadeira de pau ou chuço, quando muito a enxada e a foice. A transitoriedade nos plantios era a regra, e dificilmente se passavam duas gerações sem que as plantações mudassem de sítio.

O uso do arado não foi, aliás, inteiramente desconhecido no Brasil colonial, ao contrário do que muitos presumem. Entre senhores de engenho do Recôncavo baiano, ele seria corrente por volta de 1798. Em ofício dessa data escreve, efetivamente, para o reino, o governador d. Fernando José de Portugal, que o emprego de arados era conhecido em quase todos os engenhos da capitania da Bahia para a plantação de canas. Os quais, acrescenta, "são regularmente puchados por dez, doze ou mais bois, por terem esses animaes menos força neste paiz e custarem as terras mais a abrir: os arados são feitos segundo o modelo de huns que vieram para aqui do Reino ha muitos annos, mas como se terão aperfeiçoado, talvez, muito, de então para cá, não deixaria de ser conveniente que dahi se remettessem alguns modelos mais modernos e mais bem fabricados, para por elles se fazerem outros".[1]

Embora se conheçam, além dessa, escassas referências à aradura nos engenhos da Bahia, ou do Nordeste, a circunstância de se tratar, aqui, de um tipo de plantação menos instável, apesar de tudo, do que a simples lavoura de mantimentos, e, que, para ser rendosa, pede terra limpa e destocada, pode explicar esse progresso sensível sobre os velhos métodos indígenas.

Mesmo em terras paulistas, há notícia da presença de arados antes de se ter generalizado, ali, a lavoura do trigo, outra gramínea que podia reclamar, melhor do que certas granjearias tropicais, o emprego dessa máquina. Num inventário de 1599, consta, de Maria Gonçalves, mulher de Clemente Álvares, com roça em Ibirapuera, que tinha um ferro de arado. Avaliaram-no, juntamente com o carro velho correspondente, em 1$600, preço esse que equivalia ao de um gibão de damasco. Em outro inventário, o de Manuel de Lara, lavrador na Parnaíba, refere-se que este, em 1637, deixou entre seus bens um ferro de arado.[2]

O mau sucesso dessas experiências é explicado, numa das cartas que em 1766 escreveu ao vice-rei do Brasil o governador de São Paulo, d. Luís Antônio de Sousa Botelho Mourão. Até os filhos do reino, que vivem cá há muitos anos, dizia esse capitão-general, são de parecer que a terra é fria e não dá sustância senão na superfície, que "se não pode uzar arado, que alguns já uzarão delle, que tudo se lhes perdeo". Admitindo certa procedência nas alegações, o morgado de Mateus não deixa de sugerir o remédio adequado: o uso de um arado que só risque a superfície, como os que se empregavam em Portugal na lavoura do centeio, quando praticada nos montes.[3]

Não caberia, nesse caso, atribuir apenas ao gosto da rotina, ou à incúria, esse retrocesso dos lavradores, vindos do reino, a um padrão técnico em nada melhor do que os velhos métodos indígenas. A verdade é que o mesmo ocorre em nossos dias com relação a agricultores procedentes de outros países da Europa; não são raros os casos de colonos que, em terras tropicais, renunciaram ao arado pela enxada ou o simples soquete, após tentativas malogradas. Será lícito dizer-se, como o disse um geógrafo dos nossos dias, que o recurso a técnicas européias constitui, em muitos casos, "uma violência infligida à natureza tropical"?[4]

Em inquérito recente mostrou-se como lavradores alemães estabelecidos, desde 1887, no Paraguai, tiveram de abandonar, depois de experimentá-los, os métodos correntes em suas terras de origem, e chegaram à convicção de que um solo florestal pode ser destruído, não só pelo uso do fogo, mas ainda pelo abuso do arado. A razão está em que a relha, penetrando profundamente o solo, tende a sepultar a camada tênue de microorganismos e, em geral, de substâncias orgânicas indispensáveis para o desenvolvimento das plantas cultivadas.[5] Razão que, exposta embora em outras palavras, lembra muito as desculpas que, ao seu capitão-general, apresentaram, em fins do século XVIII, os lavradores de São Paulo, ou a crença, ainda em nossos dias dominante, entre lavradores do Juquiá, de que o arado *envenena* a terra.[6]

O mau resultado das experiências efetuadas no Brasil poderia provir do fato de se terem empregado, em tais casos, máquinas especialmente pesadas, que raspam fundo o solo. Seriam desse tipo aqueles arados da Bahia, puxados por dez ou mais bois, a que se referira d. Fernando José de Portugal, no ofício já mencionado. Ou ainda os que utilizavam, por volta de 1863, alguns fazendeiros paulistas. Estes, escreveu Campos Sales, precisavam de toda uma junta de bois para manejar cada arado. Só o exemplo dos lavradores do sul dos Estados Unidos, imigrados mais tarde, com as máquinas leves que, em sua terra de origem, empregavam na lavoura do algodão, pôde mostrar-lhes, enfim, que cada instrumento não requer mais do que um homem e um animal para todas as operações a que se destina.[7]

Os próprios arados coloniais de São Paulo também pertenciam ao tipo menos indicado para a lavoura em terras tropicais e subtropicais, ainda mal libertas de seu revestimento florestal. O de Maria Gonçalves, a julgar pelo inventário de 1599, vinha acompanhado do seu "carro velho", e essa simples circunstância já ajuda a identificá-lo com o arado de tipo *quadrangular, com rodas*. Segundo uma autoridade no assunto, o já citado professor Jorge Dias, do Porto, seria este, entre os modelos tradicionais em Portugal, o único a comportar uma carreta.[8] Trata-se de instrumento pesado, peculiar ao norte ou centro da Europa, e cuja presença no nordeste da península Ibérica só lhe parece explicável pelo influxo dos invasores suevos durante o século V. Os quais teriam levado intatas, para os países ocupados, "suas técnicas agrícolas e tradições, muito mais que os visigodos, que durante séculos estão em contato com os romanos e vivem dentro do Império Romano".[9]

Na península Ibérica, o uso desse tipo de charrua estaria circunscrito a Portugal, e em Portugal a todo o Minho da "ribeira" assim como às terras planas e fundas do litoral para o sul do Douro. Há indícios de que, no século XVI, teria existido também na Estremadura. Regiões, em parte, já densamente povoadas ao tempo da colonização do Brasil e que forneceram dos maiores contingentes de povoadores para o Novo Mundo. Não admira se, com esses povoadores, tivessem vindo seus instrumentos tradicionais de trabalho. E a desculpa oferecida pelos lavradores paulistas ao morgado de Mateus refletiria, então, o mau sucesso alcançado por algumas dessas máquinas, no caso pelo arado de tipo quadrangular, em terras ainda mal preparadas para recebê-las.

E o remédio sugerido, nesse caso, por d. Luís Antônio, isto é, o recurso, de preferência, a uma aradura de superfície, obtida com o socorro dos aparelhos que, em Portugal, se empregavam na lavoura do centeio, quando praticado em terras ásperas, como o são os arados chamados *radiais*, na classificação de Dias, corresponde ao que, com os inquéritos mais recentes de Wilhelmy e outros, vem sendo sugerido para áreas tropicais e subtropicais.

A convicção de que nessas áreas não convém, ao menos de início, abrirem-se sulcos profundos para as sementeiras, guiou os colonos menonitas no Paraguai e garantiu o bom êxito das suas lavouras, em contraste com as dos seus vizinhos de Nueva Germania, que, recorrendo, sem mudança, aos métodos usuais na Europa central, se viram forçados a abandoná-los e, já hoje, só praticam a lavoura de enxada. Também em certos lugares da África oriental, onde os plantadores europeus começaram por utilizar arados que abrem sulcos de trinta a 35 centímetros de profundidade, adotou-se, depois, com grandes vantagens, a aradura superficial, em face dos prejuízos causados pelas primeiras tentativas. E na Abissínia, onde os indígenas usavam tradicionalmente uma espécie primitiva de arado, que se limita a riscar o solo, sem penetrá-lo além de poucos centímetros, os italianos que, durante a ocupação do país, tinham introduzido as pesadas charruas da península, viram-se forçados a substituí-las, com o tempo, por outro tipo, fabricado, já agora, de acordo com os antigos modelos locais.[10]

Essas experiências bem mostram o acerto da solução que apregoara, em 1766, entre nós, o morgado de Mateus. Aproveitada, ela poderia ter tido, como conseqüência, uma radical transformação de nossa paisagem rural, criando uma raça de verdadeiros lavradores, apegados ao solo e não de simples *mineradores*, só ocupados em beneficiar-se dele, enquanto prestativo. Mas as idéias de d. Luís Antônio não encontraram adeptos solícitos, e bem depressa se apagou a lembrança das tentativas de emprego do arado, em São Paulo, no período colonial. Exatamente um século mais tarde, quando se estabeleceram aqui algumas famílias de lavradores norte-americanos, que deixaram seu país de origem em virtude da Guerra de Secessão, passariam por introdutores de uma inovação que, segundo as notícias da época, eram de molde a revolucionar profundamente nossos métodos de lavoura.

III
O FIO E A TEIA

1
TÉCNICAS ADVENTÍCIAS

Em carta de agosto de 1549, endereçada da Bahia ao padre Mestre Simão, encarecia Nóbrega a necessidade de virem pessoas que soubessem tecer algodão, "que cá há muito". E sugeria ao mesmo tempo algum petitório de roupa para se cobrirem os novos convertidos: "ao menos uma camisa a cada mulher, pela honestidade da religião cristã, por que vêm todas a esta cidade à missa aos domingos e festas, que faz muita devoção e vêm rezando as orações que lhes ensinamos e não parece honesto estarem nuas entre os cristãos na igreja e quando as ensinamos".[1]

Nove anos mais tarde, conforme outras cartas jesuíticas, já existia pelo menos um tecelão índio com seu tear numa das aldeias baianas, tendo aprendido o ofício por iniciativa dos padres. Outros seguiram-lhe o exemplo, e o cuidado que antes punham todos nos festejos bestiais de carne humana e também nas guerras e cerimônias gentílicas, aplicavam-no agora em plantar algodão, fiarem-no e vestirem-se.[2] Em 1562, levada da Bahia, introduzia-se a indústria têxtil nas aldeias do Espírito Santo.[3]

Às redes de algodão de que se serviam a princípio os índios da costa do Brasil também se refere Nóbrega, quando, em carta escrita no ano de 1561 ao geral da Companhia de Jesus, afirma que, sendo elas as camas da terra, não se alcançavam com facilidade em São Vicente por serem caras, mas podiam vir de outras capitanias, "onde são muito baratas".[4]

Nos inventários paulistas publicados, os teares de rede não aparecem expressamente mencionados antes de 1729, mas é pouco verossímil que até então os moradores da capitania dependessem nesse particular da indústria indígena. Quanto aos de tecer pano, estes já existem seguramente, em São Paulo, desde o século XVI. É de 1578, com efeito, a ordem dos camaristas da vila para que só se teçam panos de acordo com a marca do mar, isto é, que tenham três palmos e meio de largura.[5]

Mas a indústria de tecidos ainda seria incipiente e escassa nesse período. Por isso, "por haver na terra pouco pano de algodão", deliberam os oficiais da Câmara, em abril de 1585, que o tecido grosso seja vendido a duzentos réis a vara e o delgado a 240. Decidem mais que ninguém venda o quintal de algodão "em caroço, enxuto e bem acondicionado" por mais de dois mil-réis, e ainda, que o não vendam para fora da vila sem licença especial. Esta última resolução aplica-se não somente ao algodão bruto como aos tecidos: "nenhuma pessoa venda pano de algodão para fora da vila sem primeiro o trazer à Câmara para se fazer diligência se no povo é mister".[6]

É mais do que provável que a carência desse produto fosse em parte compensada com a importação de outras capitanias e também de fora do Brasil. De Buenos Aires sabe-se com segurança que veio para São Vicente em 1587 uma enorme partida de pano de algodão de Tucumã remetida pelo bispo Francisco Vitória, o mesmo que no ano antecedente recolhera em San Miguel e Santiago — por meios compulsivos, diziam as más línguas — trinta carretas de tecidos a fim de enviá-los àquele porto. Tem essa remessa a particularidade de ser a primeira do produto "argentino" embarcada em Buenos Aires desde sua fundação.[7]

A taxa estipulada em 1585 pela Câmara de São Paulo mantêm-na os oficiais onze anos mais tarde para os panos tecidos: duzentos réis a vara, mas desta vez sem discriminação de qualidade.[8] As avaliações consignadas nos inventários revelam, em todo caso, oscilação apreciável nos preços, refletindo talvez irregularidade no abastecimento do produto, que não dependeria unicamente do plantio local. Num inventário de 1597 encontramos o valor de 3$200 para o quintal de algodão;[9] meia arroba do limpo é orçada no ano de 1593 em 1$200, o que equivale a nada menos do que 9$600 para o quintal.[10] Neste caso, entretanto, a divergência só à primeira vista pode parecer excessiva: na realidade duas arrobas de algodão com sementes davam, de ordinário, meia do produto limpo sem considerar o tempo e trabalho consumidos no descaroçamento.

Num inventário de 1598, o de Isabel Félix, com sítio no Tejuguaçu, encontramos o preço de quatrocentos réis para uma arroba menos seis ou oito arráteis de algodão, o que concorda aproximadamente com a taxa oficial de dois mil-réis para o quintal.[11] Mas em outros textos, de 1599 e 1600 respectivamente, registam-se os preços de oitocentos e de 640 réis para a arroba.

É a partir dessa época, aparentemente, que se intensificam as plantaçõcs no planalto, e em 1606 os camaristas de São Paulo já poderão escrever ao donatário que em sua capitania "há muito algodão". Esse fato reflete-se, aos poucos, no declínio e estabilização dos preços, que depois do segundo decênio do século oscilam apenas entre uma pataca e 480 ou quinhentos réis no máximo por arroba de algodão em caroço, conforme se pode ver no quadro abaixo, organizado de acordo com avaliações constantes de inventários seiscentistas:

1600	....	$640
1606	....	$480
1607	....	$800
1608	....	1$000
1613	....	$500
1615	....	$500
1616	....	$500
1619	....	$400
1620	....	$320
1622	(qualidade inferior)	$300
1628	....	$400
1631	....	$400
1635	....	$480
1636	....	$320
1637	....	$320
1638	....	$480
1640	....	$500
1641	....	$480
1642	....	$400
1644	....	$400
1646	....	$320
1649	....	$320
1650	....	$400

As avaliações variavam algumas vezes de acordo com a qualidade do produto. Assim é que as três arrobas deixadas por Antônio

Cubas de Macedo em 1622 são vendidas à razão de trezentos réis cada uma, "por ser ruim".[12] E num mesmo inventário datado, este de 1654, figuram 42 arrobas de algodão bom a um cruzado a arroba, e outras tantas "de somenos" a doze vinténs.[13] O produto inferior não seria utilizado na tecelagem, mas de preferência na fabricação de outros objetos, tais como pavios de vela, redes de pescar, fios de sapateiro, franjas ou varandas de rede etc. Serviriam além disso para acolchoar os célebres gibões estofados dos sertanistas, que consumiriam, os maiores, até oito arráteis de algodão, e outros, os *escupiletes*, destinados a resguardar apenas o busto e o ventre, seis arráteis ou pouco menos.

O valor do pano tecido, que em 1585 e em 1596 fora taxado pelo Conselho em duzentos réis a vara, acompanha de perto o do algodão em caroço. Quando este, em 1613, é avaliado em quinhentos réis a arroba, aquele se vende a sete vinténs a vara. Por volta de 1641, quando o algodão está a um cruzado ou, quando muito, a 480 réis, o tecido custa quatro vinténs e um tostão (enquanto o pano importado, de linho, se vende a 1$600 a vara). E em 1681 descerá a 75 réis e a quatro vinténs, quando a arroba de algodão bruto vale apenas 240 réis.

O pano tinto alcança naturalmente preços maiores por exigir emprego de matéria corante importada: o anil, o brasil, a grã. Os mais zelosos não deixariam de umar o tecido com alúmen antes de lançar-lhe a tintura, para que não se estragasse ou desbotasse. E sendo o pano de cor preta, tratá-lo-iam antes com sumagre. Tudo isso contribuía para elevar-lhe o custo.

A lavoura algodoeira segue a expansão do povoamento no planalto e cresce com ela. Quase todos os sítios da roça têm seu pequeno algodoal, tão pequeno, em certos casos, que um deles, o de João Gomes, em Mogi, não conta mais de quatro árvores e vem citado no inventário. Mas há de dar para alguma necessidade caseira ou para ajudar a vestir a gente de serviço. A tecelagem compete, por isso, a esta gente, e por ser, entre portugueses, ofício pouco limpo e sem primor.

Nos primeiros tempos planta-se nos próprios arredores da vila de São Paulo, não obstante seu clima úmido e inconstante. Especialmente na Embuaçava e na Mooca. Transposto o Tietê, as plantações acompanham-lhe as margens, sobretudo rio abaixo, e também as dos seus tributários como o Pinheiros, o Cutia e, em partes, o

Jaguari. Em Parnaíba são assinalados algodoais no sítio de Belchior Carneiro desde 1609, dezesseis anos antes de fundar-se a vila;[14] no Ururaí em 1624 nas terras de Matias de Oliveira[15] e Marcos Fernandes[16] e em 1620 na área de Mogi das Cruzes.[17]

Ao lado dos canaviais, dos milharais, até mesmo dos trigais, que ocupam o melhor da atividade rural dos moradores, o papel do algodão, ao menos na primeira metade do século, é praticamente insignificante. Só em um ou outro inventário da época se encontram, entre os bens deixados, mais de seis arrobas de algodão, e essa mesma quantidade é excepcional. A partir de 1650 mais ou menos é que começam a surgir produções mais avultadas. Certo inventário de 1668 assinala 44 arrobas;[18] sessenta é quanto apresenta outro, de 1670;[19] e em um de 1693 chegam a registar-se 64.[20]

Nem todos dispõem de teares, de modo que alguns proprietários devem auferir bons lucros fazendo tecer o algodão próprio e o alheio. Isso explica que num inventário de 1674 figurem 960 varas de pano de algodão[21] e em outro, de 1685, 1508 varas.[22] Domingos Fernandes, o fundador de Itu, tem em casa, no ano de 1652, três teares pelo menos, onde labutam escravos e administrados. E nos de Guilherme Pompeu de Almeida há, em 1658, mil varas de pano pertencentes a Pedro Dias Leite.[23]

Repete-se com esses magnatas do algodão o que se dá, em muito maior escala, com os potentados do açúcar, quando concentram no seu engenho a moagem da cana de todos os lavradores da vizinhança. Recebem o algodão em caroço e encarregam-se da limpeza, carda, fiação, tecelagem, pagando-se, ao cabo, com uma porcentagem regular do próprio pano que assim fabricam. Apenas o que determina, nesse caso, a concentração não é o custo do maquinismo, pois um descaroçador pode ser construído por qualquer carpinteiro e um tear vale, quando muito, o que valem dez arrobas de algodão bruto, mas sobretudo o processo demorado, fastidioso e fatigante que requer a indústria, mesmo havendo mão-de-obra numerosa e disponível. A verdade é que de nenhum produto tropical se pode dizer, tanto como do algodão, que os progressos no seu cultivo dependeram estreitamente da existência de maquinismos adequados e de métodos de elaboração mais aperfeiçoados. Métodos e maquinismos que só dois séculos mais tarde principiaram a surgir entre nós.

Se é certo que no preparo do algodão para a indústria têxtil as técnicas adventícias prevalecem continuamente sobre as indígenas desde os tempos iniciais da colonização, não parece menos verdadeiro que a índios da terra e mamalucos, de preferência, estivessem confiados, pelo menos em São Paulo, os misteres da fiação e tecelagem.

Houve ocasião — em 1628, conforme o atesta uma vereação datada de 9 de setembro daquele ano — em que os senhores do Conselho tiveram de escolher para juiz do ofício de tecelão certo moço do gentio da terra chamado Antônio, serviçal na casa do vereador Francisco Jorge, "por não aver omen branquo que o seja". Como tal, entrava em suas atribuições examinar todos os "negros que tesen" — "negros da terra", bem entendido, isto é, diferentes dos negros de Guiné, que eram os pretos —, dando carta aos que fossem peritos, "e o que não for para isso que não trabalhe".[24]

A que atribuir semelhante fato? Podem-se apresentar explicações várias, mas não parece estranha a essa tendência para a especialização profissional de carijós domesticados a pouca consideração em que era tido entre portugueses, o que fazia com que o relegassem a gente ínfima. Nisto pareciam competir os tecelões com os pedreiros, por exemplo, aos quais a inventiva popular dera o diabo por patrono.

Certos documentos acerca dos salários pagos a mecânicos em Portugal durante os tempos medievais podem dar idéia da posição dos tecelões na hierarquia dos ofícios. Assim, na tabela de preços organizada pelo infante d. Henrique em 1457 para pôr termo às dúvidas movidas entre o vigário-geral e os mesteirais e braceiros da vila de Tomar, a avaliação do dia de trabalho dos tecelões de burel é de oito reais, igual à dos trabalhadores de campo e inferior à de todas as demais profissões masculinas e urbanas. Quanto aos tecelões de panos de cor e mantas, perceberiam doze reais, tanto quanto os tanoeiros, os tosadores, e os alfaiates e pedreiros que não tivessem mancebo servindo por soldada (aqueles que os tivessem ganhariam respectivamente quinze e vinte reais), menos do que carniceiros, ferradores, brosladores, saboeiros, carpinteiros (15 reais), sapateiros (18 reais), ferreiros com mancebo (25 reais) e muito menos do que os mercadores (40 reais). As tecedeiras que tecessem em tear alheio ganhariam apenas cinco reais, menos do que as padeiras, lavadeiras, forneiras e regateiras, ao passo que as donas de tear eram equiparadas, em matéria de salário, aos tecelões de burel, isto é, receberiam oito reais por dia de trabalho.[25]

Esse desapreço pelos profissionais do tear, de que ainda há sinal em Lisboa por volta de 1572, quando os tapeceiros da mui nobre e leal cidade, que seguiam até então o regimento dos tecelões, conseguem alcançar da Câmara que os anexe aos brosladores, por ser melhor ofício,[26] parece ter raízes remotas. Entre os antigos romanos, o *textor*, segundo Friedländer, era tido como representante característico das profissões grosseiras e rudes. Da baixa reputação do mesmo ofício entre os árabes, que por tanto tempo dominaram a península Ibérica, há testemunhos numerosos. Significativa a respeito é a frase atribuída ao califa Walid: "Três espécies de ocupações só se recrutam entre indivíduos da ralé: os tecelões, os sarjadores e os curtidores". Para algumas tribos muçulmanas, "tecelão" e "filho de tecelão" eram termos considerados particularmente injuriosos. Para outras, a tecelagem acha-se tão intimamente associada à escravidão, que a palavra tecedeira valia por sinônimo de escrava. Um ditado corrente sustentava que de toda a estupidez reinante no mundo, nove décimos estão com os tecelões.[27]

No Brasil, outra circunstância, além dessas tradições, contribuía para que a tecelagem passasse por mister humilde. É que, destinando-se os panos de algodão a vestir escravos e índios administrados, a eles, não aos brancos, devia caber normalmente sua manufatura. Em muitos casos, sobretudo nos distritos rurais, trabalhariam em proveito de terceiros, dos seus senhores, e assim se explica como, entre donos de teares numerosos, figurassem, em São Paulo, alguns homens dos mais abastados da capitania.

Aos vizinhos de menos posses compravam eles o algodão em caroço, de maneira que trabalhavam com o fruto das próprias lavouras e com o alheio. Por vezes chegavam a assegurar-se o produto de uma colheita futura, pagando algum sinal por conta. É o que pode sugerir a seguinte passagem do processo de inventário de Antônio Pedroso de Barros: "Deve Gonçalo Pires Garape dez mil-réis que o defunto lhe tinha dado de sinal de um pouco de algodão que lhe havia de dar e a essa conta lhe deu os ditos dez mil-réis".[28]

Dez mil-réis corresponderiam pelo ano de 1652, época do inventário, a 25 ou trinta arrobas de algodão em rama. Quantidade que poderia dar para cerca de seiscentas varas de pano, tomando-se, como base de cálculo, que uma arroba de fios, correspondente a quatro de algodão em caroço, rendia em média oitenta varas de pano da velha marca do mar (três palmos e meio de largura). Considerando-se mais que a vara de pano, ao tempo em que se fez o inventário, valia de oitenta a cem réis, teremos que o dono do tear, sem despender mais do que o necessário para o sustento e manutenção da gente do serviço, ganharia 500% e mais em todo o negócio. Dificilmente obteriam lucros comparáveis esses proprietários quando fizessem tecer algodão alheio, pagando-se simplesmente com uma determinada porção do pano fabricado. Nos centros urbanos, onde o ofício se achava regulado por meio de posturas definidas e os artífices trabalhavam por conta própria, a porção era fixada pelas Câmaras. Em São Paulo, a partir de 1587, caberia a cada tecelão uma vara de sete que fabricasse. Esse regime de pagamento, bem compreensível em terra de numerário escasso, não se distinguia, ao cabo, do sistema da *poia* e *maquia*, tradicional entre moleiros e lagareiros de Portugal. Imperava também na América espanhola, e sabe-se que no Paraguai jesuítico, por exemplo, os índios recebiam dos padres quatro arrobas de fio e deviam devolver duzentas varas de pano, correspondendo-lhes, de salário, seis varas do mesmo tecido.[29]

Mais tarde o salário passaria a variar, em São Paulo, conforme os fios utilizados na textura. Para isso distinguiram-se três tipos de pano, o grosso, o médio e o delgado, em que um arrátel de fio daria respectivamente para duas, duas e meia e três varas de pano. Segundo proposta que a 21 de outubro de 1628 apresentou aos camaristas o procurador do Conselho Melchior Martins de Melo, seriam fixadas para os tecelões paulistanos novas posturas, de maneira que guardassem para si uma vara de pano em dez que tecessem do primeiro tipo, nove do segundo e sete do último. Em substituição a essa proposta alvitrou, três semanas mais tarde, o juiz ordinário, Gaspar de Louveira, que coubesse ao tecelão uma vara em nove do primeiro tipo, em oito do segundo e em sete do terceiro.

A presença de medidas semelhantes não deve interpretar-se, todavia, como indício de que a tecelagem do algodão tivesse importância comercial ponderável. A escassez relativa das posturas sobre tecelões entre os velhos documentos municipais paulistas sugere mesmo o contrário. Mais do que outras atividades manufatureiras, a fabricação de fios e tecidos destinados a uso doméstico andava estreitamente associada, aqui, à vida do lar. Nos sítios da roça, onde quer que existisse mão-de-obra suficiente para o mister, o excesso da produção servira para permutas e pagamentos, mesmo depois que o pano de algodão deixou de constituir a principal moeda da terra.

Todavia nos últimos anos do século XVII e sobretudo nos três primeiros decênios do seguinte, alguns lavradores e comerciantes irão vender seu tecido em regiões onde o clima é menos propício ao algodoeiro. Ainda ao tempo das viagens de Saint-Hilaire, o cultivo da malvácea cessa totalmente a pequena distância de Itapeva, de modo que os moradores do planalto curitibano e até os de Paranaguá se servem ordinariamente de tecido importado.

Entre 1699 e 1725, a maioria das peças de pano de algodão que pagam subsídio em Curitiba provém de terras hoje paulistas. E negocia-as, em grande parte, gente de São Paulo, a julgar pelo que mostram os livros de receita e despesa da Câmara curitibana. Em mais de um caso menciona-se expressamente, em tais documentos, o local de procedência da mercadoria, com freqüência a vila de Itu. Assim, nos assentos do ano de 1721, lê-se que o procurador do Conselho cobrou de Manuel Lopes Ferreira "os subsídios de duas pessas de pano de Algodam que trouxe nesta ultima viagem q'fez a villa de utû que emportarão mil e duzentos e oitenta Reis". Nesse mesmo ano de 1721 cobrava o dito procurador de José de Godói e de um seu irmão, "moradores na vila de *hutu*, os subsídios de quatro peças de pano de algodão [...]".[30]

E há razão para supor-se que o negócio fosse de algum modo sedutor, quando se sabe que não o desdenhavam homens de grosso cabedal. Do capitão-mor José de Góis e Morais, por exemplo, o mesmo que em 1708 se propusera comprar ao conde de Monsanto nada menos do que toda a capitania de São Vicente e Santos, consta que três anos mais tarde ia vender em Curitiba suas vinte peças de algodão, voltando logo depois para São Paulo sem ter pago o subsídio correspondente, no total de quarenta patacas.

O caso chegou a ter grave conseqüência, porque outros negociantes deixaram de cumprir a mesma obrigação, e um deles, convidado a deixar sua cota, relativa a três peças de algodão que vendeu, chegou a replicar que "se os mais pagaçem, que pagaria, he não pagou". À vista desses fatos e informados, em abril de 1712, de que em mãos de certo morador de Curitiba estava cinqüenta mil-réis pertencentes ao sobredito José de Góis e Morais, apressaram-se os camaristas em embargar a quantia, indenizando-se assim o Conselho com os bens do devedor faltoso. Sabemos, contudo, por outro documento, que este compareceu no ano seguinte com a soma devida e a multa lhe foi perdoada.[31]

A expansão da lavoura algodoeira não pôde, apesar de tudo, produzir-se em São Paulo na mesma medida em que se produziu noutras terras, no Maranhão principalmente, e também em Pernambuco e partes de Minas Gerais. Mesmo acolhendo-se argumentos tão otimistas como por exemplo os de um José de Sá Bittencourt na Memória que publicou Conceição Veloso, quando assegura, com precisão singular, que um algodoeiro dá de colheita ordinária exatamente 1364 maças, as quais, por sua vez, rendem quatro arráteis de lã, essa expansão via-se limitada aqui pelos mercados relativamente restritos de que desfrutavam nossos produtos.

É digno de vista, por outro lado, que a produção e comércio do algodão andassem geralmente em mãos de pessoas que, como no caso de um Antônio Pedroso de Barros, de um Guilherme Pompeu de Almeida ou de um José de Góis e Morais, podiam dispor de braços abundantes e terra farta.

Nada se conhece de positivo acerca do regime de trabalho a que ficavam ordinariamente sujeitos escravos e índios administrados nos teares desses potentados. Sabemos, entretanto, pelo que ocorria nas Índias de Castela, o quanto seria preciso exigir dos naturais da terra, gente morosa e presa a uma técnica morosa, para que a produção dos panos de algodão constituísse mister verdadeiramente lucrativo. Tais foram os excessos praticados contra os índios no México, que el-rei Filipe III precisou ditar em 1612 uma ordem, revigorada doze anos mais tarde por seu sucessor e incorporada finalmente à *Recopilación de leyes de Indias*, onde se ordena aos vice-reis de Nova Espanha que tratem de relevar os índios de trabalhos de tecelagem, pois ainda quando estes os exerçam por vontade própria e mediante jornais bem pagos, "importará menos que cesse a fabricação de panos que o menor agravo que possam receber".[32]

Em Tucumã, segundo os regulamentos do governador Abreu, em 1576, os índios deviam tributo dos dez anos de idade aos cinqüenta, além do serviço pessoal. Suas mulheres, filhas e irmãs deviam trabalhar para os *encomenderos*, das segundas às quintas-feiras inclusive, fiando algodão. Na realidade, trabalhavam a semana inteira e, por vezes, aos domingos e dias de festa, isso quando não chegava a cobiça dos amos a ponto de obrigá-las a fiar durante a noite, à luz de velas ou candeeiros. Nem sequer os meninos de dez a quinze

220

anos eram poupados desse serviço, e os velhos ficavam destinados aos grosseiros tecidos de caraguatá.

O fuso e o tear tornaram-se desse modo, observa em nossos dias um historiador argentino, o símbolo mais perfeito da escravidão naquelas terras. Quando os índios do Chaco assaltam e destroem Concepción del Bermejo, trucidam todos os espanhóis que não puderam escapar em tempo, exceção feita de uns poucos, reservados para saciar sua sede de vingança, e estes foram postos a fiar algodão.[33] Parece inevitável, em face deste episódio, recordar o fim trágico de nosso Antônio Pedroso de Barros, vítima, ele também, de uma rebelião dos seus índios — cerca de quinhentos carijós e guaianases —, os quais, depois de feri-lo de morte, não se esqueceram, entre as tropelias praticadas, de inutilizar todos os teares da fazenda de cultura de Potribu.

A documentação de que hoje dispomos não autoriza a tentar, neste caso, mais do que uma aproximação muito hesitante. O que sabemos efetivamente do trabalho dos nossos antigos teceIões da roça, por informes de Luís d'Alincourt, é que, procurando atender à exigência de mão-de-obra numerosa para a limpeza e fiação de algodão, se serviam de um recurso bastante cômodo e não sem fortes atrativos entre a gente rural: o mutirão.[34] A tecelagem, por sua vez, era largamente uma indústria doméstica, isso ainda em começo do último século. Panos feitos em casa davam não só para vestir serviçais, mas também para o traje íntimo de gente remediada: calças ou simplesmente ceroulas e camisas de algodão de três varas, além do surtum de baeta nos dias de muito frio.

O progresso desterrou de São Paulo essa velha indústria, companheira dos primeiros colonizadores portugueses. Antigos teares de fazer pano ainda se encontram, é verdade, em Franca, Igarapava, Pedregulho, Ituverava, Patrocínio do Sapucaí, Mococa, São João da Boa Vista e, no vale do Paraíba, em São Luís do Paraitinga e outros lugares, mas vieram, muito provavelmente, de torna-viagem, procedentes dos municípios mineiros das vizinhanças.

Em antigos inventários paulistas, particularmente os dos séculos XVI e XVII, podem apurar-se dados avulsos acerca da fiação doméstica de algodão e lã, durante a era colonial. Sobre os modos de se obter ou negociar o produto, as diferentes fases de sua elaboração, os preços que sucessivamente lhe correspondem, os maquinismos adotados, encontram-se nesses, e em alguns outros documentos da mesma época, informações que podem ser utilizadas com proveito pelo historiador. Informações que, só por si, já permitem compor um quadro instrutivo do que significou durante longo tempo, entre nós, essa importante indústria caseira.

Contudo, o quadro permaneceria incompleto se os dados esparsos que semelhantes textos nos proporcionam não pudessem ser articulados entre si por uma visão de conjunto. O socorro às notícias de que podemos dispor, a respeito das técnicas de fabricação usuais na península Ibérica, e mesmo entre nossos indígenas — cuja influência foi decisiva, por exemplo, na tecelagem de redes —, pode ser neste caso de grande préstimo. À falta de depoimentos e testemunhos diretos sobre essa fiação e tecelagem doméstica, não restaria outro recurso além dessas notícias, depois de devidamente verificadas à luz das nossas fontes documentais.

A verdade é que, sobre as épocas quinhentista e seiscentista, não se conhecem depoimentos de tal natureza. Existe, no entanto, referente aos primeiros decênios do século passado, a uma época, por conseguinte, em que a manufatura doméstica de caráter primitivo ainda não fora contagiada por novos métodos adventícios, precioso relato que pode elucidar vários aspectos do problema. Com efeito, aquelas influências jamais chegariam a exercer-se decisivamente sobre as técnicas tradicionais, provindas dos primeiros tempos da colonização. E isso porque as tentativas realizadas, já no segundo decênio do século passado, para a modernização dos métodos de produção, se deveram principalmente ao bafejo oficial — em São Paulo, a primeira "fábrica" de tecidos instala-se no próprio palácio do governo — e, talvez por muito dispendiosas ou complexas, não chegaram a repercutir sobre a manufatura privada. Nem puderam, por outro lado, desferir o golpe de morte nessa atividade caseira que ainda por algum tempo, e sobretudo na roça, se conservou relativamente próspera. O golpe de morte virá em resultado de crescente importação de tecidos estrangeiros e à medida que seu consumo se expande mesmo entre camadas rústicas da população.

O depoimento que nos interessa é devido a Francisco de Assis Vieira Bueno, e que contém informações de grande interesse para o estudo do passado paulista.[35] Nascido em 1816, Vieira Bueno pôde fixar nessas suas "recordações evocadas da memória" aspectos curiosos do que fora a vida em São Paulo durante o tempo de sua infância, ou seja, durante o terceiro decênio do século passado. Ainda por aquela época existiam donas de casa prestimosas, que faziam, para os vender, não raro através dos negros de ganho, seus rolos de pano ou suas colchas entretecidas com fios de lã tirados de retalhos de baeta. "Confesso", diz o autor, "que tenho saudades quando me recordo de que na minha família, em nosso sítio de Tatuapé, a duas léguas de São Paulo, muitas vezes ajudei a descaroçar o algodão."

O descaroçador empregado era ainda a *churka*, originária da Índia, mas que nos pode ter chegado através da península Ibérica, onde os processos de tratamento do algodão em uso no Oriente se tinham generalizado desde eras remotas por intermédio dos árabes.

Esse instrumento, que em certos lugares do Brasil teve o nome genérico de "bolandeira", consiste em um par de cilindros sobrepostos e em sentido horizontal, adaptados a duas virgens fixas numa banqueta, tudo de madeira, e tendo cada qual sua manivela em uma das extremidades.

Na *Memória sobre a cultura dos algodoeiros*, que se publicou primeiramente em Lisboa no ano de 1799, e foi mais tarde reimpressa no *Fazendeiro do Brasil*, por Conceição Veloso, dizia Manuel Arruda Câmara que cada cilindro deve ter, de preferência, cerca de um pé de comprido (33 cm) e mais ou menos meia polegada de diâmetro (1,37 cm), acrescentando que quanto menos diâmetro tem, com mais facilidade mói ou engole o algodão.[36] Essas dimensões, entretanto, não seriam obrigatórias: num exemplo pertencente ao Museu Paulista e que foi adquirido em 1946 em Cuiabá, os cilindros medem uma polegada (2,7 cm) de diâmetro por cinco (13,75 cm) de comprido, ao passo que a banqueta correspondente tem dois pés (66 cm) de comprido por um palmo (22 cm) de largo. Era tão pequeno e maneiro, observa Vieira Bueno, que, de ordinário, eram meninos os que o faziam trabalhar.

Sentados os dois operários frente a frente, com os cilindros de permeio, um deles fazia girar sua manivela com uma das mãos, e com a outra "dava de comer" à máquina, isto é, tocava-a com a ponta do capulho de algodão, entre os dois cilindros em movimento, de modo a que passasse, largando as sementes. O segundo, movia também sua manivela com uma das mãos de modo a que o cilindro correspondente girasse em sentido contrário ao anterior, e com a outra mão recebia e puxava o algodão já livre das sementes.

A mais antiga referência ao emprego desse aparelho, entre nós, é aparentemente a que consta dos *Diálogos das grandezas do Brasil*, redigidos em 1618.[37] O autor anônimo referia-se em particular ao Nordeste, ou melhor, às capitanias de Pernambuco e Paraíba, onde o algodão desde cedo foi utilizado para o fabrico dos tecidos rústicos de que se vestiam os escravos. Em outros lugares do Brasil a divulgação do instrumento deve ter ocorrido posteriormente. No Maranhão, por exemplo, que ao fim do século XVIII se tornara dos maiores produtores de algodão na América lusitana, a limpeza dos capulhos fazia-se inteiramente à mão, ainda em 1795, a julgar pelo testemunho expresso de um informante da época, Raimundo José de Sousa Gayozo.[38] Quatro anos depois, ali também se teria introduzido a "bolandeira", pois a ela se refere Arruda Câmara — baseando-se, é certo, em informações de terceiros — como sendo o único instrumento empregado naquela capitania para o descaroçamento.[39]

Em São Paulo, o primeiro inventário conhecido onde se assinala a presença desse aparelho é o de Henrique da Cunha Machado, em seu sítio de Guarulhos, e data de 1680.[40] Pode-se presumir, em todo o caso, que seu uso se tenha generalizado a partir de meados do século. Assim teríamos, talvez, uma explicação para o grande desenvolvimento que então alcançou a lavoura do algodoeiro.

A esse desenvolvimento da produção corresponde uma baixa geral dos preços. Até 1650, aproximadamente, a arroba de algodão, conforme se mostrou acima, é vendida a quatrocentos e quinhentos réis. De qualquer modo nunca desce a menos de uma pataca. Nos decênios seguintes, entretanto, será orçada em 240 réis ou menos e só nos últimos anos do século voltará a registar uma alta apreciável, que se pode atribuir ao abandono, em grande parte, da lavoura, conseqüente à debandada para as minas recém-descobertas.

A relação entre o uso da "bolandeira" e o aumento na produção é compreensível quando se considere que, na limpeza dos capulhos, uma pessoa, fazendo todo o trabalho à mão, dificilmente conseguia descaroçar, num dia, mais de uma libra. Com o socorro do primitivo descaroçador de madeira, no entanto, torna-se possível a limpeza, no mesmo período, de duas arrobas, que vêm a dar de meia arroba a vinte arráteis de lã. Permitindo maior rendimento em menos tempo e com menor número de trabalhadores, o simples emprego desse aparelho poderia ter contribuído, assim, para estimular o plantio do algodoeiro, assim como a indústria doméstica de fiação.

Essas vantagens seriam extraordinariamente superadas depois que, em 1792, Eli Whitney inventou o *saw-gin*, destinado a operar uma verdadeira revolução na economia agrária do sul dos Estados Unidos. É que, graças a essa máquina, se tornaria possível a limpeza de mil libras de algodão no mesmo prazo em que um escravo, com o antigo descaroçador de madeira, limpava apenas cinco arráteis.

No Brasil, contudo, o novo invento só muito lentamente se impôs e ainda hoje, em certos lugares do interior, continua-se a trabalhar com o mesmo instrumento que os índios de serviço usavam em São Paulo por volta de 1680 e provavelmente antes.

O espírito de rotina explicaria, para muitos, o apego persistente aos processos fastidiosos e fatigantes que tinham dominado no preparo do produto indígena para a fiação e tecelagem. Mas, além do conservantismo há de ter contribuído, para tais resistências, a noção, ainda confusa, talvez, em certos casos, de que os métodos tradicionais eram os mais adequados aos tipos de algodão de fibra longa, que, durante o período colonial, prevaleceram geralmente entre nós, mesmo nas capitanias do Sul. Baseando-se, com efeito, em um sistema de serras circulares que cortam e estragam os fios, os inconvenientes da nova máquina só se evitaram, em parte, mais tarde, e ainda assim nos lugares onde o algodão da terra foi substituído por variedades diferentes e mais adaptáveis ao seu uso. Aliás a própria "bolandeira" não dava sempre um produto perfeitamente limpo e, não raro, aparecia a lã de mistura com fragmentos esmagados de sementes. De sorte que alguns lavradores tratavam de afastar esses restos amontoando o algodão já descaroçado e batendo-o depois com longas varas, o que freqüentemente fragmentava ou danificava as fibras, diminuindo-lhe o valor comercial.[41]

Depois de limpo de caroços, a primeira operação a que se sujeitava o algodão era em geral a carda. Para tanto usava-se, conforme observa Vieira Bueno, "um cordão bem esticado em um pequeno arco de madeira apropriado". Para o desfibramento costumava-se tanger o cordão com o polegar e o índice sobre certa quantidade de algodão posta ao chão, "o bastante para formar uma batedura". No exemplar existente hoje no Museu Paulista e que foi trazido de Cuiabá, juntamente com o descaroçador já acima referido, mede a vareta 78 centímetros de comprimento e é arqueada sobre um cordão de 59 centímetros.

Não são certamente dessa espécie, e sim do tipo das cardas manuais, de uso mais generalizado na Europa, os aparelhos que se registam em alguns antigos inventários paulistas. O de Lourenço Castanho Taques, por exemplo, que é de 1671, assinala um total de 38 pares de cardas, e essa simples circunstância de serem elas enumeradas e até avaliadas aos pares serve para mostrar que não se tratava de arcos, ou *batedeiras* para capulhos, como são chamados em Mato Grosso. E é significativo que estes se usaram constantemente para o tratamento do algodão, ao passo que as escovas de cardar, manejadas sempre aos pares, andam associadas mais geralmente à lã animal. Não é de admirar, assim, se o mesmo Lourenço Castanho Taques, possuidor dos 38 pares de cardas, também fosse o proprietário de uma das maiores malhadas que registam os documentos paulistas do século XVII: mais de 156 cabeças de carneiros, ovelhas e borregos.[42]

Sobre a época em que se teria generalizado em nosso meio colonial o emprego desses arcos para o desfibramento do algodão, faltam-nos elementos precisos. O fato de esse instrumento ser ainda hoje correntemente empregado em certos grupos indígenas, sobretudo do Brasil Central, como os guatós, carajás, os javaés, os guaraiús, pode sugerir a crença de que, tal como o tear vertical para a confecção das redes de dormir, tenha sido transmitido aos primitivos colonos europeus pelos naturais da terra.

Por outro lado, a falta, na obra dos nossos cronistas do Quinhentos, de qualquer referência a seu emprego e, além disso, a circunstância de ser ele geral no continente asiático, tende a favorecer a opinião contrária, de que teria sido importado do Velho Mundo. Nesse caso pode ter vindo juntamente com o descaroçador de madeira. E possivelmente, como este, através da península Ibérica, onde, já nos primeiros tempos da conquista árabe, o algodão, trazido pelos invasores do Oriente remoto, chegara a constituir indústria próspera.

E, ainda neste caso, a presença do arco de cardar entre diversos agrupamentos indígenas atuais seria atribuível unicamente a um fenômeno de aculturação. Max Schmidt, que assinalou essa presença entre os índios guatós, não chega a pronunciar-se acerca do problema de sua procedência. Entretanto Otto Fredin e Erland Nordenskiöld, que estudaram detidamente a cultura material e em particular a fiação e tecelagem entre indígenas sul-americanos, julgam muito mais verossímil a hipótese de ter sido o instrumento introduzido por missionários do Velho Mundo.[43] A vantagem de seu emprego sobre o desfibramento simplesmente manual, que praticam muitas outras tribos, resulta, segundo os mesmos autores, do fato de tornarem possível evitar-se a fácil ruptura das fibras.

Acerca da fiação propriamente, não se detém Vieira Bueno em suas *Recordações*. Observa, entretanto, que em poucas casas era ela feita com o auxílio de *roda*, "como chamavam a roca que usavam". A regra era o emprego do fuso manual. Para esse fim, como para o descaroçamento e carda do algodão, utilizavam-se de preferência os serviços de menores, muitas vezes escravos e filhos de escravos; e então trabalhavam por tarefa, "rivalizando na destreza com que torciam as longas puxadas, fazendo girar o fuso no chão por longo tempo". Neste ponto pode-se dizer que, ainda na primeira metade do século XIX, os processos de fiação nas casas paulistas não eram muito melhores do que os métodos tradicionalmente empregados pelos antigos índios da costa e de que Jean de Léry, entre outros, deixara descrição.

Os progressos introduzidos pelos tecelões vindos da Europa fizeram-se, assim, muito lentamente entre nós. Nem esses profissionais, que a julgar pelos nossos antigos documentos municipais foram, aliás, pouco numerosos em São Paulo, nem mesmo os missionários, que, segundo Fredin e Nordenskiöld, poderiam ter sido os introdutores das *batedeiras* de capulho entre os indígenas, chegaram a contribuir, por esse lado, para o desenvolvimento de nossa indústria doméstica. Dentre os religiosos, os jesuítas, pelo menos, distinguiram-se pelos esforços feitos no sentido de se incentivar a fiação e tecelagem nos seus estabelecimentos, e uma carta de Vieira, datada de 1661, refere como no Colégio do Maranhão existiam, por aquele tempo, "24 fiandeiras com seus teares que podem dar pano não só para vestido senão para todos os usos da casa com grande abundância".[44] De qualquer modo não consta que os padres de São Paulo tivessem levado a tanto, neste setor, sua atividade e seu espírito de iniciativa. Nos inventários dos bens tomados aos jesuítas desta capitania,[45] há escassas referências a aparelhos de fiação e tecelagem. E a pequena quantidade de fios e panos de algodão que neles se assinalam não leva a acreditar que a fabricação desses produtos fosse, nas propriedades da Companhia, muito mais considerável do que o era em certas casas particulares de São Paulo e especialmente nos "sítios da roça".

De nenhuma outra região do Brasil seiscentista é lícito dizer-se, tanto quanto do planalto de São Paulo, que oferecia condições admiravelmente propícias à multiplicação dos rebanhos de ovelhas. O clima que, em contraste com o das baixadas litorâneas, parece favorecer essa criação, também reclama dos moradores o freqüente recurso a agasalhos de lã.

Um precioso depoimento de fins do século XVI, o do padre Fernão Cardim, já nos apresenta o povo de Piratininga vestindo-se ordinariamente de burel em pleno mês de fevereiro.[46] A preponderância desse "pano de dó" não seria ditada, aqui, apenas pela austera tristeza da moda no tempo dos Filipes — pois os paulistanos timbravam pouco em acompanhar as modas de perto, admite-o o próprio Cardim — nem pelo temperamento da terra, sombria e até melancólica de seu natural, mas antes pela conveniência de se resguardar o corpo contra surpresas do clima, num lugar de "grandes frios e geadas".

Quem folheie inventários da mesma época não deixará de notar o excesso de trajos de baeta, sarja e outros panos de lã mais ou menos grossa: roupões, roupetas, calções, mantos com ou sem capuzes, rebuços, pelotes, ferragoulos. Mais tarde chegará também a vez dos surtuns, invariavelmente de baeta, e a do poncho, este trazido das possessões castelhanas, e que, durante longo tempo, constituirá elemento obrigatório na indumentária paulista.

Sabemos, além disso, particularmente por informação de Pedro Taques, que os grandes rebanhos de ovinos constituíram nos séculos iniciais da colonização uma das riquezas da terra, "cujos habitantes", acrescenta, "não logram no presente tempo daquela abundância antiga na criação das ovelhas [...]".[47]

Ignora-se a quanto montava, por exemplo, a criação de um Amador Bueno, senhor de muitos rebanhos e pastagens, mas há notícia segura de que não faltavam potentados de mais de uma centena de cabeças de lanígeros. Um deles, Antônio Raposo da Silveira, deixa em 1663 rebanhos de 96 carneiros e ovelhas, sem contar as crias.[48] Outro, Lourenço Castanho Taques, apresenta, no ano de 1671, 156 cabeças, incluindo-se nesse número 140 carneiros machos e fêmeas e mais doze ovelhas com seus borregos e crias tenras.[49] Em uma só localidade da capitania, Parnaíba, não é muito raro encontrarem-se, pelos últimos decênios do século, criadores de sessenta cabeças e mais como é o caso, por exemplo, de um Pedro Vaz de Barros (o moço)[50] ou de um Francisco Pedroso Xavier.[51]

Cifras semelhantes só parecerão mesquinhas a quem encare com olhos de hoje a situação de São Paulo do século XVII. Destinando-se nossas malhadas seiscentistas quase unicamente à produção de lã, não tanto à de carne ou de leite, e tendo-se em conta a escassez da população da capitania e também de recursos para a alimentação de grandes rebanhos, elas parecem ratificar, ao contrário, certas expressões só aparentemente excessivas do genealogista. E se é certo que essa lã se destinava em parte à fiação e tecelagem, considere-se que a capacidade de absorção do produto se restringia, segundo todas as probabilidades, à gente abastada ou remediada, que por sua vez também consumia, e sem dúvida em escala muito maior, tecidos vindos de fora. Os outros, os escravos especialmente e os índios de administração, esses tinham de contentar-se com as simples vestimentas roceiras de algodão, que em geral eles mesmos fiavam, teciam e cosiam.

Para ter-se melhor idéia do que significava um rebanho de uma centena de ovelhas, é bastante observar que na América do Norte, por volta do ano de 1650, as 3 mil cabeças de lanígeros, então existentes em todo o Massachusetts, já serviam, segundo informa o historiador P. J. Wertenbaker, para alimentar uma ativa indústria têxtil na Nova Inglaterra, e que, antes de terminado o terceiro quartel do mesmo século, saíam de Newport apreciáveis quantidades de lã para a França, em troca de linho, e para a Espanha, em troca de vinho.[52]

Um exame dos preços que costumam ser atribuídos aos nossos lanares nos velhos inventários ainda pode lançar alguma luz sobre a sua situação relativa no quadro de nossa economia colonial, em particular durante o decorrer do século XVII. Naturalmente a regra geral — mas ainda neste caso ela comporta exceções — é que uma ovelha se vende a preços mais elevados do que um carneiro. No inventário de Estêvão Furquim, por exemplo, que é do ano de 1660, prevalece a regra geral: cada um dos seus dezesseis carneiros é avaliado em duas patacas, ou seja, 640 réis, e cada uma das suas treze ovelhas em mil-réis. No mesmo inventário, uma égua, um cavalo pastor e um poldro são estimados, cada um, indiferentemente, em mil-réis. Mil-réis é também o preço de uma novilha, ao passo que uma vaca e um boi de três para quatro anos se avaliam, cada qual, em 1600 réis.[53] Vinte anos mais tarde a relação acha-se consideravelmente alterada. Assim é que, no inventário de Ana de Proença, datado de 1680 precisamente, quarenta ovelhas, entre grandes e pequenas, são orçadas, ao todo, em 12$800, e isso quer dizer que cada ovelha custaria, em média, apenas uma pataca, ou seja, 320 réis. Pois bem, no mesmo inventário atribui-se o preço de oitocentos réis a um bezerro e o de dois mil-réis a uma cavalgadura.[54]

Uma das interpretações plausíveis para esse fato seria a de que, durante a segunda metade do século, houve um aumento progressivo nos rebanhos de lanares da capitania. Hipótese que parece plenamente confirmada, aliás, pela circunstância dos inventários da mesma época assinalarem geralmente malhadas mais numerosas do que os da primeira metade do século.

É interessante notar como os preços da lã não decaem em progressão correspondente. Dois mil-réis por arroba é a estimativa mais corrente entre os anos de 1630 e 1660. Pois em 1675 as três arrobas deixadas por um Aleixo Leme de Alvarenga, com sítio na Parnaíba, não custarão mais de cinco mil-réis, ao todo.[55] E outros exemplos poderiam citar-se igualmente ilustrativos.

Nos anos de 90 é que principia a registar-se novo aumento, tanto no preço das ovelhas como da lã, mas esse fato deve relacionar-se ao encarecimento geral dos gêneros, conseqüente à grande desorganização na vida econômica da capitania, que o *rush* para as minas suscitara. A motivos idênticos deve atribuir-se, sem dúvida, a decadência das antigas malhadas piratininganas, iniciada com o século seguinte, segundo parece sugerir Pedro Taques. Pode-se, talvez, sem grande erro, considerar o trintênio que se estende de 1660 a 1690 como o de maior pujança na criação de lanares em São Paulo.

Até que ponto essa pujança se teria refletido no aproveitamento industrial do principal produto dos rebanhos de ovinos? Para começar cumpre dizer que a lã da terra, como fibra têxtil, jamais chegou a tornar-se competidor importante para o algodão. Cabe mesmo perguntar se o seu próprio emprego na tecelagem doméstica teria chegado a verificar-se, ainda que em escala reduzida. É certo que, pelo menos na confecção das redes de dormir, empregavam nossas tecedeiras seiscentistas, em muitos casos, fios de lã misturados aos de algodão. Mas nada impede de supor que essa mesma lã fosse de proveniência exótica. Já sabemos como, em princípio do século passado, as tecelãs paulistanas faziam as suas redes e colchas felpudas empregando, ao lado do algodão, fios de lã tirados de velhos retalhos de bacta. Não ocorreria coisa semelhante, e com mais razão, no século XVII?

Note-se que Pedro Taques, aludindo à abundância antiga da criação de ovelhas em São Paulo, só lembra, a propósito, o emprego de sua lã na confecção de chapéus de feltro. Com a diminuição dos rebanhos, observa, "extinguiram-se as fábricas de chapéus grossos, que ainda no fim do século e ano de 1699 estavam estabelecidas".[56] Outra utilidade que costumavam dar a esse produto os habitantes da capitania, segundo o atestam diferentes documentos, era a fabricação de colchões, onde entrava, para cada um, de arroba a arroba e meia de lã.

Quanto às baetas e papas de cobertor, que com tamanha freqüência aparecem nos antigos inventários, o provável é que fossem, em sua totalidade, ou quase, fruto de importação. O preparo de lãs finas para a fiação não exigiria esforço maior do que o exigido para o benefício do algodão, mas é verdade, por outro lado, que neste caso, tratando-se de produto da terra, a limpeza fazia parte de uma experiência ancestral dos indígenas que eram, ao cabo, os serviçais dos moradores brancos.

Os próprios jesuítas das missões do Paraguai não conseguiram, por muito que o fizessem, industriar seus carijós domésticos no fabrico de telas mais delicadas do que certa espécie de xerga rude, a que chamavam *bechara* — de *bechá* ou *obechá*, que é como denominavam os guaranis a ovelha de procedência européia —, tal o horror que inspirava a esses índios todo esforço que não se achasse vinculado aos velhos padrões da atividade tribal. O que faziam, comenta o padre Pablo Hernández, S. J., era tingir a lã e depois tecer telas listadas ou floreadas, de que fabricavam seus ponchos de gala.[57]

É bem sabido que para a fiação, a lã deve ser convenientemente lavada, até tomar a aparência aproximada de capulhos de algodão, e que nessa lavagem se vão pelo menos 50%, e às vezes duas terças partes do peso primitivo. Assim sendo, há de crescer por força seu valor, na proporção do peso que lhe foi tirado.

Ora, percorrendo velhos inventários, não se nota divergência sensível de preço entre as lãs sujas e as lavadas. Cada uma das duas arrobas de lã "lavada" que Januário Ribeiro deixou em 1639 é orçada em 2560 réis. Sendo de cerca de dois mil-réis o preço corrente da lã suja pela mesma época, resulta que a diferença a mais é, no caso, inferior a duas patacas.[58] Isso pode significar que os processos e os recursos técnicos empregados na sua limpeza não estariam, entre nós, suficientemente aperfeiçoados para permitirem o aproveitamento verdadeiramente eficaz no mister da fiação. Em grande número de casos a lavagem deveria ser efetuada no próprio animal antes da tosquia, como sucede, ainda hoje, nas regiões do sul de Minas e das áreas vizinhas, em São Paulo, onde se usa o tear caseiro de tecer panos.

Não cabe, porém, excluir de todo a possibilidade do emprego dessa lã mal lavada na confecção de panos semelhantes aos que fabricariam os índios das missões do Sul. Há indícios, pelo menos, de que isso ocorreria em um ou outro caso. No inventário de Lourenço Castanho Taques aparecem registados 38 pares de cardas ao preço de quatrocentos réis cada par. Trata-se seguramente dos aparelhos manuais de procedência européia, que, conforme já foi notado acima, só se manejam aos pares, e ainda são correntemente utilizados entre nossas fiandeiras domésticas para cardar a lã. Para o algodão, o instrumento habitual, de carda, na indústria caseira, é, conforme já se notou, um cordão estirado em pequeno arco de madeira, que a operária tange sobre os capulhos desfeitos, e em quantidade que corresponda a uma batedura.

Não se trata certamente de um acaso se, entre os inventários seiscentistas publicados, o de Lourenço Castanho Taques assinale a malhada mais numerosa, deixando de fazer qualquer referência à presença eventual de algodoais.[59] E não seria de esperar que, destinando-se essa lã apenas a encher colchões e a fazer chapéus de feltro grosseiro, fosse necessário cardá-la previamente. De qualquer modo há aqui uma simples sugestão, que outros documentos poderão ratificar, talvez, ou tornar improvável.

2

O DECLÍNIO DA
INDÚSTRIA CASEIRA

Durante o século XVIII nada sugere que a criação de ovinos e a produção de artigos de lã, em São Paulo, tivessem recuperado a situação de relativo realce que, por momentos, chegaram a alcançar. Mal se explicaria, de outro modo, o fato de Pedro Taques, já em fins do mesmo século, referir-se à "abundância antiga" dos rebanhos da capitania.

Os lucros crescentes auferidos com a produção de gêneros exportáveis, como era, especialmente, o caso do açúcar, além do comércio de animais cavalares ou vacuns, não deixavam, já agora, muitos braços disponíveis para outras atividades econômicas. Além disso, a expansão de tais atividades viu-se seriamente embaraçada pelo alvará de 5 de janeiro de 1785, tendente a extinguir todas as indústrias e artes para vestuário e luxo existentes na colônia e particularmente a manufatura de tecidos.

No artigo 19 do alvará, em que se especificam pormenorizadamente os artigos cuja fabricação era defesa, mencionavam-se, com efeito, além dos galões ou tecidos de ouro e prata, veludos, brilhantes, cetins, tafetás ou outras quaisquer qualidades de seda; além do belbute, chitas, bombazinas, fustões de algodão ou linho, brancos e em cores, também as baetas, os droguetes, as saietas, os durantes ou *quaisquer outras qualidades de lã.*

Isso significa, em suma, que as perspectivas de restabelecimento dos rebanhos de ovinos naquela abundância a que alude o genealogista viam-se seriamente ameaçadas. As próprias fábricas de chapéus grossos, que ainda em 1699 se achavam estabelecidas em São Paulo, e depois morreram, não poderiam reaparecer, pois o alvará determinava que fossem abolidas e extintas aquelas que porventura já existissem em todo o Brasil, como abolidos e extintos seriam as oficinas e até o ofício de ourives, conforme ficara já em outra oportunidade estabelecido e promulgado.

No artigo 20 apareciam as inevitáveis ressalvas à proibição geral. São os seguintes os seus termos: "Atendendo Sua Majestade, porém, ao grande número de escravatura, índios e famílias indigentes, dispersos por todas as capitanias do Brasil, e ao grave incômodo que lhes causaria se houvessem de se vestir de fazendas, ainda das mais ordinárias, remetidas da Europa, manda excetuar da geral proibição acima indicada as manufaturas e teares de panos grosseiros de algodão, que servem ordinariamente para uso e vestuário dos referidos negros, índios e pobres famílias e para enfardar e empacotar fazendas ou outros bens semelhantes: tendo V. Exa. grande cuidado em que, debaixo do pretexto dos sobreditos panos grosseiros, se não manufaturem por modo algum os que ficam geralmente proibidos".[1]

Segundo todas as probabilidades, a manufatura, doméstica ou não, de panos de algodão de São Paulo, deveria limitar-se, então, àqueles tecidos grosseiros que são expressamente excetuados no alvará. Sua produção, ainda que tivesse declinado em princípios do século XVIII, em resultado da crise que afetou todas as atividades locais, nunca cessara inteiramente na capitania. A julgar por um texto de 1783, essa produção de panos de algodão chegava a ter certa importância comercial, não faltando mesmo quem os fosse vender a Minas. O fabrico desses tecidos para fins comerciais concentrava-se, agora, não apenas na cidade de São Paulo, como ainda na vilas de Parnaíba, Itu e freguesia de Araçariguama, que ficavam no caminho para o porto de Cuiabá e também em Sorocaba, situada no caminho de Viamão.[2] Por serem passagem obrigatória de comerciantes que se entregavam a negociações rendosas, essas localidades abrigavam as populações mais remediadas e ativas de toda a capitania.

E se nelas a manufatura de panos rústicos chegara a alguma importância — em Sorocaba o documento aludido menciona-a em primeiro lugar, entre as atividades produtivas, e em Parnaíba e Itu em terceiro, depois do fabrico de açúcar e das criações de animais cavalares e vacuns —, não quer dizer que fosse inexistente em outras regiões menos favorecidas. Nestas, a fiação e tecelagem caseiras e para uso doméstico prevalecem ao lado da simples lavoura de subsistência em virtude das quais se vestem e se mantêm, ainda que não saiam de sua pobreza.

As leis que, coibindo a expansão da indústria têxtil, tornavam-se, indiretamente, um empecilho ao desenvolvimento da lavoura algodoeira não impediam que novas perspectivas se abrissem, em breve, para essa produção. Apesar da alta generalizada dos preços do açúcar, que, a partir de 1776, aproximadamente, voltara a prometer grandes lucros aos lavradores, o aumento espantoso da procura do algodão nos mercados europeus chamou logo a atenção geral para essa fonte de riqueza.

Um indício do interesse que ela passou a merecer das próprias autoridades coloniais está no movimento registado principalmente no último decênio do século XVIII em favor da aclimação, no Brasil, de novas variedades de algodoeiro. Já não faltavam os que aludiam às vantagens do tipo herbáceo, anual e de seda curta. Essas vantagens não se relacionavam, tanto quanto se pode supor, com os progressos técnicos decorrentes do mecanismo inventado por Eli Whitney — o escaroçador de serra — cuja ação a fibra nativa, dado o seu comprimento e qualidade, mal suportava. A verdade é que a superioridade desse tratamento mecânico não pareceu logo evidente, fora dos Estados Unidos. A não ser nos quatro últimos anos do século XVIII, quando as exportações norte-americanas de algodão subiram de 275 fardos em 1797 para 36 mil em 1800.

A razão do sistema com que muitos começaram a defender a substituição do algodão da terra pelo herbáceo prende-se principalmente à necessidade de se atenderem às novas possibilidades que o incremento do consumo abria ao produto. Verificara-se, com efeito, que as variedades herbáceas, produzindo, embora, uma só vez, produzem de ordinário muito mais (em certos casos até cinco e seis vezes mais, num mesmo período) do que as indígenas, que dão o produto de fibra longa.

A importação daquelas variedades mais lucrativas, ao menos a julgar pelas notícias que nos chegavam, logo se apresentou como o recurso indicado para que o Brasil pudesse ocupar um lugar de maior relevo entre os produtores da malvácea. Sabe-se, por exemplo, que em sua resposta a uma ordem régia de 4 de janeiro de 1798, onde se manda informar sobre a cultura e manipulação dos gêneros de exportação brasileiros, José da Silva Lisboa, o futuro visconde de Cairu, então secretário da Mesa de Inspeção da Bahia, lamentava não existir, entre nós, "o fino algodão da Pérsia, cuja semente", diz, "poderia o governo mandar vir bem acondicionada, se fosse possível, dentro dos próprios capulhos e metida em frascos enlatados e bem fechados, para se tentar sua cultura e propagação".

Nem só as espécies exóticas poderiam ser experimentadas, observa ainda. Na própria América portuguesa não existiria, porventura, alguma variedade capaz de oferecer as melhores vantagens? "Há também notícia", prossegue, com efeito, Lisboa, "de que na ilha de Santa Catarina existe uma espécie de algodão de ótima qualidade, que produz uma grande maçã ou capulho de fina e muito felpuda lã."[3]

É estranhável que o futuro visconde de Cairu não aludisse em sua informação às experiências que mandara proceder, já em 1794, o governador d. Fernando José de Portugal, da cultura do mencionado "algodão da Pérsia", referidas em documentação conservada no Arquivo de Marinha e Ultramar e relacionada no inventário que organizou Eduardo de Castro e Almeida para a Biblioteca Nacional do Rio de Janeiro.[4]

Verifica-se, por essa documentação, que, seis anos antes, d. Fernando já se mostrara preocupado em obter que se plantasse o algodão — e também o arroz, o cacau e o café — em lugar do linho cânhamo, que introduzido na Bahia dera resultados desanimadores. As sementes do algodão "da Pérsia", remetidas de Lisboa aos 30 de março de 1794, foram logo espalhadas entre moradores de diferentes comarcas da capitania, e em abril de 1796 mandavam-se, de volta, para o reino, as primeiras amostras do produto cultivado no país.

Entretanto o plantio não tivera seguimento. Talvez porque os lavradores, habituados que estavam às da terra, estranharam as particularidades específicas da variedade exótica. A planta, diz uma informação da mesma data, crescendo "unicamente até palmo e meio, pouco mais ou menos, imediatamente que dá o capulho, seca, ficando inútil para outra produção, o que assim não acontece com o algodoeiro deste País, cujo arbusto cresce até grande altura, continuando a dar fruto, com o benefício somente de serem decotadas as vergônteas antigas".[5]

As plantações feitas na comarca de Jacobina, na Bahia, onde "nasceu algum pé", ainda não tinham dado para se averiguar "se faz conta à lavoura semelhante produção". Assim se manifestara o

236

ouvidor da referida comarca, o qual, aliás, não parecia particularmente animado com a novidade, pois chega a comparar o produto ao do algodão do mato, que crescia sem nenhum trato nos sítios de Bagres e Olho d'Água.

Dos caroços que se plantaram pela mesma época no Camamu sabe-se, por informação de José de Bittencourt, em sua "Memória sobre o algodão", que, tendo ele feito as sementeiras em diferentes tempos, e de conformidade com a norma impressa de sua cultura, não foram adiante "por ter sido o germe destruído".[6]

O maior, talvez o único interesse dessa tentativa frustrada, está em ter sido, aparentemente, a primeira que se realizou para a aclimação de espécies exóticas de algodoeiro entre nós. É verdade que a certa variedade existente em alguns lugares do Brasil — na Vila Nova de Abrantes, por exemplo, situada a sete léguas da cidade do Salvador — crescia, sem maiores cuidados, um algodão a que o vulgo denominara "da Índia". E Sá Bittencourt admitia que se tratasse efetivamente de uma das relíquias dos gêneros e drogas do Oriente que em outros tempos se tinham aqui introduzido e cultivado.[7]

Mais de um viajante e cientista estrangeiro de princípios do século passado pôs em dúvida, todavia, a procedência que sugere a denominação vulgar dessa variedade de algodoeiro. E a dúvida parece encontrar apoio na consideração de que a procura relativamente escassa do produto, durante a maior parte do período colonial, não aconselhava a introdução de qualquer espécie alienígena. Tanto mais quanto o transporte das sementes, numa viagem marítima de cinco meses e mais, entre a Índia e o Brasil, requereria cautelas excessivas e pouco compensadoras, em geral, para o bom sucesso do plantio. Acresce que a aclimação definitiva da canela e da pimenta da Índia, que ocorre durante os anos de 1680, ou a do gengibre, efetuada, ao que consta, já no século XVI, apesar das ordens em contrário do governo de Lisboa, se acham relativamente bem documentadas. Acerca da introdução do algodão asiático, no entanto, não resta nenhuma notícia conhecida que permita situá-la em data anterior a 1794.

Já se viu que mais para fins do século XVIII, quando se tinha particularmente acentuado a procura internacional do produto e, por conseguinte, a perspectiva de fortes lucros para os lavradores que o cultivassem, José da Silva Lisboa chegara a propor, como alternativa para a aclimação do algodão da Pérsia, a maior divulgação de certa espécie nossa, que existiria na ilha de Santa Catarina. Contudo há bons motivos para a suspeita de que o erudito secretário da Mesa da Inspeção da Bahia se deixara levar, neste caso, menos por notícias de primeira mão, do que por alguma vaga informação literária, bebida em autor francês ou inglês.

A informação bem poderia ter chegado ao seu conhecimento através do *Dictionnaire universel de commerce*, composto na primeira metade daquele século por Jacques Savary des Bruslons, que fala de passagem nessa maravilha catarinense. É mais do que provável que a obra fosse conhecida entre nós: alguns extratos seriam vertidos mais tarde para o português e insertos no *Fazendeiro do Brasil* de frei Veloso.[8] A versão não deve merecer excessivo crédito, se seu autor usou com o texto das mesmas liberdades que se permitiu com o próprio nome de Savary — convertido de Savary "des Bruslons" em Savary "de Bruley" e também "du Brulei" —, mas é o bastante para se concluir que a espécie assinalada provém diretamente das observações que, acerca do algodoeiro, realizou o viajante Frezier, durante sua estada na ilha de Santa Catarina,[9] fazendo crer que se tratasse simplesmente do nosso primitivo algodão da terra.

O fato serve, em todo caso, para mostrar o empenho que, já no tempo dos vice-reis, se dedicava, entre nós, ao desenvolvimento de uma fonte de riqueza capaz de tomar, talvez, na economia brasileira, o lugar outrora ocupado pelo açúcar e pelas minas de metal e pedras preciosas.

Não se poderia esperar que as conseqüências de um tal empenho se fizessem sentir imediatamente em São Paulo. Faltando aqui recursos e estímulos para uma produção em maior escala, os métodos primitivos podiam sustentar-se mais obstinadamente contra quaisquer inovações. Mesmo as medidas de caráter restritivo, como foi o caso das determinações do alvará de 1785, não encontrariam, nessas condições, grandes possibilidades de exercer-se. No que diz respeito, aliás, à indústria têxtil, o resultado das providências tomadas para a execução dessa lei não parece ter confirmado a alegação, contida no próprio texto do alvará, e apresentada para justificá-lo, de que na maior parte das capitanias do Brasil se iam estabelecendo fábricas de panos de várias qualidades. A cautela com que se houve o legislador, ao mandar que os donos de fábricas as desmantelassem no mais breve prazo possível para não mais usarem delas, sob pena de serem destruídas, acrescentando que o alvará só seria publicado, em todo caso, se falhasse semelhante expediente — que "por ser de menos ruído" era o melhor em circunstâncias tais —, fundava-se nessa presunção.

O certo, porém, é que mesmo no Rio de Janeiro as diligências realizadas só feriram oficinas de tecidos de ouro e prata: o caso das fábricas do francês Jacó Buvier, do capitão José Antônio Lisboa, de Miguel Xavier de Morais, de José Maria Xavier e de Sebastião Marques, todas sitas à rua dos Ourives.

Dos donos de teares de "lã, linho e algodão" — a seda não é sequer mencionada — o mais considerável era João Monteiro Celi, com casa à rua da Vala. Tinha quatro teares ao todo, onde tecia e fabricava mantas e riscados de algodão para vestuários de negros, e por isso não os mandou desmanchar o desembargador provedor da real fazenda, José Gomes de Carvalho, incumbido das diligências. Na casa de certo José Luís, estabelecido à mesma rua da Vala, foram achados três teares armados e dois desarmados. Fabricavam-se ali algumas toalhas de mesa e guardanapos, "além das grosserias de algodão". Na casa de João Francisco, morador defronte da sacristia da Sé, acharam-se três teares armados e um desarmado, no qual se fazia o mesmo. Teares semelhantes, destinados geralmente à produção de panos grosseiros, localizaram-se em mais sete casas, porém como não se destinassem à produção de fazendas finas e sim das tais "grosserias", seus donos foram deixados em paz.

O que se deu no Rio de Janeiro deve ter ocorrido em bem menor escala nas diferentes capitanias. Nestas, o trabalho caseiro, sobretudo nos sítios da roça, seria muitas vezes um sério entrave ao desenvolvimento da indústria urbana para fins comerciais, e escaparia, por sua vez, à vigilância das autoridades. Aliás, o próprio caráter desse trabalho, destinado à manufatura de vestuários de negros, índios e gente pobre, incluía-o entre as exceções registadas no alvará de 1785. Muito superiores no equipamento ou no acabamento dos produtos não seriam, aliás, as oficinas onde se trabalhava para o mercado.

Só a partir de 1808, desta vez insuflados pela própria administração, agora convertida a teorias mais liberais e levada, além disso, por força das circunstâncias políticas, a abandonar o apego excessivo ao velho "sistema colonial", principiaram a nascer diversos equipamentos, e não apenas no Rio de Janeiro. É interessante notar que, dessas tentativas, algumas se verificaram justamente em São Paulo, terra onde a lavoura e o benefício do algodão se encontravam ainda em fase rudimentar e atendiam principalmente à produção para os teares domésticos.

O fato é que, já em 16 de março de 1812, determinava o príncipe-regente que se mandasse à capitania de São Paulo um mestre-fabricante, à custa dos cofres da Real Junta de Comércio, com os vencimentos de seiscentos réis por dia, a fim de ensinar a manufatura de tecidos e toda a manipulação pertencente à mesma.

Só em maio do ano seguinte, porém, comunicava sua alteza real ao marquês de Alegrete a escolha do aludido mestre-fabricante: "Hei por bem remeter-vos igualmente com esta o dito Mestre que é Thomas Rodrigues às vossas ordens para o empregardes a vosso arbítrio naquelas Fábricas de que os Proprietários vo-lo requererem ou ainda quaisquer pessoas que queirão empreender semelhante estabelecimento tão util. Determinando-vos que façais pelos Ouvidores de todas as Comarcas dessa Capitania afixar editais em que se anuncie esta Minha Real Resolução e o beneficio que por Ela Tenho Liberalizado em aumento da geral industria e que com informação dos mesmos Ouvidores sobre as possibilidades dos que tiverem Fabricas ou quizerem o dito Mestre para as estabelecer o concedais a aquele dentre os pertendentes de quem julgardes fará maiores progressos no dito estabelecimento, arbitrando vós quanto alem do predito vencimento do Cofre da Real Junta do Comércio deverá ele perceber de seu trabalho, o que seja conducente à sua sustentação e que grave aos Empreendedores que o receberem, recomendando de Ordem Minha ao Ouvidor da Comarca onde for empregado o Mestre que vigie o mesmo trabalho com assiduidade, e ensine para se não tornar inutil a despeza que com ele Mando fazer pelo mencionado Cofre, dando-Me anualmente conta o dito Ouvidor o seu procedimento e do aumento que tiver a Fabrica e propondo-Me os meios de seu melhoramento pelo Meu antedito Tribunal da Real Junta do Comércio, e logo que não for preciso o Mestre naquela Fabrica passará a vosso arbítrio, e pelo mesmo modo para ensinar a outro qualquer que tenha estabelecido teares, ou que os queira estabelecer em qualquer comarca dessa Capitania, recomendando ao Ouvidor dela que, na forma sobredita, vigie que o dito Mestre cumpra com os seus deveres, dando-Me conta anualmente na mesma forma e prestareis da vossa parte todo o auxilio tendente a se estabelecerem Fabricas de todos os tecidos de que houverem materias primeiras, e a se aperfeiçoarem os estabelecidos nessa Capitania, como espero de vosso eficaz e conhecido zelo".[10]

Ao mesmo Tomás Rodrigues foram entregues a 2 de julho de 1813, no Rio de Janeiro, à custa do cofre da Real Junta do Comércio, a fim de que levasse consigo a São Paulo, dezesseis pares de cardas, nove roscas, dezoito pontas de lançadeira, dezoito carrinhos de latão torneados para lançadeira, duzentas cardas de erva, nove libras de cordas de linho para armação de teares e doze escovas, devendo essas cousas servir à "perfeição das Fabricas da dita Capitania, usando delas gratuitamente o mesmo Mestre sem receber por isso daquelas pessoas que se utilizarem cousa alguma".

Por uma representação datada de 28 de julho de 1821 assinada por Tomás Rodrigues ou Tomás Rodrigues Tocha, como já então se firmava, sabe-se que, logo à sua chegada a São Paulo, lhe apareceu o capitão João Marques Vieira de Castro, dizendo lhe que queria dar princípio ali a uma fábrica de tecidos. Em presença do governador da capitania foram logo ajustadas as condições para esse estabelecimento e principiou-se a trabalhar com quatro teares, dos dez que já se achavam feitos. Entretanto, pouco depois de se iniciarem os trabalhos, ausentou-se o capitão Vieira para o Rio Grande, declarando que não se demoraria mais de seis ou oito meses e deixando procuradores, entre eles o brigadeiro Manuel Rodrigues Jordão. Por longo tempo não deu mais notícias de si, nem deu quaisquer providências que adiantassem o estabelecimento. Só passados seis ou sete anos apareceu uma carta escrita do Rio de Janeiro por um filho de Vieira ao brigadeiro Jordão, dizendo que lhe sejam enviadas "as fazendas q. estiverem em ser e a fabrica se avalie para ser vendida com todos os seus pertences a quem a quizer comprar e se lhe remetese o seu produto em letras".

À vista da carta decidiu-se o mestre-fabricante representar esses fatos a Sua Majestade e à Real Junta do Comércio, de que resultou expedir-se um aviso ao capitão-general de São Paulo, João Carlos Augusto de Oeynhausen, a fim de que tomasse sob suas especiais vistas o estabelecimento, de modo a ficar assegurada sua conservação.[11]

Consta ainda do referido papel que o capitão-general resolvera fazer uma sociedade, mas como fosse preciso pagar-se a soma da avaliação, e não se sabia a quem, nada ficara resolvido em definiti-

vo. Ainda em 1824 estava ausente, em lugar ignorado, o proprietário João Marques Vieira.

De 22 de setembro desse mesmo ano é a portaria do então presidente da província, Lucas Antônio Monteiro de Barros, convidan-
do o marechal-de-campo José Arouche de Toledo Rendon, o brigadeiro Jordão, o capitão Antônio da Silva Prado e Tomás Rodrigues
Tocha para formarem uma sociedade que explorasse a antiga fábrica de João Marques Vieira, deixada "em abandono e total decadência", não só por ser de utilidade pública, mas ainda porque havia
nisso o interesse do proprietário, uma vez que os teares e mais utensílios "se achacem em termos de se estragar e consumir quando pela
maneira determinada fica tudo remediado e seguro para, a todo tempo, que appareça o sobredito Proprietario ou seus herdeiros, receberem os ditos teares, e utensilios, ou seu valor, pelo inventario e
avaliação que delles e seus pertences se ha de fazer" na ocasião da
entrega ao marechal Arouche.

A 10 de janeiro do ano seguinte, por determinação do presidente da província, fazia-se a descrição e avaliação dos objetos constantes da fábrica — incluindo teares de tecidos de seda — e o termo
de entrega que, uma semana depois, obtinha o cumpra-se do juiz,
"ficando salvo ao ausente", isto é, ao capitão João Marques Vieira,
o seu direito.[12]

Pela mesma época já existia em São Paulo pelo menos outra
fábrica de tecidos, que contava, entre seus sócios, Tomé Manuel de
Jesus Varela. Este nome aparece firmando um requerimento dirigi-
do à Real Junta e provocado pelo edital de 7 de maio de 1821 da
mesma repartição, que propõe vender as máquinas de fiar e cardar
algodão, existentes no sítio da lagoa Rodrigo de Freitas, Rio de Janeiro. Solicitando preferência para o estabelecimento que tinha em
São Paulo, Varela propunha-se fazer os pagamentos regulados por
quartéis, sendo o primeiro ano livre; no segundo, e outros que de-
corressem, pagaria as quartas partes dos tecidos que lhe comprasse
a real fazenda.

Ouvido a respeito da proposta o deputado inspetor das fábricas, e feitas outras diligências, foi despachada favoravelmente a petição e aprovada pelo príncipe-regente. De um trecho da resolução
aprobatória deduz-se que a fábrica de tecelagem favorecida era a única então existente em São Paulo, o que é explicável tendo-se em conta
que a de João Marques Vieira, abandonada pelo proprietário, ainda

não tinha sido reconstituída àquela data. A resolução aprovando a proposta de Tomé de Jesus Varela diz textualmente que o material do sítio da lagoa Rodrigo de Freitas seria transferido "à sociedade de fiação dessa cidade, de que também é sócio o suplicante Tomé Manuel de Jesus Varela, pelo preço de três contos de réis, vista a utilidade nacional que daqui resulta ao Brasil, fazendo-se o transporte dos teares e mais utensílios à custa dos compradores".[13]

A partir de então, o nome de Varela anda sempre associado ao estabelecimento. É lícito acreditar-se que, antes de se dedicar à tecelagem, se interessara ele em outras atividades manufatureiras, pois a 1º de outubro de 1808 fora eleito pela Câmara de São Paulo avaliador de artefatos de ouro e prata, juntamente com José Wenceslau de Andrade.[14] Essa circunstância dá lugar, aliás, à única referência ao seu nome que pudemos encontrar em documentos municipais paulistanos anteriores a 1821. Nesse ano, contudo, figura entre os signatários da representação dirigida pela Câmara ao príncipe-regente, concitando-o a desobedecer às Cortes de Lisboa e a ficar no Brasil.[15]

A fábrica sobreviveu, pelo menos durante algum tempo, à Independência, e achava-se instalada no próprio edifício do Colégio, que servia de residência aos presidentes da província. Ocupava ali um salão, dois corredores e uma despensa, que davam para a várzea do Carmo, conforme consta do termo de avaliação do prédio, mandado fazer por ordem do governo imperial, quando se cogitou da instalação dos cursos jurídicos em São Paulo. Ainda existia em 1827, e no nº 5 do *Farol Paulistano*, de 7 de março daquele ano, lê-se o seguinte anúncio: "As fazendas manufaturadas nesta cidade na fabrica de Varella e Companhia, achão-se a venda nas lojas dos Snrs. Capitam José Rodriguez Velloso e Ajudante Antonio Justiniano de Souza, moradores à rua do Rozario, e de Marciano Pires de Oliveira, na rua da Quitanda".

Não obstante os sucessivos malogros de empreendimentos dessa natureza, não há dúvida que marcaram, ao menos nos meios urbanos, o primeiro golpe decisivo contra a tradição dos teares caseiros, que ainda por volta do ano de 1800, trabalhando com algodão da terra, davam tecido suficiente para vestir todos os escravos entre pretos e pardos da capitania, além de dois terços dos mais habitantes,[16] e nos decênios imediatos continuaria a ocupar numerosos moradores da cidade de São Paulo. A concorrência dos tecidos importados, a instalação, bem mais tarde, das primeiras fábricas com máquinas movidas a vapor — como a de Manuel Lopes de Oliveira fundada em 1851 em Sorocaba e a de São Luís de Itu —, por fim o próprio desaparecimento do braço escravo, iriam completar essa obra antitradicionalista no interior da província. A tal ponto que, nos lugares onde se encontram hoje, esses teares são, em sua generalidade, trazidos de fora, e não é certamente por acaso que se localizam quase sem exceção na área da Estrada de Ferro Mogiana, povoada em grande parte por famílias originárias do sul de Minas Gerais.

Quanto à fabricação e ao uso de redes, que ao tempo da viagem de Saint-Hilaire ainda podiam ser apresentados como típico dos paulistas em contraste com os mineiros, conseguiram ser mantidos por mais tempo em certas áreas sulinas, sobretudo na região de Sorocaba, graças à clientela anual das feiras de gado.

Ainda em nossos dias os teares de rede aparecem ocasionalmente nas mesmas áreas, embora devam ser considerados como uma espécie de sobrevivência atrófica. Pelas suas origens, pela sua técnica peculiar e ainda pelos fins a que se destina, a indústria das redes difere, porém, sensivelmente da tecelagem de panos e, assim, deve merecer tratamento à parte.

3

REDES E REDEIRAS

Ao visitar pela segunda vez a capitania de São Paulo, tendo entrado pelo Registro da Mantiqueira, Saint-Hilaire impressionou-se com a presença de redes de dormir ou descansar em quase todas as habitações que orlavam o caminho. O apego a esse móvel, "quase desconhecido" em Minas Gerais, pareceu-lhe dos característicos notáveis da gente paulista, denunciando pronunciada influência dos índios outrora numerosos na região.

Antes de considerar a técnica do fabrico de redes e a extensão da influência indígena sobre essa técnica, caberia aqui o exame do processo que levou à generalização de seu emprego. É sabido que o europeu recém-chegado ao Brasil aceitou o costume indígena sem relutância, e há razão para crer que, nos primeiros tempos, esses leitos maneáveis e portáteis constituiriam objeto de ativo intercâmbio com os naturais da terra. Tão grande seria sua procura, que em 1587, no regimento feito pelo Conselho da vila de São Paulo para bem definir as relações entre os moradores e o gentio tupinaen descido do sertão, foi necessário ordenar que nenhuma pessoa "lhe tomasse redes nem outra coisa". E numa postura de 1590 determinava-se que os moradores não resgatassem com índios que viessem às casas de seus amigos a trazer cera, redes ou peças, sendo imposto àqueles que desobedecessem à ordem mil-réis de multa para o Conselho e cativos e acusador.[1] Essa referência explícita não poderia ser mais significativa.

É lícito pensar que ainda não se disseminara então, entre paulistas, o fabrico doméstico dessas redes. Cercados de parcialidades que em muitos casos ignoravam seu uso, como os guaianases e os guarulhos, por exemplo, tratariam eles de ir adquiri-las onde e como o pudessem. Já em 1561 dissera Nóbrega, em uma das suas cartas, que sendo essas redes as verdadeiras camas da terra, não se alcançavam facilmente em São Vicente, por serem caras, mas podiam vir de outras capitanias, "onde são muito baratas".[2]

No admirável relato da missão dos carijós de 1605-7, redigido pelo padre Jerônimo Rodrigues e ultimamente publicado por Serafim Leite, diz-se que indo os homens de São Paulo a resgatar índios nos Patos, também trabalhavam por haver suas redes e tipóias.[3] E em inventários da mesma época, o de Francisco Barreto, por exemplo, que é precisamente de 1607, encontramos alusão, entre os bens do defunto, a "redes dos carijós",[4] sinal de que não seriam confeccionadas aqui, mas trazidas, por bem ou por mal, das paragens sulinas onde habitava esse gentio.

Contudo, a simples necessidade de especificar a procedência já denunciava bem claramente que nos achamos em face de exceções à regra geral. A regra geral, pelo menos em princípios do século XVII, deveria ser a fabricação doméstica. Com as peças de serviço do gentio da terra — tamoio, tupiniquim, tupinaen, carijó... — introduziram-se também, nas casas paulistas, as cunhãs tecedeiras. E com elas, os teares "de tecer rede", onde a tradição indígena, pouco modificada, neste caso, pela influência das técnicas adventícias, tem permanecido até aos nossos dias.

É certo que, existindo em São Paulo os teares horizontais de procedência européia — teares de tecer pano —, pelo menos desde 1578, o ano em que tecelões e tecedeiras começam a ser mencionados nas atas da Câmara, são também os únicos a que expressamente se referem, durante todo o século XVII, os documentos paulistanos conhecidos. O mais antigo tear de fazer rede de que temos notícia surge só no inventário do capitão Diogo Bueno, falecido em janeiro de 1700.[5] O mesmo inventário apresenta, além desse, um "tear de fazer franjas".

Pode-se alegar que muitas redes seiscentistas seriam talvez de pano grosso, pano de duas varas, fabricado em teares horizontais de modelo europeu, e é esse provavelmente o caso das redes atoalhadas e de picote que aparecem em certos inventários da época. Mas não se conclua sem maior exame que eram inexistentes no século XVII, entre os moradores brancos de São Paulo, os teares especiais para a confecção de redes, que os colonos e os filhos de colonos adotaram ao contato com a primitiva população indígena. E o próprio fato de se esclarecer, a respeito de muitos dos teares inventariados, que são "de tecer pano" é prova de que existiriam outros, no caso, os de tecer rede.

A importância que a rede assume para nossa população colonial prende-se, de algum modo, à própria mobilidade dessa população. Em contraste com a cama e mesmo com o simples catre de madeira, trastes "sedentários" por natureza, e que simbolizam o repouso e a reclusão doméstica, ela pertence tanto ao recesso do lar quanto ao tumulto da praça pública, à morada da vila como ao sertão remoto e rude.

Móvel caseiro e, ao mesmo tempo, veículo de transporte, é em suas redes lavradas, por vezes luxuosamente adornadas, como a de Pascoal Leite Pais, feita de tecido carmesim com forro de tela verde e passamanes de prata,[6] que saem à rua as matronas paulistanas, ou viajam entre a vila e o sítio da roça. De Manuel João Branco contam que, tendo ido a Lisboa para levar a el-rei o célebre cacho de bananas de ouro, andava pelas ruas da Corte em uma rede de fios de algodão e lã de várias cores, carregada por mulatos calçados, que levara de São Paulo especialmente para esse mister. Pedro Taques, ao referir o episódio, acrescenta que "seria objeto de grande riso esta nova carruagem em Lisboa, e na verdade só a Providência o faria escapar às pedradas dos rapazes da Cotovia".[7]

Nem só as matronas, como Inês Monteiro, ou os velhos, como um Manuel João Branco — "caduco velho", chama-lhe o autor da *Nobiliarquia* — serviam-se de semelhante veículo. Os próprios sertanistas não desdenhavam desse meio de transporte, menos, talvez, por amor à comodidade, do que por amor à própria distinção e ao prestígio que o aparato impunha. O poeta José Elói Ottoni, que ainda pôde ser contemporâneo das últimas bandeiras paulistas, fala-nos, e não sem rancor, naqueles capitães que iam pelo mato dentro carregados "em redes, aos ombros de seus semelhantes".[8] E já no século passado o cronista Baltasar da Silva Lisboa regista a mesma tradição. O fato é que as redes — redes de dormir ou de transportar — são peças obrigatórias em todos os antigos inventários feitos no sertão.

Dados esses préstimos numerosos, não seria de estranhar se sua confecção monótona e fatigante tivesse papel de singular relevo na vida dos velhos paulistas e ocupasse grande parte do pessoal doméstico. Basta dizer-se que, sendo precisos vários arráteis de algodão para fazer-se uma rede, só para a limpeza de um arrátel, cada pessoa consumia ordinariamente quase um dia inteiro. Quando se introduziu o descaroçador manual de madeira, o que em São Paulo parece ter ocorrido só em meados do século XVII, e isso mesmo em poucas casas, tornou-se possível maior economia de tempo, pois, segundo a estimativa, já referida, de Manuel Arruda Câmara, um desses aparelhos é capaz de limpar por dia duas arrobas de algodão em caroço, que vêm a dar meia arroba de lã. Em compensação eram precisas duas pessoas, trabalhando ao mesmo tempo — trabalho que, ao cabo de um dia, deixava inteiramente exausto qualquer indivíduo —, para que pudesse funcionar o aparelho.

A fiação ainda quando menos fatigante, requeria, por sua vez, ainda mais tempo e trabalho. Sabe-se que nas missões do Paraguai os padres entregavam aos sábados meia libra de algodão a cada índia casada, com a obrigação de o devolverem, já em novelo, na quarta-feira seguinte. O prazo poderá parecer excessivamente longo, mas não é de acreditar que as caboclas de São Paulo, sem o peso da disciplina que impunham os jesuítas das missões, fossem, nesse particular, mais industriosas do que suas irmãs paraguaias.

Finalmente, para o principal, isto é, para fazer a rede, tendo os fios necessários, nenhuma tecedeira, por ativa que fosse, gastava menos de três ou quatro semanas de trabalho incessante, e muito mais, em regra, se a rede tivesse abrolhos e varandas. Por isso, e porque comportavam em geral maior lavor e mimo, as redes eram avaliadas, em São Paulo, a preços mais elevados do que os catres de mão, que qualquer carpinteiro podia fazer em algumas horas.

A presença desses catres é explicável, em muitos casos, pelo maior abrigo que podem proporcionar em terra de grandes frios como São Paulo. Ainda assim, a grande maioria do povo, e não apenas índios e mamalucos, só se deita em redes. Ao redor da rede de Lourenço Vaz, e na sua morada, chega mesmo a realizar certa vez, em 1580, uma sessão da Câmara, porque, sendo ele o escrivão do Conselho, achava-se mal disposto e não podia levantar-se dela.

Essa preeminência quase sem contraste da rede de dormir conservou-se em São Paulo durante todo o século XVII e a maior parte do seguinte. A cama com seu pavilhão ou sobrecéu só surge ocasionalmente e nas casas de grande prosápia. Com exceção cabe citar a de Gonçalo Pires, tão justamente célebre. Sabe-se pela narrativa de Afonso Taunay como, requisitada e, por fim, apreendida pelos camaristas, para uso do ouvidor-geral da repartição do Sul, durante a sua estada em São Paulo, em 1620, passados sete anos ainda não a queria de volta o dono, alegando prejuízo sério.[9]

Para os homens bons da vila, a presença desse móvel em casa de um simples oficial mecânico, como Gonçalo Pires, que era precisamente carpinteiro, deveria parecer coisa extraordinária, quase escandalosa. Isso parece explicar cabalmente a atitude arbitrária que adotaram no caso. Em verdade não era essa cama a única existente na época em São Paulo. Existia ainda a de Gaspar Cubas e de sua mulher Isabel Sobrinha. Quando esta veio a morrer, em 1619, o juiz de órfãos, Antônio Teles, mandou que se avaliasse o pavilhão correspondente, de pano da Índia branco adamascado, com seu capelo, o que foi feito, e, fato significativo, deixou a cama ao dito Gaspar Cubas "por ser pessoa nobre".[10]

Podem contar-se as demais camas assinaladas nos inventários de São Paulo durante todo o correr do século XVII. Há, por exemplo, a de Diogo Dias de Moura, em 1627.[11] Em 1651, o leito de jacarandá, com sua grade, que pertencera a Valentim de Barros.[12] E três anos mais tarde, as duas camas de Diogo Coutinho de Melo, uma das quais, com seus dois colchões, um de lã e outro de macela, dois lençóis de linho com rendas, travesseiros e almofada também de linho, cobertor de damasco alaranjado com forro de baeta verde, pavilhão de pano de algodão com rendas, e um catre novo, é avaliada em nada menos do que vinte mil-réis.[13] Quantia então apreciável, principalmente quando consideramos, por exemplo, que em 25 mil-réis se orçara, em 1649, o lanço de casa deixado por Catarina do Prado à rua de São Bento, no coração da vila.[14] Mas 25 mil-réis é também, em 1664, o preço da cama de Pascoal Leite Pais, com seu forro de tafetá azul e cortinas e sobrecéu com franja de retrós.[15] Dois decênios depois não alcançará, entretanto, mais de oito mil-réis o leito de Marcelino de Camargo, embora de jacarandá todo "pranzeado".[16]

Essa meia dúzia de leitos e camas é tudo quanto podemos encontrar nos inventários seiscentistas de São Paulo. Aos poucos e à medida que os paulistas vão adotando costumes mais civis e urbanos é que a presença das camas de madeira, substituindo-se às de algodão tecido — esses leitos da terra, como diziam os primeiros cronistas —, deixa de constituir uma rara exceção. Mas seria preciso esperar pelo século XIX para assistirmos ao seu triunfo total e definitivo.

Há cem anos já se podia dizer que, da antiga indústria doméstica de tecelagem, só restavam, na província de São Paulo, as redes sorocabanas, tão disputadas pelos negociantes de animais durante as feiras. Com o desaparecimento das feiras, desterradas afinal pelo caminho de ferro, também acabam praticamente as redes e as redeiras. O que ainda hoje nos resta destas últimas é muito pouco — uma única na cidade de Sorocaba e uma ou outra pelos arredores, informa-nos o sr. Aluísio de Almeida. Mas é por intermédio delas, e também das tecedeiras de Cuiabá — antiga colônia de sorocabanos e ituanos —, que podemos ainda conhecer alguma coisa dessa indústria caseira, outrora tão florescente em toda a capitania de São Paulo.

Já se mostrou em outra parte do presente estudo como a adoção generalizada do tear indígena ilustra bem uma atitude constante nos portugueses durante a era da colonização, em face dos elementos que desde cedo acolheram da civilização material dos primitivos habitantes da terra. Atitude que se caracteriza antes por uma aquiescência simplesmente formal e passiva a tais elementos do que pela integração orgânica dos mesmos nos padrões ancestrais.

Não haveria, no caso das redes de algodão, obstáculo intransponível a que, para seu fabrico, recorressem os adventícios aos teares do Velho Mundo, que introduziram, aliás, em nosso meio colonial: "teares de tecer pano". No entanto, quando se puseram a confeccionar eles próprios e seus descendentes ou serviçais domésticos as redes que antes tomavam aos naturais do país, não hesitaram em apegar-se, neste caso, à técnica já usual entre os indígenas.

Mas seriam efetivamente de procedência indígena os teares de rede que encontramos mencionados em documentos coloniais juntamente com os outros, os de "tecer pano"? Poderá responder pela negativa quem se atenha exclusivamente ao texto de Gabriel Soares de Sousa referente ao gentio da costa: "As mulheres deste gentio", diz, "não cosem nem lavram, somente fiam algodão, de que não fazem teias, como puderam, porque não sabem tecer; fazem deste fiado as redes em que dormem, que não são lavradas [...]".[17]

A última parte da observação parece, entretanto, contradizer o restante: "[...] porque não sabem tecer". A menos que o autor se referisse nessa passagem ao tipo de redes feitas de fios trançados e com malhas mais ou menos largas, cujo preparo poderia dispensar qualquer tear. O provável é que, dizendo dos índios que não sabiam tecer, Gabriel Soares quisesse referir-se particularmente à tecelagem de panos e segundo processos europeus, ou melhor, em teares horizontais e providos de pedais, como os das tecedeiras portuguesas.

Que os índios tupis possuíam, não obstante, teares próprios, "feitos à sua arte", e evidentemente mais singelos e rústicos do que os do Velho Mundo, afirma-o expressamente Gandavo. E chega mesmo a precisar que os teares tinham de comprimento nove e dez palmos, ou seja, dois metros aproximadamente. Essas redes, acrescenta, são presas com cordéis "que lhe rematam nos cabos, em que lhes fazem hũas aselhas de cada banda por onde as penduram de hũa parte e doutra".[18] Jean de Léry, ainda mais explícito a respeito, não só se refere aos mesmos teares como ainda os descreve, embora de modo sucinto: "*Touchant les licts de cotton, qui sont appelez Iniz par les sauvages, leurs femmes ayans des metiers de bois, non pas a plat, comme ceux de nos tisserans, ni avec tant d'engins, mais seulement eslevez devant elles de leur hauteur, après qu'elles ont ourdi à leur mode, commençans a tistre par le bas, elles en font les uns en manière de rets ou filets à pescher, et les autres plus serrez comme gros canevats [...]*".[19]

A descrição pode aplicar-se exatamente ao processo empregado ainda em nossos dias pelas redeiras domésticas de São Paulo e Mato Grosso, que também se servem de teares verticais — não horizontais, como os de fazer pano — e tecem de baixo para cima. Se isso não bastasse para atestar a filiação indígena de sua técnica, caberia acrescentar que o mesmo sistema, com poucas variantes, ainda hoje se pratica entre numerosas tribos do continente sul-americano. Erland Nordenskiöld, assinalando sua presença entre índios do Chaco e da Bolívia, exclui cabalmente a possibilidade de ter sido ele introduzido por europeus ou negros. E as variantes locais que regista referem-se menos à técnica de tecelagem propriamente ou à forma e disposição do tear, do que ao modo de se urdirem os fios para a teia.

Assim, em um dos casos observados pelo etnólogo sueco, o tear representa uma espécie de bastidor, e os fios de urdidura fixam-se nas duas traves horizontais e paralelas. É o tipo chamado peruano, que se encontra representado em certos desenhos da *Nueva cronica* de Guaman Poma e também aparece em nossos dias entre alguns agrupamentos indígenas do Chaco. No outro, que apoiado em certa referência de Max Schmidt, Nordenskiöld supõe ter sido trazido e disseminado pelos povos do ramo aruaque, a urdidura é simplesmente disposta em volta das mesmas traves, formando como um rolo oblongo, que a tecedeira, sempre sentada ao chão, defronte do tear, pode manejar à vontade, ajustando-o na posição mais conveniente e cômoda, enquanto vai introduzindo e sucessivamente batendo os fios da trama.[20]

Associam-se a este último tipo os teares encontrados por Jean de Léry se, como parece certo, a técnica difundida posteriormente entre os colonos, e que em São Paulo gerou uma indústria bastante próspera até princípio do século passado, procede, em última análise, das antigas tecedeiras tamoias ou tupiniquins. E a ele também pertence, muito provavelmente, a atual indústria caseira de redes do Nordeste — especialmente do Ceará — e também a da Amazônia, cujos produtos, ao tempo da expedição de Spix e Martius, chegavam a constituir importante ramo de comércio com as Antilhas.

As observações que me foi dado realizar pessoalmente limitaram-se, contudo, à antiga área da expansão paulista, ou melhor, a dois centros, dentro dessa área, onde se conservam, até aos dias de hoje, sobrevivências dessa indústria. Em um desses centros — Sorocaba — as sobrevivências resumem-se atualmente em escasso vestígio, que a invasão das máquinas ainda não pôde apagar de todo. As velhas e raras tecedeiras que até hoje preservam a tradição das célebres redes sorocabanas, tão cultivada no século passado, encontram-se, na sua quase absoluta totalidade, além das fronteiras da agitação cosmopolita e industrial. Vivem em sítios relativamente afastados e ainda mal contaminados pela influência desses grandes agentes da "modernização", que são a estrada de ferro e a página impressa. Ou, se vivem na cidade, praticando aí sua ocupação favorita, como ocorre pelo menos em um caso, representam sem dúvida uma espécie de pitoresco anacronismo.

Em Cuiabá, a tecelagem de redes não é hoje, mais do que em Sorocaba, mister citadino. Para encontrá-la em pleno florescimento, precisei ir, em 1946, ao Coxipó-Mirim e também à Várzea Grande, principalmente à casa de siá Lola (Antônia Paula da Silva). É principalmente na Várzea e em alguns outros lugarejos mais ou menos remotos, como o Piçarrão, o Sovaco, a Praia Grande, o Capão Grande, o Capão do Pequi, o Pai André, que ainda prospera essa velha indústria caseira, desterrada da cidade pelo progresso, juntamente com tantas outras sobrevivências de um passado já longínquo: as folias do Divino ou de são Benedito, que d. Aquino Correia proibiu, as lavagens de são João no rio Cuiabá, os famosos cururus de siá Blandina e os de siá Emiliana, que Deus haja em glória, as corridas de touro — as últimas celebraram se em 1935, quando morreu o último toureiro —, os próprios chapéus de carandá, que há mais de dez anos já não se fabricam mais...

Em compensação a rede de algodão não representa em Cuiabá simples divertimento. Seu uso, na cidade como na roça, estende-se às mais diversas camadas da população, porque, como antigamente em São Paulo, é, ali, a verdadeira cama da terra. A atividade das redeiras alimenta-se assim constantemente da procura obrigatória do produto. E nada, por enquanto, parece tender a modificar essa situação, em terra onde a sesta é habitual e as noites são continuamente quentes.

A vitalidade que assim se assegura a essa indústria doméstica tem seu natural reflexo numa tendência para o aperfeiçoamento da aparelhagem empregada. O simples confronto entre os dois teares recentemente adquiridos para o Museu Paulista, um procedente de Sorocaba, outro de Cuiabá, serviria para atestar esse fato. No último, não só os esteios laterais e travessas foram trabalhados com capricho maior, mas todo o conjunto — a "grade" — descansa sobre sólidas bases de madeira, que o fazem independente de qualquer outro amparo e mantêm-no em posição rigorosamente vertical.

O modelo sorocabano, ao contrário, não tendo estabilidade própria, pois durante o trabalho de tecelagem há de ficar apoiado a uma parede e com calços de sarrafos aos pés, conserva-se ligeiramente inclinado. Nisto segue, talvez, o sistema usual entre as antigas tecedeiras paulistas. E, com efeito, pode inscrever-se ele próprio, pelo critério de antiguidade, entre as peças de legítimo interesse histórico. Construído na primeira metade do século passado por certo Inácio Mingote, foi por este vendido, mais tarde, a Guilhermina Martins Prestes, que morreu há mais de cinqüenta anos, deixando-o a sua irmã Agueda Martins Prestes, de quem passou agora para o Museu. É em grande parte pelos ensinamentos de dona Agueda Prestes, que veio ela própria a São Paulo fazer uma demonstração de suas habilidades de tecelã; pela observação direta dos trabalhos de

GRADE DE TEAR

a) buruchê ou bariti — *b*) taquaras de trocar os fios — *c*) abrideira — *d*)
liços — *e*) batedeira ou régua — *f*) tempereira ou espichadeira

redeiras da Várzea Grande, perto de Cuiabá e finalmente pelos escritos do sr. Aluísio de Almeida, mestre incomparável da história do sul de São Paulo, que temos elementos para reconstituir alguns dos aspectos mais importantes dessa velha indústria caseira.

Desde já cumpre dizer que as ligeiras discrepâncias notadas entre o tear de Cuiabá e o de Sorocaba não são de natureza a afetar a técnica de tecelagem, que é em verdade uma só. E parece plausível admitir, com o sr. Aluísio de Almeida, que, nos dois casos, o centro inicial de transmissão dessa técnica foi São Paulo de Piratininga na era das bandeiras. De São Paulo, ou melhor, dos antigos bairros paulistanos de Parnaíba, Pinheiros e Cotia, saiu a maior parte dos povoadores antigos de Sorocaba, assim como de Sorocaba (e de Itu) provém o principal contingente dos habitantes do arraial do Bom Jesus do Cuiabá, localizado no mesmo sítio em que o sorocabano Miguel Sutil, andando à procura de mel-de-pau, extraiu certa vez, no ano de 1722, mais de meia arroba de ouro de aluvião.

Aliás a especialização de Sorocaba na manufatura de redes — e também de tapetes, feitos em teares de rede — é devida provavelmente à simples circunstância de se congregarem ali, por ocasião das célebres feiras de animais, indivíduos de procedências várias, que consumiam largamente desse produto, assegurando a sobrevivência de seu fabrico. Razões semelhantes teriam feito com que, depois de encerrada a fase colonial, ainda fossem famosos os panos de algodão e lã de Franca, os cobertores de Lorena e os cochonilhos de Castro, na antiga comarca paulista de Curitiba. O que se deu, nesses casos, foi apenas o prolongamento, por motivos fortuitos, de certas técnicas de produção já extintas ou abandonadas em outras regiões do planalto.

O corpo principal do tear de rede consta de um par de fortes esteios de madeira dispostos paralelamente e tendo, cada qual, dois largos orifícios por onde se introduzem as extremidades de dois eixos, também de madeira, colocados em sentido horizontal e formando o todo um quadrilátero de dimensões variáveis: a "grade de tear", como dizem as tecedeiras cuiabanas.

É principalmente a distância entre os dois esteios laterais que irá condicionar o tamanho da tela. No tear sorocabano conservado no Museu Paulista, essa distância é de 2,20 metros, ou seja, precisamente uma braça, e isso pode sugerir que foi construído antes de se generalizar o sistema métrico decimal. Outro tanto medem os esteios que completam a moldura da grade. Note-se, aliás, que uma braça, isto é, dez palmos, mediam também, de largura, os antigos teares do gentio da costa, segundo o depoimento já lembrado de Pero de Magalhães Gandavo. No tear cuiabano, de construção recente, a distância entre os dois esteios é, entretanto, de 1,20 metro, sendo de 1,80 metro sua altura.

Como os orifícios que recebem as extremidades dos dois eixos são geralmente bem mais largos do que estes, costumam as tecedeiras fixá-los com o auxílio de uma ou duas cunhas de madeira. Graças a esse recurso podem ainda regular aproximadamente o comprimento da rede, dentro do limite estabelecido pela altura do quadrilátero.

Entre as outras peças empregadas na tecelagem desempenha função particularmente importante um grosso cilindro de madeira ou de espique de palmeira, quase tão longo quanto os eixos horizontais, que serve para a amarração dos fios antes de iniciar-se o trabalho. A essa peça, que também se destina a separar em duas camadas os fios já urdidos, chamam em Sorocaba *buruchê*, e em Cuiabá *bariti*. É a única parte do tear que conserva, entre as atuais tecedeiras, uma designação de aparente procedência indígena.

Amarradas ao *buruchê* as pontas dos fios, a primeira operação da redeira consiste em distendê-los, enrolando-os depois, de alto a baixo, em volta dos dois eixos horizontais e paralelos, de maneira a formar o urdume. Em seguida inicia, na parte dianteira, a separação entre os fios pares e os ímpares. Para isso recorre a duas varetas, as chamadas *taquarinhas de trocar os fios*. Estes vão sendo sucessivamente apartados, ora para a frente, ora para trás, ao mesmo tempo em que as varetas são metidas entre os dois sistemas assim formados, uma por cima e outra por baixo de seu ponto de cruzamento, em toda a largura do urdume. Isso feito, trata a redeira de substituir a vareta superior por uma grossa taquara — a *abrideira* — que é depois pendurada ao eixo superior da armação por meio de dois cordões presos às suas extremidades.

Ficam estabelecidas, desse modo, na camada anterior do urdume, duas seqüências novas de fios — uma externa e outra interna. A cada um dos fios da série interna atam-se, em seguida, longas argolas de fio de algodão que, encadeadas entre si na parte externa, do lado da operária, oferecem o aspecto de uma franja ou babado irregular. Puxadas pela tecedeira, essas argolas, que têm papel correspondente ao dos liços no tear horizontal, e que também recebem esse nome, trazem para a frente os fios do segundo plano.

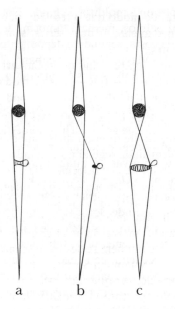

TÉCNICA DA TECELAGEM DE REDE

a) Separam-se por meio da *abrideira* os fios pares e ímpares do urdume. A cada fio da camada posterior prende-se uma pequena argola corrediça — *b*) Os fios da camada posterior são puxados para a frente com auxílio das argolas corrediças ou liços — *c*) Introduz-se entre as duas camadas de fios a régua ou batedeira

Não há dúvida que esse tipo de liço foi herdado pelas antigas redeiras dos naturais da terra, conquanto se tenha perdido hoje a lembrança de sua primitiva designação indígena. Sem a presença desse dispositivo, o trabalho de tecelagem também poderia ser executado, mas exigiria considerável desperdício de tempo, além de uma atenção meticulosa e exata.

É significativo que, entre muitas tribos indígenas, ele alcançava uma perfeição que estão longe de conhecer nossas redeiras civilizadas. Assim é que no *aquigo epa* bororo, espécie de tear de rede em miniatura, destinado à confecção de faixas de algodão, empregam-se duplos liços, isto é, uma série de argolas presas aos fios ímpares e outra aos pares, aquela pendente da parte exterior dianteira, a outra da face oposta, de modo que o tecelão pode economizar tempo manejando alternadamente as duas séries, sem precisar separar os fios correspondentes.[21]

Em outro caso — entre os índios do Caiauri-Vaupés, por exemplo, que Koch-Grünberg visitou — é uso introduzir-se uma vara estreita nas argolas, do lado do tecelão, que pode assim, com um só movimento, fazer passar para o primeiro plano todos os fios da série interna,[22] trabalho que as tecedeiras domésticas, desconhecendo esse expediente, só podem executar em partes e mais lentamente.

É interessante observar-se, também, que, entre muitos índios, os fios que servirão na tecelagem são previamente enrolados em breves canelas de madeira, correspondentes às lançadeiras européias, ao passo que as redeiras, tanto de Sorocaba como de Cuiabá, se servem, para o mesmo fim, de simples novelos de linha. Entre as cuiabanas, essas linhas são freqüentemente de fabricação caseira e feitas, não raro, pela própria tecedeira, com auxílio de fusos de tipo indígena.

Somente depois de preparado o liço, ao largo de todo o urdume, é que se inicia a tecelagem propriamente dita. Uma das varetas usadas para a troca dos fios, a inferior, pois a outra já foi retirada a fim de dar lugar à abrideira, serve de ponto de partida. Entre os fios das duas séries, mete a tecedeira uma espátula de madeira que, virada depois em sentido transversal, vai dar espaço para o lançamento de cada um dos fios da trama.

Esse fio, disposto horizontalmente e em ângulo reto com os do urdume, é batido depois, em toda a sua extensão, com a mesma espátula que servira para alargar o vão entre as séries par e ímpar. De onde o nome de *batedeira*, que lhe dão ordinariamente em Cuiabá, ao passo que em Sorocaba recebe a designação de *régua*.

Depois de comprimido com a batedeira o primeiro fio da trama, é que a tecelã, puxando o liço, faz passar para o exterior a carreira interna do urdume, a fim de poder introduzir no espaço intermédio um novo fio. Repete, então, a operação anterior. Daí por diante, todo o seu trabalho consiste em lançar os fios da trama entre as duas carreiras verticais, alternando sucessivamente as posições destas, e comprimi-las de cada vez para que o teçume fique bem travado. Operação que as boas redeiras sabem executar com espantosa agilidade e rapidez.

A largura regular e constante da teia é obtida por meio de uma espécie de régua articulada ao centro e que se fixa, de um lado ao outro e junto ao eixo inferior do tear, sobre os fios previamente tramados. O nome de *tempereira*, que recebe esse instrumento em Sorocaba — em Cuiabá chamam-lhe *espichadeira* —, e também seu formato peculiar evocam a peça que, nos aparelhos horizontais, desempenha função idêntica. E, com efeito, é o único elemento do tear de rede que não parece ter sido tomado ao indígena, mas introduzido posteriormente por influência das técnicas européias, entre as redeiras domésticas. Pelo menos não é assinalada por nenhum dos etnólogos que têm estudado mais detidamente a técnica da tecelagem entre os índios sul-americanos, como Roth na Guiana, Koch-Grünberg na Amazônia, Nordenskiöld no Grão-Chaco e Max Schmidt entre os guatós de Mato Grosso. Não é mesmo impossível que entre as nossas redeiras seiscentistas fosse ainda desconhecida essa peça, cuja ausência pode, em verdade, ser compensada pela paciência e habilidade da operária.

Além dessas peças, que formam propriamente o tear vertical, recorrem as redeiras a instrumentos acessórios que servem para se fazerem as varandas laterais e as franjas correspondentes. Tratando-se de instrumentos próprios de brosladores e sirgueiros, não de tecelões, é lícito suspeitar-se que evoluíram independentemente da tecelagem de redes e mesmo que tenham sofrido influência de técnicas modernas. Não pude conhecer os que se usam presentemente entre as tecedeiras de Sorocaba. Em Cuiabá empregam-se, para a confecção das varandas ou guarnições laterais, longos bastidores quadrilaterais idênticos aos que se utilizam hoje em certos trabalhos de agulha, particularmente o filé. As franjas são feitas em pequenas peças de madeira chamadas *franjeiras*, tendo os fios passado previamente pela *esteirinha*, formada de uma série de pranchas também de madeira, ligadas entre si.

Seja como for, a adaptação à rede das varandas e franjas só se efetua depois de concluído o trabalho de tecelagem. Ou melhor, quando apenas uma vara, se tanto, do primitivo urdume, deixou de receber os fios correspondentes à trama. Corta-se então ao meio essa parte não tramada, e as extremidades dos fios soltos — os futuros punhos da rede — são reunidas de modo a formarem uma argola resistente.

Nas redes mais singelas, os fios do urdume e os da trama têm todos a mesma cor, geralmente branca. É muito freqüente, entretanto, o emprego de linha de cores distintas, respectivamente para a trama e urdidura, obtendo-se dessa forma combinações mais ou menos felizes. Os desenhos são feitos mudando-se segundo o modelo, em pontos determinados de antemão, a cor ou a qualidade do fio da trama. Quando o fio chega a um desses pontos, cede então lugar a outro.

A freqüência quase exclusiva do traço retilíneo em muitos desses desenhos não se deve atribuir às influências indígenas que presidiram à própria técnica da fabricação de redes, ou apenas a tal influência. Segundo todas as probabilidades relaciona-se antes às dificuldades que ofereceria um motivo mais complexo nos fios tramados no tear vertical. Contudo o uso de fios delgados permite vencerem-se algumas dessas dificuldades. De qualquer forma, a ornamentação interna das redes constitui, talvez, a parte mais delicada do trabalho de tecelagem, e seu efeito final depende exclusivamente da perícia das tecedeiras. Algumas fazem o desenho tendo constantemente diante dos olhos o cartão onde figura o modelo original. Outras, pelo menos em Cuiabá, timbram em reter na memória a maior variedade possível de desenhos ou combinações, e disso fazem uma questão de honra ou dignidade profissional. Redeira de um só desenho merece pouco caso. É como cururueiro de uma toada só.

NOTAS

(1) Sérgio Buarque de Holanda, *Monções* (Rio de Janeiro, 1945), pp. 11-4.

(2) Idem, "Au Brésil colonial: Les civilisations du miel", *Annales: Économies, Sociétés, Civilisations* (Paris, jan.-mar. 1950), pp. 78 e ss.

(3) Serviu-lhe de base a contribuição que me coube apresentar em 1946, durante uma série de conferências relativas a vários aspectos da expansão bandeirante, e que se encontra igualmente impressa. Ver Sérgio Burque de Holanda, "As monções", *Curso de bandeirologia* (São Paulo, 1946), pp. 125 e ss.

(4) Sérgio Buarque de Holanda, "As técnicas rurais no Brasil durante o século XVIII", *Proceedings of International Colloquium of Luso-Brazilian Studies* (Nashville, 1953), pp. 260 e ss.

I. *ÍNDIOS E MAMALUCOS*

1. *VEREDAS DE PÉ POSTO* (pp. 19-35)

(1) Bernardo de Vargas Machuca, *Milicia y descripción de las Indias*, I (Madri, 1892), p. 187.

(2) Ruiz de Montoya, *Vocabulario y tesoro de la lengua guaraní*, II (Viena, 1876), pp. 3 v. e 166 v.

(3) Francisco Adolfo de Varnhagen, visconde de Porto Seguro, *História geral do Brasil*, I, 4ª ed. (São Paulo, 1948), p. 52. (na 1ª ed. da *História geral* [Madri, 1854, I, p. 130], regista-se a forma *ca peno*, de acordo com a versão do padre João Daniel, corrigida na edição seguinte pelo texto de Montoya); João Daniel, "Tesouro descoberto no rio Amazonas", *Revista do Instituto Histórico e Geográfico Brasileiro*, III (Rio de Janeiro, 1841), p. 42.

(4) C. F. Ph. von Martius, *Beiträge zur Ethnographie und Sprachenkunde Amerikas zumal Brasiliens* (Leipzig, 1867), p. 1666.

(5) Stradelli, "Vocabulário da língua-geral", *Revista do Instituto Histórico e Geográfico Brasileiro*, 158 (Rio de Janeiro, 1929), p. 387.

(6) Theodor Koch-Grünberg, *Zwei Jahre unter den Indianern* (Berlim, 1910), p. 210.

(7) Gabriel Soares de Souza, *Tratado descriptivo do Brasil em 1587*, 3ª ed (São Paulo, 1938), p. 388; J. Barbosa Rodrigues, "Vocabulário indígena", *Anais da Biblioteca Nacional*, XVI, 2 (Rio de Janeiro, 1894), p. 60.

(8) Antônio Joaquim da Rosa, *A cruz de cedro* (São Roque, 1924), p. 15.

(9) Pedro Taques, *Nobiliarchia paulistana historica e genealogica I* (Rio de Janeiro, 1926), p. 101.

(10) Martius, op. cit., p. 666.

(11) Telêmaco Borba, *Atualidade indígena* (Curitiba, 1908), p. 8.

(12) Carl von den Steinen, "Die Schamakoko-Indianer nach Guido Boggianis 'I Ciamacoco' ", *Globus*, LXVII (Brunswick, s. d.), p. 326.

(13) Idem, *Durch Zentral-Brasilien* (Leipzig, 1866), pp. 213-4; idem, *Unter den Naturvölkern Zentral-Brasiliens* (Berlim, 1894), pp. 153 e 246-7.

(14) Koch-Grünberg, op. cit., p. 90.

(15) Fritz Krause, *In den Wildnissen Brasiliens* (Leipzig, 1911), p. 76; idem, "Die Yaruma und Arawine Indianer", *Festschrift Georg Friederici* (Berlim, 1936), pp. 32 e 44.

(16) W. Dröber, "Kartographie bei den Naturvölkern", *Deutsche Geographische Blätter*, XXVII (Bremen, 1904), p. 29.

(17) Orville Derby, "O roteiro de uma das primeiras bandeiras paulistas", *Revista do Instituto Histórico de São Paulo*, IV (São Paulo, 1899), p. 343.

(18) Cf. Caroline E. MacGill, *History of transportation in the United States before 1860* (Washington, D. C., 1917), p. 118.

(19) *Documentos interessantes para a história e costumes de São Paulo* (São Paulo, 1899), XXIX, p. 114.

(20) "Memorial del P. Antonio Ruiz de Montoya, 1643", in Pablo Hernández, *Organización social de las doctrinas guaranies de la Compañia de Jesus*, II (Barcelona, 1912), p. 635.

(21) Archivo General de las Indias, Sevilha, est. 74., caj. 4, leg. 18 (cópia no Museu Paulista).

(22) Fletcher & Kidder, *Brazil and the Brazilians* (Boston, 1866), p. 133; H. Handelmann, *História do Brasil* (Rio de Janeiro, 1931), p. 378; Silva Correia, *História de Angola*, I (Lisboa, 1937), p. 120; Hermann Wätjen, *Das Holländische Kolonialreich in Brasilien* (Gotha, 1921), p. 253.

(23) Diogo do Couto, *O soldado prático* (Lisboa, 1937), p. 140.

(24) Pedro Taques, op. cit., p. 79.

(25) *Atas da Câmara da Vila de São Paulo*, I (São Paulo, 1914), pp. 110, 213 e ss.

(26) João Cezimbra Jaques, *Ensaios sobre os costumes do Rio Grande do Sul* (Porto Alegre, 1833), p. 67; Martin Dobrizhoffer, *An account of Abipones, an equestrian people of Paraguay*, I (Londres, 1822), p. 236; Tito Saubidet, *Vocabulario y refranero criollo* (Buenos Aires, 1945), p. 157.

(27) José Hernández, *Martín Fierro* (Buenos Aires, 1941), p. 172.

(28) W. Krickeberg, "Amerika", in Georg Buschau, *Illustrierte Völkerkunde*, I (Stuttgart, 1922), p. 261; Georg Friederici, *Der Charakter der Entdeckung und Eroberung Amerikas durch die Europäer*, I (Stuttgart, 1925), p. 516.

(29) Clark Wissler, *Relation of nature to men* (Nova York, 1920), p. 23.

(30) Theodor Koch-Grünberg, *Vom Roraima zum Orinoco*, III (Stuttgart, 1923).

(31) Erland Nordenskiöld, *Analyse etno-geographique de la culture materielle de deux tribus indiennes* (Paris, 1929), pp. 118 e ss.; Jorge Marcgrave, *História natural do Brasil* (São Paulo, 1942), p. 271.

(32) Urbino Viana, "Akuen ou xerente", *Revista do Instituto Histórico e Geográfico Brasileiro*, 155 (Rio de Janeiro, 1928), p. 39.

(33) Simão de Vasconcelos, *Crônica da Companhia de Jesus*, XLIII; Pe. Cristóbal de Acuña, *Nuevo descubrimiento del gran rio de las amazonas* (Madri, 1891), p. 171.

(34) Herbert Smith, *The Amazon and the coast* (Londres, 1879), pp. 561 e ss.

(35) Afonso A. de Freitas, *Vocabulário nheengatu* (São Paulo, 1936), p. 144.

(36) Spix & Martius, *Reise in Brasilien*, III (Munique, 1831), pp. 1092 e 1110.

(37) Barbosa Rodrigues, "Poranduba amazonense", *Anais da Biblioteca Nacional*, XIV, 2ª ed. (Rio de Janeiro, 1865), p. 12.

(38) Paul Ehrenreich, *Antropologische Studien über die Urbewohner Brasiliens* (Brunswick, 1897), p. 104; A. Vierkandt, "Die Indianerstämme Brasiliens und die allgemeinen Frange der Anthopologie", *Globus*, LXXII (Brunswick, 1897), p. 139.

(39) Max Schmidt, *Indianerstudien in Zentralbrasilien* (Berlim, 1905), p. 296.

(40) F. Rodrigues do Prado, "História dos índios cavaleiros", *Revista do Instituto Histórico e Geográfico Brasileiro*, I (Rio de Janeiro, 1839), p. 25.

(41) Telêmaco Borba, "Observações sobre os indígenas do estado do Paraná", *Revista do Museu Paulista*, VI (São Paulo, 1904), pp. 57 e ss.

(42) "These cannibals are of low stature, great bellies, and broad feet", ver *Purchas — his pilgrimes*, IV (Londres, 1625), p. 1228.

(43) Foi graças às trilhas indígenas, observa um historiador, que europeus de várias nacionalidades puderam expandir-se na América do Norte. Os caminhos do Soundshore e a via de Westchester permitiram efetivamente, aos refugiados das perseguições religiosas na Nova Inglaterra, procurar e encontrar abrigo na área da Nova Holanda. Reginald Pelham Bolton, *Indian paths in the great metropolis*, I (Nova York, 1922), p. 20.

(44) "Tombo dos bens pertencentes ao convento de Nossa Senhora do Carmo", *Anais da Biblioteca Nacional*, LVII (Rio de Janeiro, 1939), p. 275: "[...] por onde foi o capp. am Marthim de Saa para o certão com su arraial por onde ordinariamente se seruião e seruem o gentio guayna de suas terras para o d. Rio Paraty [...]".

(45) *Documentos interessantes para a história e costumes de São Paulo*, XXVIII (São Paulo, 1898), p. 142.

(46) Georg Friederici, "Der Gang des Indianers", *Globus*, LXXIV (Brunswick, 1898), p. 274.

(47) Thomas Donaldson, "The George Catlin Indian Gallery in the U. S. National Museum", *Annual Report of Board of Regents of the Smithsonian Instituion*, 1885, parte II (Washington, D. C., 1886), p. 431.

(48) Cf. Karl Sapper, "Ein altindianischer Landstreit in Guatemala", *Globus*, LXXII (Brunswick, 1897), p. 96.

2. *SAMARITANAS DO SERTÃO* (pp. 36-42)

(1) Max Schmidt, *Indianerstudien en Zentralbrasilien* (Berlim, 1905), p. 31.

(2) Fritz Krause, *In den Wildnissen Brasiliens* (Leipzig, 1911), pp. 340-1.

(3) "Jornada de Thomaz de Sousa de Villa Boa the a Fortaleza de Nossa Senhora da Conceição no anno de 1766", Ms. do Instituto Histórico e Geográfico Brasileiro.

(4) Fernão Cardim, *Tratados da terra e gente do Brasil* (Rio de Janeiro, 1925), p. 67.

(5) Idem, ibid., p. 128. (Nota de Rodolfo Garcia.)

(6) Martin Dobrizhoffer, *An account of the Abipones*, I (Londres, 1822), p. 400.

(7) *Documentos interessantes para a história e costumes de São Paulo*, XX (São Paulo, 1896), p. 25.

(8) Gabriel Soares de Souza, *Tratado descriptivo do Brasil em 1587*, 3ª ed. (São Paulo, 1938), p. 213; Fernão Cardim, op. cit., p. 59.

(9) "Roteiro do Maranhão e Goyaz pela Capitania do Piauy", *Revista Trimensal do Instituto Histórico*, LXII (Rio de Janeiro, 1900), p. 80; Euclides da Cunha, *Os sertões*, 13ª ed. (Rio de Janeiro, 1936), p. 46.

(10) Simão de Vasconcelos, *Crônica da Companhia de Jesus no Estado do Brasil*, I (Lisboa, 1865), pp. cxxx-cxxxi.

(11) Alvar Núñez Cabeza de Vaca, *Naufragios y comentarios* (Madri, 1922), p. 176.

(12) "Carta do coronel Pedro Barbosa Leal ao conde de Sabugosa, vice-rei do Estado do Brasil, sobre várias incursões realizadas no sertão da Bahia em busca de minas metálicas [...]", *Documentos interessantes para a história e costumes de São Paulo*, XLVIII (São Paulo, 1929), p. 71.

(13) Capistrano de Abreu, *Capítulos da história colonial* (Rio de Janeiro, 1928), pp. 277-8.

(14) Luís dos Santos Vilhena, *Recopilação de notícias soteropolitanas e brasílicas, contidas em XX cartas*, II (Bahia, 1921), p. 846.

3. *A CERA E O MEL* (pp. 43-54)

(1) Pe. Pablo Pastells, *Historia de la Compañia de Jesús en la provincia del Paraguay*, I (Madri, 1912), p. 484.

(2) J. Vellard, *Une civilisation du miel. Les indiens guayakis du Paraguay* (Paris, 1939).

(3) W. E. von Eschwege, *Journal von Brasilien*, I (Weimar, 1818), p. 144.

(4) Juan B. Ambrosetti, "Los indios kaingangs", *Revista del Jardin Zoológico*, II, 10 (Buenos Aires, 1894), pp. 316 e ss.

(5) Pyrineus de Sousa, "Notas sobre os costumes dos índios nhambiquaras", *Revista do Museu Paulista*, XII (São Paulo, 1920), p. 394.

(6) J. Vellard, op. cit., p. 81.

(7) Martin Dobrizhoffer, *An account of the Abipones*, I (Londres, 1822), p. 141.

(8) Fritz Krause, *In den Wildnissen Brasiliens* (Leipzig, 1911), p. 246.

(9) Note-se que a suposição de que os índios, a pé e mesmo a cavalo ou em canoa, são capazes de acompanhar as abelhas em vôo pode resultar de uma confusão de alguns autores referidos. Na melhor hipótese, segundo me informou obsequiosamente uma autoridade nestes assuntos, o sr. Paulo Nogueira Neto, os índios se limitariam a verificar a direção do vôo, que se faz, tanto quanto possível, em linha reta. Partindo de tal observação é que sairiam à procura do ninho.

(10) Aires de Casal, *Corografia brasílica ou relação histórico-geográfica do reino do Brasil*, por um presbítero do Grão-Priorado do Crato, II (Rio de Janeiro, 1817), p. 100.

(11) Pe. Pablo Pastells, op. cit., p. 483.

(12) Simão de Vasconcelos, *Vida do padre João d'Almeida* (Lisboa, 1658), p. 55.

(13) *Inventários e testamentos*, I (São Paulo, 1920), pp. 81 e 232; x, p. 506; XII, p. 357; XIV, p. 110; XXI, pp. 160, 256 e 387; XXII, p. 421; XXV, p. 147.

(14) Costa Lobo, *História da sociedade em Portugal no século XV* (Lisboa, 1904), p. 82.

(15) Telêmaco Borba, *Atualidade indígena* (Curitiba, 1908), p. 65; Juan B. Ambrosetti, *Los indios cainguá del Alto Paraná* (Buenos Aires, 1895), p. 42.

(16) Cf. Karl Sapper, "Bienenhaltung und Bienenzucht in Mittelamerika und Mexiko", *Ibero-Amerikanisches Archiv*, IX (Berlim e Bonn, 1935-36), p. 187.

(17) Curt Niemuendaju, "Die Sagen von der Erschaffung und Vernichtung der Welt als Grundlagen der Religion der Apapocuva-Guarani", *Zeitschift für Ethnologie*, XLVI (Berlim, 1914), p. 340.

(18) Edmund von Lippmann, *História do açúcar*, trad. Rodolfo Coutinho (Rio de Janeiro, 1914), pp. 41 e 59.

(19) Erland Nordenskiöld, "L'apiculture indienne", *Journal de la Société des Americanistes*, XXI (Paris, 1929), pp. 169 e 182.

(20) No Peru, ao contrário, nada indica que a apicultura fosse praticada ou sequer conhecida em época anterior à da chegada dos espanhóis, cf. Karl Sapper, *Geographie und Geschichte der indianischen Landwirtschaft* (Hamburgo, 1936), pp. 24-5; idem, *Die Ernährungswirtschaft der Erde und ihre Zukunftsaussichten für die Menschheit* (Stuttgart, 1939), pp. 57 e 68; idem, "Neue Beiträge zur Bienenzucht in Mittelamerika und Mexiko", *Ibero-Amerikanisches Archiv*, XI (Berlim e Bonn, 1938), pp. 497 e 505.

(21) "The Mehimene [...] make hives of hollow trees for bees to swarm in, and these are placed in their maloka, so that a store of honey and wax is always at hand." Thomas Whiffen, *The North-West Amazons. Notes of some months spent among cannibal tribes* (Londres, 1915), p. 51.

(22) Idem, ibid., p. 14.

(23) Robert Redfield & Alfonso Vila, *Chan Kom. A Maya village* (Washington, D. C., 1934), p. 50.

(24) Roquette-Pinto, *Seixos rolados* (Rio de Janeiro, 1927), p. 67.

(25) Luís d'Alincourt, "Resultado dos trabalhos e indagações estatísticas da província de Mato Grosso", *Anais da Biblioteca Nacional*, III (Rio de Janeiro, 1877), p. 265, nota.

(26) Erland Nordenskiöld, op. cit., p. 173.

(27) Informação prestada pelo dr. Herbert Baldus. Em fevereiro de 1947 pôde o chefe da seção de etnologia do Museu Paulista encontrar, mesmo no estado de São Paulo, no posto indígena de Araribá, do SPI, uma grande cabaça utilizada para a criação de abelhas entre os terenos ali localizados.

(28) Devo ainda ao sr. Paulo Nogueira Neto, autor de importante monografia intitulada *A criação de abelhas indígenas sem ferrão* (São Paulo, 1953), a seguinte comunicação que, dado seu interesse para o esclarecimento da questão, passo a reproduzir. "A meu ver", escreve-me o sr. Paulo Nogueira Neto, "a origem do uso de cabaças como colmeias é acidental. Em Cosmópolis conheci certo colono que tinha uma cabaça totalmente intacta, isto é, sem outra abertura além da minúscula entrada das abelhas (abelhas-mosquito — *Plebeia* sp.). Essa abertura localizava-se onde antes houvera

o pendúnculo do fruto. Nesse caso tenho a certeza de que o enxame se localizou na cabaça espontaneamente. Ninguém colocou a colônia ali dentro. Ora, a observação de um fato semelhante pode ter dado origem à idéia de se usarem cabaças para abrigo de colônias de meliponídeos, e essa idéia pode ter surgido independentemente em lugares diferentes."

(29) Roquette-Pinto, *Rondônia*, 3ª ed. (São Paulo, 1935), p. 123.

(30) "Notícias práticas das minas do Cuiabá e Goiases [...]", *Revista do Instituto Histórico e Geográfico Brasileiro*, iv (Rio de Janeiro, 1863), p. 487.

(31) Cf. Francisco de Assis Vieira Bueno, *Autobiografia* (Campinas, 1899), p. 5.

(32) Gama Barros, *História da administração pública em Portugal*, i (Lisboa, 1855), p. 529.

(33) Moisés Marcondes, *Documentos para a história do Paraná* (Rio de Janeiro, 1923), p. 32.

(34) "Ordens régias", *Revista do Arquivo Municipal*, xxxii (São Paulo, 1937), p. 68; *Documentos interessantes para a história e costumes de São Paulo*, xxxiv (São Paulo, s. d.), pp. 1 e ss; idem, xxviii (São Paulo, 1898), p. 14.

4. *IGUARIAS DE BUGRE* (pp. 55-59)

(1) Pe. Pablo Pastells, *Historia de la Compañia de Jesús en la provincia del Paraguay*, i (Madri, 1912), p. 483.

(2) Bernardo Pereira de Berredo, *Anais históricos do Maranhão*, 2ª ed. (Maranhão, 1849), p. 135.

(3) Celebrizou-se a sátira atribuída ao acadêmico Francisco José Pinheiro Guimarães, que principia por estes versos:

Comendo içá, comendo cambuquira,
Vive a afamada gente paulistana [...]

(4) "Diário da jornada que fes o exm.º senhor dom Pedro desde Rio de Janeiro, athé a cide. de São Paulo e desta athé as Minas", *Revista do Patrimônio Histórico e Artístico Nacional*, iii (Rio de Janeiro, 1939), p. 308.

(5) Georg Friederici, *Der Charakter der Entdeckung und Eroberung Amerikas durch die Europäer*, I (Stuttgart, 1925), pp. 113-4; Alvar Núñez Cabeza de Vaca, *Naufragios y comentarios* (Madri, 1922), p. 176.

(6) Na tradução das cartas de Anchieta aproveitada para a edição da Academia Brasileira de Letras, consta que os bichos-de-taquara dão, assados ou torrados, "um guisado que em nada difere da carne de porco estufada". Ver José de Anchieta, *Cartas, informações, fragmentos históricos e sermões* (Rio de Janeiro, 1933), p. 121. Para prova de que o tradutor foi infeliz nesse, como, aliás, em outros passos de seu trabalho, compare-se essa interpretação com o texto original: "*Hos igni assos et tostos solente comedere, tanto vero est eorum multitudo acervatim congesta, ut ex ei fiat liquamen, quod liquato ex Sue non est dissimile [...]*". Josephi de Anchieta Epistola Quamplurimatum Rerum Naturalium quae S. Vicentii (nunc S. Pauli) Provintiam Incolunt Sistens Descriptionem (Lisboa, 1799), p. 21.

(7) Auguste de Saint-Hilaire, *Viagem pelas províncias de Rio de Janeiro e Minas Gerais*, i (São Paulo, 1938), p. 361.

(8) Juan B. Ambrosetti, "Los indios kaingangs", *Revista del Jardin Zoológico*, ii, 10 (Buenos Aires, 1894), pp. 42 e ss.

(9) Manuel da Fonseca, *Vida do venerável padre Belchior de Pontes* (São Paulo, s. d.), p. 100.

5. *CAÇA E PESCA* (pp. 60-73)

(1) *Diário de viagem do dr. Francisco José de Lacerda e Almeida pelas capitanias do Pará, Rio Negro, Mato Grosso, Cuiabá e S. Paulo nos anos de 1780 a 1790* (São Paulo, 1841), pp. 76-7. O autor deveria ter em vista, nesse caso, os cervos ou campeiros que, ainda hoje, sobretudo nos campos banhados de Mato Grosso, podem ser encontrados em pequenos bandos.

(2) José de Anchieta, *Cartas, informações, fragmentos históricos e sermões* (Rio de Janeiro, 1933), p. 128.

(3) Maximiliano, príncipe de Wied-Neuwied, *Reise nache Brasilien*, ii (Frankfurt, 1821), p. 28.

(4) Pe. Antônio Colbacchini, *A tribo dos bororos* (Rio de Janeiro, 1919), p. 18.

(5) Também é certo que já em 1624 se proibia por lei, em Portugal, "a invenção de atirar no ar às perdizes", introduzida alguns anos antes. Varnhagen, que menciona expressamente a referida lei, nota que o uso de se atirar às perdizes no vôo só foi conhecido no Reino, "com toda a segurança", depois de colonizado o Brasil. Cf. *A caça no Brasil ou Manual do caçador*, por Um brasileiro devoto de santo Humberto (Rio de Janeiro, 1860), p. 67.

(6) *Diário de viagem do dr. Francisco José de Lacerda e Almeida* [...], op. cit., pp. 66-5.

(7) Thomas Whiffen, *The North-West Amazons. Notes of some months spent among cannibal tribes* (Londres, 1915), p. 115.

(8) Georg Friederici, "A eficácia do arco dos índios", *Revista do Instituto Arqueológico e Geográfico Pernambucano*, xii (Recife, 1907), p. 478.

(9) William Christie Macleod, *The American Indian frontier* (Londres, 1928), pp. 552 e ss.

(10) Jean de Léry, *Histoire d'un voyage fait en la terre du Brésil*, ii (Paris, 1880), pp. 34-5.

(11) Cf. Afonso de E. Taunay, *História seiscentista da vila de São Paulo*, i (São Paulo, 1926), pp. 46 e ss.

(12) *Sesmarias, documentos do Arquivo do Estado de São Paulo*, i (São Paulo, 1921), pp. 75 e 152.

(13) Alcântara Machado, *Vida e morte do bandeirante*, 2ª ed. (São Paulo, 1930), p. 257.

(14) Thomas Whiffen, op. cit., p. 107.

(15) J. P. S. [Joaquim de Paula Souza], *Escola de caça ou monteria paulista* (Rio de Janeiro, 1863), pp. 76 e 64-5.

(16) *A caça no Brasil ou Manual do caçador*, op. cit., p. 43.

(17) Bento Arruda, *Por campos e matas* (São Paulo, 1925), p. 5; Henrique Silva, *A caça no Brasil Central* (Rio de Janeiro, s. d.), p. 120; cel. Amílcar A. Botelho de Magalhães, *Pelos sertões do Brasil* (São Paulo, 1941), p. 168.

(18) Spix & Martius, *Reise in Brasilien*, I (Munique, 1823), p. 110; Martius, *Beiträge zur Ethnographie und Sprachenkunde Amerikas zumal Brasiliens* (Leipzig, 1867), p. 605 e nota.

(19) *Atas da Câmara Municipal da Vila de São Paulo*, I (São Paulo, 1914), pp. 422 e 425; idem, II (São Paulo, 1915), pp. 41-2.

(20) José de Anchieta, op. cit., p. 111.

(21) Luís d'Alincourt, *Memória sobre a viagem do porto de Santos à cidade de Cuiabá* (Rio de Janeiro, 1830), p. 47.

(22) "Relação da viagem de Antônio da Costa Pimentel", *Documentos interessantes para a história e costumes de São Paulo*, XXXIV (São Paulo, 1901), p. 320.

(23) *Livro dos Regimêntos dos Officiaes Mechanicos da Mui Nobre e Sêpre Cidade de Lixboa 1572*, publicado pelo dr. Virgílio Correia (Coimbra, 1926), p. 68.

(24) *Atas da Câmara Municipal da Vila de São Paulo*, I (São Paulo, 1914), p. 313.

6. BOTICA DA NATUREZA (pp. 74-89)

(1) *Atas da Câmara Municipal da Vila de São Paulo*, I (São Paulo, 1914), p. 214.

(2) Garcia de Resende, *Cancioneiro geral*, V (Coimbra, 1917), p. 326.

(3) *Livro dos Regimêntos dos Officiaes Mechanicos da Mui Nobre e Sêpre Cidade de Lixboa 1572*, publicado pelo dr. Virgílio Correia (Coimbra, 1926), p. 84.

(4) Gabriel Soares de Souza, *Tratado descriptivo do Brasil em 1587*, 3ª ed. (São Paulo, 1938), p. 285.

(5) Bernardo de Vargas Machuca, *Milicia y descripción de las Indias*, II (Madri, 1892), p. 134.

(6) *Diálogos das grandezas do Brasil* (Rio de Janeiro, 1930), p. 24.

(7) *Inventários e testamentos*, I (São Paulo, 1920), pp. 205 e 227; idem, III, p. 86; idem, VIII, p. 148.

(8) Frei Vicente do Salvador, *História do Brasil*, 3ª ed. (São Paulo, s. d.), p. 41.

(9) Spix & Martius, *Reise in Brasilien*, I (Munique, 1823), pp. 233 e ss.

(10) Martius & Veloso de Oliveira, *Sistema de matéria médica vegetal brasileira* (Rio de Janeiro, 1854), pp. 21 e ss.

(11) José Rodrigues de Abreu, *Histologia médica*, I (Lisboa Ocidental, 1733), p. 600.

(12) "Livro que contém o que fez o exmo. sr. governador d. Rodrigo César de Meneses (Do que ha em heste sertam sem se fazer caso nem estimação do que vale!)", Ms. do Instituto Histórico e Geográfico Brasileiro, liv. 89, ms. 1509, fl. 269.

(13) Pero de Magalhães Gandavo, *Tratado da terra do Brasil* (Rio de Janeiro, 1924), p. 42.

(14) Manuel Cardoso de Abreu, "Divertimento admirável", *Revista do Instituto Histórico e Geográfico de S. Paulo*, VI (São Paulo, 1902), p. 275.

(15) F. C. Hoehne, *O que vendem os ervanários de S. Paulo* (São Paulo, 1920), p. 217. O autor assinala igualmente dentes de jacaré, indicados "contra várias coisas, principalmente contra o mau-olhado". Sobre a popularidade desse amuleto entre paulistas, no século XVII, ver Manuel Cardoso de Abreu, op. cit., p. 257. Sobre a atribui-

ção, entre índios, de poderes mágicos aos dentes de jacaré e às unhas de tamanduá, cf. respectivamente Theodor Koch-Grünberg, *Zwei Jahre unter den Indianern* (Stuttgart, 1909), I, p. 67; e Carl von den Steinen, *Unter den Naturvölkern Zentral-Brasiliens* (Berlim, 1894), p. 479.

(16) Vargas Machuca, op. cit., II, pp. 134 e 137; Pedro Lozano, *Historia de la conquista del Paraguay, Rio de la Plata y Tucumán*, I (Buenos Aires, 1874), pp. 291 e 307.

(17) Frei Vicente do Salvador, op. cit., p. 41; Gabriel Soares de Souza, op. cit., p. 185; F. C. Hoehne, op. cit., pp. 215-6.

(18) Pero de Magalhães Gandavo, op. cit., p. 101.

(19) Simão de Vasconcelos, *Vida do pe. João de Almeida* (Lisboa, 1658), p. 116.

(20) Fernão Cardim, *Tratados da terra e gente do Brasil* (Rio de Janeiro, 1925), p. 56.

(21) Couto de Magalhães, *Viagem ao Araguaia*, 3ª ed. (São Paulo, 1934), p. 165.

(22) Martius, *Natureza, doenças, medicina e remédios dos índios brasileiros* (São Paulo, 1939), p. 224.

(23) Manuel da Silva Leitão, *Arte com vida ou vida com arte*, 1738, apud Fernando São Paulo, *Linguagem médica popular no Brasil*, II (Rio de Janeiro, 1936), pp. 23-4.

(24) Mário de Andrade, *Namoros com a medicina* (Porto Alegre, 1939), p. 66.

(25) "A bandeira de Anhangüera a Goiás, segundo José Peixoto da Silva Braga", *Gazeta Literária*, I, 3 (Rio de Janeiro, 1/9/1883), p. 64.

(26) José Rodrigues de Abreu, op. cit., II, p. 431.

(27) Manuel da Fonseca, *Vida do venerável padre Belchior de Pontes* (São Paulo, 1913), p. 33.

(28) *Documentos interessantes para a história e costumes de São Paulo*, III, 3ª ed. (São Paulo, 1913), p. 58.

(29) Em 1857, falando à Assembléia Legislativa de São Paulo, a mais alta autoridade da província, depois de explicar que, embora tivessem aumentado em número os crimes de morte, estes na verdade não revelaram grande perversidade em quem os praticava, pondera o seguinte: "Além disso houve uma diminuição de 54 outros crimes, tais como o roubo, o furto, o estelionato, o estupro, cuja prática demonstra muito mais imoralidade e depravação de costumes que o homicídio — quase sempre resultante da falta de civilização e de vinganças particulares devido a pouca regularidade na administração da justiça". *Discurso com que o ilustríssimo e excelentíssimo sr. senador José Joaquim Fernandes Tôrres, presidente da província de São Paulo, abriu a Assembléia Legislativa Provincial no ano de 1858* (São Paulo, 1858), p. 5.

(30) Carlos Teschauer, *História do Rio Grande do Sul dos dois primeiros séculos*, I (Porto Alegre, 1918), p. 179.

(31) Domingos J. B. Jaquaribe Filho, *O sul de São Paulo* (São Paulo, 1886), pp. 59 e 60.

(32) Theodor Koch-Grünberg, *Vom Roraima zum Orinoco*, III (Stuttgart, III, p. 223.

7. *FRECHAS, FERAS, FEBRES* (pp. 90-124)

(1) Erland Nordenskiöld, *Forschungen und Abenteur in Süd Amerika* (Stuttgart, 1924), pp. 66 e ss.

(2) Francisco Jarque, *Ruiz de Montoya en las Indias*, I (Madri, 1900), p. 321.

(3) Nicolas del Techo, *História de la provincia del Paraguay de la Compañia de Jesus*, II (Madri, 1897), p. 412.

(4) J. P. S. [Joaquim de Paula Souza], *Escola de caça ou monteria paulista* (Rio de Janeiro, 1863), p. 87.

(5) Pe. Pedro Lozano, *Historia de la conquista del Paraguay, Rio de la Plata y Tucumán*, I (Buenos Aires, 1874), p. 294.

(6) Cf., por exemplo, Henrique Silva, *A caça no Brasil Central* (Rio de Janeiro, s. d.), p. 147.

(7) Pe. Pedro Lozano, op. cit., I, pp. 296-7.

(8) Pe. Manuel da Fonseca, *Vida do venerável padre Belchior de Pontes* (São Paulo, s. d.), pp. 101-2.

(9) Theodor Koch-Grünberg, *Zwei Jahre unter den Indianern*, I (Berlim, 1910), p. 105.

(10) F. de Castelnau, *Expedition dans les parties centrales de l'Amérique du Sud*, III (Paris, 1851), p. 14; Max Schmidt, *Indianerstudien en Zentralbrasilien* (Berlim, 1905), p. 184.

(11) Pe. Antônio Colbacchini, *A tribo dos bororos* (Rio de Janeiro, 1919), p. 24; Herbert Baldus, *Ensaios de etnologia brasileira* (São Paulo, 1937), p. 170.

(12) Carl von den Steinen, *Unter den Naturvölkern Zentral-Brasiliens* (Berlim, 1894), p. 230; Hermann Meyer, *Bogen und Pfeil in Zentral-Brasiliens* (Leipzig, s. d.), p. 18.

(13) Gabriel Soares de Souza, *Tratado descriptivo do Brasil em 1587*, 3.ª ed. (São Paulo, 1938), p. 288.

(14) Hans Staden, *Warhaftige Historia und beschreibung eyner Landschafft der wilden nacketen grimmigen Menschenfresser-Leuthen in der Newenwelt America gelegen*, reimpressão fac-símile da 1.ª ed., de 1557 (Frankfurt, 1927), 2.ª parte, cap. 33.

(15) "Vida do padre Estanislau de Campos", *Revista Trimensal do Instituto Histórico*, LII (Rio de Janeiro, 1889), p. 84.

(16) Teotônio José Juzarte, "Diário da navegação do rio Tietê, rio Grande Paraná [...] escrito pelo sargento-mor Teotônio José Juzarte", *Anais do Museu Paulista* (São Paulo, 1922), pp. 101-2.

(17) Roquette-Pinto, *Rondônia*, 3.ª ed. (São Paulo, 1935), p. 181 e nota.

(18) Fritz Krause, *In den Wildnissen Brasiliens* (Leipzig, 1911), p. 41.

(19) J. Patricio Fernández, *Relación historial de las misiones de indios chiquitos*, I (Madri, 1895), pp. 52-3.

(20) Cf. Hans Staden, op. cit., 2.ª parte, cap. 4; Jean de Léry, *Histoire d'un voyage fait en la terre du Brésil*, II (Paris, 1880), p. 37; Gabriel Soares de Souza, op. cit., p. 220.

(21) Francisco Adolfo de Varnhagen, visconde de Porto Seguro, *História geral do Brasil*, III, 4.ª ed. (São Paulo, 1948), p. 228: Max Schmidt, "Das Haus im Xingu-Quellgebiet", *Festchrift Eduard Seler* (Stuttgart, 1922), pp. 459 e ss.

(22) Antônio Vieira, *Cartas do padre Antônio Vieira*, ed. e anot. por J. Lúcio de Azevedo I (Coimbra, 1925), p. 399.

(23) Erland Nordenskiöld, "La moustiquarie est-elle indigène en Amérique du Sud?", *Journal de la Société des Americanistes*, XIV (Paris, 1922), pp. 119 e 126.

(24) Pe. Fr. Laureano de la Cruz, *Descubrimiento del rio Marañon* (Prato, 1878), p. 37.

(25) José Barbosa de Sá, "Relação das povoações do Cuiabá e Mato Grosso de seus princípios até os presentes tempos", *Anais da Biblioteca Nacional*, XXIII (Rio de Janeiro, 1904), pp. 9 e 16; "Crônicas do Cuiabá [...] por Joaquim da Costa Siqueira", *Revista do Instituto Histórico de São Paulo*, IV (São Paulo, s. d.), p. 19.

(26) Luís dos Santos Vilhena, *Recompilação de notícias da capitania de São Paulo* [Lisboa, MDCCII] (Bahia, 1953), pp. 54-5; Teotônio José Juzarte, op. cit., p. 47.

(27) José Rodrigues de Abreu, *Histologia médica*, I (Lisboa Ocidental, 1733), p. 599.

(28) Johann Jakob von Tschudi, *Reisen durch Südamerika*, III (Leipzig, 1867), pp. 313-4.

(29) Teófilo Benedito Ottoni, *A colonização do Mucuri. Memória justificativa em que se explica o estado atual dos colonos estabelecidos no Mucuri e as causas dos recentes acontecimentos naquela colônia* (Rio de Janeiro, 1859), p. 34. Cf. também Thomas Davatz, *Memórias de um colono no Brasil* (São Paulo, 1941), p. 11.

(30) Henri Koster, *Voyage dans la partie septentrionale du Brésil*, I (Paris, 1818), p. 285.

(31) William Graham Sumner, *Folkways* (Boston, 1940), pp. 511-2.

(32) Robert Redfield & Alfonso Vila, *Chan Kom. A Maya village* (Washington, D. C., 1934), p. 168.

(33) Spix & Martius, *Reise in Brasilien*, I (Munique, 1831), p. 307.

(34) Rafael Karsten, *The civilization of the South American indians* (Londres, 1926), p. 15 e nota.

(35) Sebastião de Almeida Oliveira, *Expressões do populário sertanejo* (São Paulo, 1940), p. 208.

(36) Richard Schonburgk, *Reisen in British Guiana in den Jahren 1840-1844*, II (Leipzig, 1847), p. 316.

(37) Edmundo Krug, *A superstição paulistana* (São Paulo, 1910), p. 24.

(38) Cf. Marquis de Wavrin, *Mouers et costumes des indiens sauvages de l'Amérique du Sud* (Paris, 1937), pp. 316 e ss.

(39) Johan Nieuhof, *Memorável viagem marítima e terrestre ao Brasil* (São Paulo, 1942), pp. 31-2.

(40) Cf. Edmundo Krug, op. cit., p. 21; F. C. Hoehne, *O que vendem os ervanários de São Paulo* (São Paulo, 1920), p. 217.

(41) Theodor Koch-Grünberg, *Vom Roraima zum Orinoco*, III (Stuttgart, 1923), p. 272.

(42) Fernão Cardim, *Tratados da terra e gente do Brasil* (Rio de Janeiro, 1925), p. 64.

(43) J. Vellard, "Estudo experimental de dois remédios populares contra os acidentes ofídicos", *Boletim da Sociedade de Agricultura, Indústria e Comércio do Estado de Pernambuco*, II (Recife, 1937), p. 443.

(44) *Diário de viagem do dr. Francisco José de Lacerda e Almeida pelas capita-*

271

nias do Pará, Rio Negro, Mato Grosso, Cuiabá e S. Paulo nos anos de 1780 a 1790 (São Paulo, 1841), pp. 55, 81-2.

(45) Martius, *Beiträge zur Ethnographie und Sprachenkunde Amerikas zumal Brasiliens,* I (Leipzig, 1867), pp. 658-9 e nota.

(46) Thomas Whiffen, *The North-West Amazons. Notes of some months spent among cannibal tribes* (Londres, 1915), p. 116.

(47) Ulrich Schmidl, *Reise nach Süd-Amerika in den Jahren 1534 bis 1554* (Tübigen, 1889), p. 80; cf. também idem, *Derrotero y viaje a España y las Indias,* trad. e coment. por Edmundo Wermcke (Santa Fé, 1938), p. 130 e nota.

(48) Gabriel Soares de Souza, op. cit., p. 427.

(49) Basílio de Magalhães, *Expansão geográfica do Brasil colonial,* 2ª ed. (São Paulo, 1935), p. 75 e nota. Não parece precisamente exata outra alegação do mesmo historiador: a de que essas armas consistiriam em "camisas ou casacos de couro", guarnecidos de algodão. De fato o algodão já oferecia embaraço suficiente às frechas e em seu emprego reside a grande novidade e alcance do sistema, que dispensa o couro, inconveniente por outros aspectos. Todas as descrições conhecidas fazem crer que os escupis fossem geralmente de pano, e, em alguns lugares, chegaram ao requinte de fabricá-los de seda, por ser matéria mais leve.

(50) "Manuscritos guarani [...] sobre a primitiva catequese dos índios das missões", *Anais da Biblioteca Nacional,* VI, p. 232; *Anais do Museu Paulista,* V, 2ª parte, p. 36.

(51) *Atas da Câmara Municipal da Vila de São Paulo,* I (São Paulo, 1914), p. 397; *Inventários e testamentos,* I (São Paulo, 1920), p. 79.

(52) Basílio de Magalhães, op. cit., p. 75; "Documentos relativos ao bandeirismo paulista e questões conexas no período de 1664 a 1700", *Revista do Instituto Histórico de São Paulo,* XVIII (São Paulo, 1914), p. 278.

(53) Gabriel Soares de Souza, op. cit., p. 427.

(54) P. W. Schmidt, "Kulturkreise und Kulturschichten in Südamerika", *Zeitschrift für Ethnologie,* XLV (Berlim, 1913), p. 1053; Clark Wissler, *The American indian* (Nova York, 1931), p. 137.

(55) Juan de Castellanos, *Elegias de varones illustres de Indias* (Madri, 1847), p. 198.

(56) Georg Friederici, *Hilfswörterbuch für den Amerikanisten* (Halle, 1926), p. 39.

(57) Idem, *Der Charakter der Entdeckung und Eroberung Amerikas durch die Europäer,* I (Stuttgart, 1925), pp. 441 e ss.

(58) Bernardo de Vargas Machuca, *Milicia y descripción de las Indias,* I (Madri, 1892), pp. 144-5; J. B. Debret, *Viagem pitoresca ao Brasil,* trad. Sérgio Millet (São Paulo, 1940), pp. 55 e ss.

(59) *Documentos interessantes para a história e costumes de São Paulo,* XXIII (São Paulo, 1897), p. 5.

(60) "Diário de Juan Francisco Aguirre", *Anales da la Biblioteca,* VI (Buenos Aires, 1905), p. 45.

(61) *Documentos interessantes para a história e costumes de São Paulo,* XX (São Paulo, 1896), pp. 25-6.

(62) "Correspondência passiva do tenente-coronel João Henrique de Böhm". *Boletim do Centro Rio-Grandense de Estudos Históricos,* I, 1 (Rio Grande, 1938), pp. 10, 160 e passim.

8. DO PEÃO AO TROPEIRO (pp. 125-134)

(1) Pe. Pablo Hernández, *Organización social de las doctrinas guaranies de la Compañía de Jesus*, II (Barcelona, 1912), p. 634.

(2) *Anais da Biblioteca Nacional*, LII (Rio de Janeiro, 1938), p. 501.

(3) *Anais do Museu Paulista*, II, 2ª parte (São Paulo, 1925), p. 23.

(4) Orville Derby, "Um mapa antigo das capitanias de São Paulo, Minas Gerais e Rio de Janeiro", *Revista do Instituto Histórico e Geográfico de São Paulo*, II (São Paulo, 1898), p. 201.

(5) "Problema: a um governador resulta mais glória em ser aluno de Marte ou de Minerva?", *Documentos interessantes para a história e costumes de São Paulo*, XLIV (São Paulo, 1915), p. 314.

(6) "Diário da jornada que fez o exmo. sr. dom Pedro [...]", *Revista do Patrimônio Histórico e Artístico Nacional*, III (Rio de Janeiro, 1939), p. 302.

(7) "Ordens régias", *Revista do Arquivo Municipal*, XX (São Paulo, 1936), p. 55.

(8) A provisão datada de 1609 e publicada em *Registo Geral da Câmara de São Paulo*, I (São Paulo, 1917), fala na realidade em "carneiros de carga daqueles que costumam trazer prata de Potosi", recomendando que se procurasse "fazer casta deles e nunca faltassem". Carneiros e ovelhas no Peru, ou carneiros de carga, é como costumavam chamar às lhamas os próprios cronistas espanhóis.

(9) *Atas da Câmara da Vila de São Paulo*, I (São Paulo, 1914), pp. 441, 446 e 475.

(10) Serafim Leite, S. J., *História da Companhia de Jesus no Brasil*, VIII (Rio de Janeiro, 1949), p. 395.

(11) Alfredo Ellis Júnior, *Os primeiros troncos paulistas* (São Paulo, 1944), pp. 275 e ss.

(12) Afonso de E. Taunay, *História seiscentista da vila de São Paulo*, IV (São Paulo, 1926), p. 229.

(13) Essa explicação tem seu fundamento no liv. 4, tit. 92, § 1, das *Ordenações*, onde se lê que, se ao tempo em que os filhos ilegítimos nascerem, "o pai for cavaleiro ou escudeiro, ou de semelhante condição, que costume andar a cavalo, não sendo o que assim costuma andar a cavalo oficial ou mecânico, nem havido ou tratado por peão, não herdaram tais filhos sua herança, nem entrarão à partilha com os filhos legítimos nem com outros legítimos ascendentes". O § 2 do mesmo título reza o seguinte: "E se ao tempo que os filhos nascerem o pai for peão, ainda que depois seja feito cavaleiro, ou de maior condição, não perderão, por isso, os filhos naturais sua herança, ou a parte que lhes dela pertencer, mas havê-la-ão, assim como a deviam haver, se o pai fosse ainda peão ao tempo de seu falecimento".

Os cavaleiros de que aqui se trata eram, de início e por definição, os homens que serviam na guerra a cavalo e eram obrigados a manter cavalo, por serem *acontiados, ou se julgar que* tinham posses e fazenda para o manter. Os peões só podiam chegar a cavaleiros *de contia*, não de *espora dourada*, nome dado aos fidalgos que, ganhando honra de cavalaria por feito de armas notável, tinham sido solenemente armados cavaleiros, ou recebidos em alguma ordem militar. Cf. comentários de Cândido Mendes de Almeida ao *Código Filipino ou Ordenações e Leis do Reino de Portugal*, 14ª ed. (Rio de Janeiro, 1870), p. 942.

273

(14) "Testamento de Matias Barbosa da Silva", cópia do original existente nos arquivos dos condes de Linhares, em Portugal, remetida em 1918, por dom Agostinho de Souza Coutinho, marquês do Funchal, ao cônego Raimundo Trindade, que o forneceu à diretoria do Patrimônio Histórico e Artístico Nacional. Comunicada obsequiosamente pelo diretor do mesmo serviço, dr. Rodrigo Melo Franco de Andrade.

(15) "Inventário dos documentos relativos ao Brasil existentes no Arquivo de Marinha e Ultramar, organizado por Eduardo de Castro de Almeida", *Anais da Biblioteca Nacional*, xlvi (Rio de Janeiro, 1934), p. 116.

(16) Pedro Taques, *Nobiliarchia paulistana historica e genealogica*, i (Rio de Janeiro, 1926), pp. 100 e 107.

(17) "Termo de vereanças de Curitiba, 1743-1746", *Boletim do Arquivo Municipal de Curitiba. Documentos para a História do Paraná*, xvii (Curitiba, 1926), p. 37.

(18) Cf. José Jacinto Ribeiro, *Cronologia paulista*, ii, 2ª parte (São Paulo, 1901), p. 204.

9. *FROTAS DE COMÉRCIO* (pp. 135-152)

(1) O tema do presente capítulo foi mais extensamente tratado em outra obra do autor: *Monções* (Rio de Janeiro, 1945).

(2) José Barbosa de Sá, "Relação das povoações do Cuiabá e Mato Grosso de seus princípios até os presentes tempos", *Anais da Biblioteca Nacional*, xxiii (Rio de Janeiro, 1904), p. 9.

II. *TÉCNICAS RURAIS*

1. *TRADIÇÃO E TRANSIÇÃO* (pp. 155-172)

(1) Cf. Frederick Jackson Turner, *The frontier in American history* (Nova York, 1920), p. 44.

(2) "E mandão por os muitos enganos q se fazem nos anzolos q mandão para o Brazil e outras partes q nenhu official do dito officio faça anzolos sargueiros senão do fio de sargueiro a que chamão solta e os não farão de fio de gorazeiro sob pena de q o contrario fizer perder os anzolos q lhe forem achados q lhe serão quebrados e pagar mil rs a metade para a cidade e a outra para que o acusar." A mesma pena era imposta aos oficiais que fizessem anzóis parguciros para o Brasil que não fossem de fio de pargueiro. Cf. *Livro dos regimêntos dos officiaes mechanicos da mui nobre e sêpre cidade de Lixboa 1572*, publicado pelo dr. Virgílio Correia (Coimbra, 1926), p. 68.

(3) Em 1584 já trabalhavam, em São Paulo, pelo menos três ferreiros. Comentando o fato, pondera justamente um historiador: "Três ferreiros representavam enorme percentagem em relação ao pequeno volume da população paulista". Jaime Cortesão, *A fundação de São Paulo — capital geográfica do Brasil* (Rio de Janeiro, 1955), p. 24.

(4) J. Pandiá Calógeras, *As minas do Brasil e sua legislação*, ii (Rio de Janeiro, 1904), p. 24.

(5) José Jacinto Ribeiro, *Cronologia paulista*, I (São Paulo, 1899), p. 259.

(6) *Inventários e testamentos*, II (São Paulo, 1920), p. 62; ibid., VII (São Paulo, 1920), p. 457.

(7) Ibid., II, p. 74.

(8) *Registo geral da Câmara Municipal de São Paulo*, VII (São Paulo, 1919), p. 112. Os fragmentos omissos desta publicação podem ser completados com a versão de Azevedo Marques em *Apontamentos históricos*, II (Rio de Janeiro, 1897), p. 225, que, todavia, apresenta incorreções de cópia.

(9) Marcelino Pereira Cleto, "Dissertação a respeito da capitania de São Paulo, sua decadência e modo de restabelecê-la, [...] em 25 de outubro de 1782", *Anais da Biblioteca Nacional*, XXI (Rio de Janeiro, 1900), pp. 225-6.

(10) *Registo geral da Câmara Municipal de São Paulo*, VII, suplemento (São Paulo, 1919), p. 112.

(11) Ibid., p. 110.

(12) *Atas da Câmara Municipal da Vila de São Paulo*, II (São Paulo, 1915), p. 151.

(13) F. de A. Carvalho Franco, *Os companheiros de d. Francisco de Sousa* (Rio de Janeiro, 1929), p. 37.

(14) W. L. von Eschwege, *Pluto Brasiliensis* (Berlim, 1833), p. 511.

(15) *Atas da Câmara da Vila de São Paulo*, III (São Paulo, 1915), p. 242.

(16) *Registo geral da Câmara Municipal de São Paulo*, I (São Paulo, 1917), pp. 252 e ss.

(17) Cf. Arthur Byne e Mildred Stapley, *Spanish ironwork*, The Hispanic Society of America (Nova York, 1915), p. 3; dr. Kurt Klusemann, "Die Entwicklung der Eisengewinnung in Afrika und Europa", *Mitteilungen der Anthropologischen Gesellschaft*, LIV (Viena, 1924), p. 123.

(18) *Inventários e testamentos*, V (São Paulo, 1920), p. 346.

(19) Ibid., VII (São Paulo, 1920), p. 461.

(20) Ibid., XII (São Paulo, 1921), p. 97.

(21) *Relácion veridica de las misiones de la Compañia en J. S. en la provincia que fué del Paraguay y solución de algunas dudas sobre las mysmas. Obra del P. N. N., misionero de las dichas misiones escritas a instancias del P. N. N., misionero apostolico en la Prov. que fue de Castilla, Faenza, año 1772*, Ms. da Biblioteca Nacional do Rio de Janeiro, col. Benedito Ottoni, I, pp. 51-2.

(22) Alvar Núñez Cabeza de Vaca, *Naufragios y comentarios* (Madri, 1922), p. 201.

(23) Georg Friederici, *Der Charakter der Entdeckung und Eroberung Amerikas durch die Europäer*, I (Stuttgart, 1925), p. 431; Karl Sapper, *Geographie und Geschichte der Indianischen Landwirstchaft* (Hamburgo, 1936), p. 22.

(24) Franz R. von Wieser, *Die Karten von Amerika in dem Islario General de Indias des Alonso de Santa Cruz* (Innsbruck, 1908), p. 56.

(25) Antônio Pigafetta, *Relazione del primo viaggio intorno al mondo* (Milão, 1928), p. 86.

(26) André Thévet, *Les singularitez de la France Antarctique* (Paris, 1878), p. 224.

(27) Fernão Cardim, *Tratados da terra e gente do Brasil* (Rio de Janeiro, 1925), p. 106.

(28) Claude d'Abbeville, *História da missão dos padres capuchinhos na ilha do Maranhão*, reimpressão fac-símile (Paris, 1922), p. 242.

(29) Essa idéia não ocorreu aos estudiosos que têm tratado do vocábulo. Assim, Rodolfo Garcia, em nota a D'Abbeville, op. cit., escreve a propósito, "Talvez jaçanã". "Há outras explicações." Ver também, do mesmo anotador, "Exotismos franceses originários da língua tupi", *Anais da Biblioteca Nacional*, LXIV (Rio de Janeiro, 1944), p. 143. Plínio Airosa, por sua vez, em nota à tradução portuguesa de Jean de Léry, *Viagem à terra do Brasil* (São Paulo, s. d.), p. 133 e nota, observa: "Parece-nos difícil a etimologia de *arinhan* ou *ariña*. Se admitirmos que ela representa mais ou menos a pronúncia do índio será *uyrá* + *ña*, ave que corre, ou também *guirá* + *ñá*, como se vê em Sampaio. Não nos sendo dado restaurar a expressão, nada podemos afirmar a esse respeito".

(30) Antônio Pigafetta, op. cit.

(31) André Thévet, op. cit., p. 224.

(32) José de Anchieta, *Poesias*, Ms. do século XVI, em português, castelhano, latim e tupi. Transcrição, tradução e notas de M. L. de Paula Martins (São Paulo, 1954), p. 784.

(33) André Thévet, op. cit.

(34) Jean de Léry, *Histoire d'un voyage fait en la terre du Brésil*, I (Paris, 1880), p. 170.

(35) Erland Nordenskiöld, *Eine Geographische und Ethnografische Analyse der Materiellen Kultur zweier Indianerstämme in el Gran Chaco* (Göteborg, 1920), p. 214.

(36) A esse respeito é decisivo, aliás, o testemunho de Jean de Léry sobre os índios da Guanabara: "*Touchant les licts de cotton que sont appelez Inis par les sauvages, leurs femmes ayans des métiers de bois, non pas a plat comme ceux de nos tisserans, ni avec tant d'engins, mais seulement eslevez devant elles de leur hauteur, après qu'elles ont ourdi à leur mode, commencent a tistre par le bas*". Jean de Léry, op. cit., p. 97.

2. *OS TRIGAIS DE SÃO PAULO* (pp. 173-180)

(1) Marcelino Pereira Cleto, "Dissertação a respeito da capitania de São Paulo, sua decadência e modo de restabelecê-la, [...] em 25 de outubro de 1782", *Anais da Biblioteca Nacional*, XXI (Rio de Janeiro, 1900), p. 215.

(2) Fernão Cardim, *Tratados da terra e gente do Brasil* (Rio de Janeiro, 1925), p. 108.

(3) Sérgio Milliet, "Trigais em São Paulo", *Roteiro do café* (São Paulo, 1939), p. 162.

(4) *Cartas avulsas* (Rio de Janeiro, 1931), p. 483.

(5) Gabriel Soares de Sousa, *Notícia do Brasil*, I (São Paulo, s. d.), p. 217.

(6) "Ordens régias", *Revista do Arquivo Municipal*, LXIX (São Paulo, 1940), pp. 181 e 185.

(7) Herbert Ingram Priestley, *The coming of the white man* (Nova York, 1930), p. 24. É certo que em Buenos Aires, segundo relata Sebastião Caboto na legenda relativa àquela região em sua carta de 1544, as primeiras sementeiras realizadas já foram largamente satisfatórias. Assim é que seus companheiros semearam ali, em setembro de 1527, 52 grãos de trigo, que mais não se achara nas naus, e colheram logo no mês

de dezembro 2500 grãos. Cf. F. Tarducci, *Di Gionanni e Sebastiano Caboto* (Veneza, 1892), p. 400.

(8) Os apontamentos contendo as propostas e pretensões de d. Francisco juntamente com as respostas do rei constam do códice *Pernambuco* da coleção Castello Melhor pertencente à Biblioteca Nacional do Rio de Janeiro e estão publicados em Francisco Adolfo de Varnhagen, visconde de Porto Seguro, *História geral do Brasil*, II, 4ª ed. (São Paulo, 1948), pp. 149 e ss.

(9) Cf. Emílio A. Coni, *Agricultura, comercio y industria coloniales* (Buenos Aires, 1941), p. 34 e nota.

(10) *Atas da Câmara da Vila de São Paulo*, II (São Paulo, 1915), p. 268.

(11) Ibid., pp. 361, 363, 369, 374, 376-7.

(12) Cf. Luís Chaves, "Velhas formas de pagamento", *Portucale*, I (Porto, 1928), pp. 235 e 238.

(13) *Atas da Câmara da Vila de São Paulo*, II (São Paulo, 1915), pp. 361, 404-5.

(14) F. Krüger registra-a, por exemplo, na sierra da Gata (sul da Espanha), Baleares, península Balcânica, partes do Sul da França e do Norte da África, em outros tempos também na Suíça. F. Krüger, "Die Hochpyrenäen", *Volstum und Kultur der Romanen*, IX (Hamburgo, 1936), p. 42.

(15) *Atas da Câmara da Vila de São Paulo*, II (São Paulo, 1915), p. 405.

(16) Aluísio de Almeida, "Máquinas agrícolas", *O Estado de S. Paulo*, 10/8/1947.

(17) Armando de Lucena, *Arte popular. Usos e costumes portugueses*, I (Lisboa, 1944), p. 160.

(18) Emílio A. Coni, op. cit., p. 47.

(19) *Inventários e testamentos*, XII (São Paulo, 1921), pp. 90 e 118.

3. *UMA CIVILIZAÇÃO DO MILHO* (pp. 181-189)

(1) Cf. Carlos Borges Schmidt, *O meio rural* (São Paulo, 1946), pp. 50 e ss. Outro conhecedor destes assuntos reivindica mais para a zona ribeirinha do Tietê o privilégio do uso da farinha de milho "propriamente dita", distinta do fubá: é "de minha zona", escreve, "de Porto Feliz, Itu [...]". E acrescenta que teria ido para Minas por vias ignoradas; ver Otonicl Mota, *Do rancho ao palácio* (São Paulo, 1941), p. 47. A verdade é que esse uso foi corrente e ainda o é em terras paulistas de serra-acima, onde quer que as novas influências adventícias não puderam desalojar os padrões tradicionais.

(2) *Relação verdadeira da derrota e viagem que fez da cidade de São Paulo para Minas de Cuiabá o exmo sr. Rodrigo César de Meneses* [...], Ms. da Biblioteca Pública de Évora, códice CXVI. Cópia pertencente ao Museu Paulista. O texto, da autoria de Gervásio Leite Rebelo, tornou-se conhecido graças à diligência do sr. Afonso de E. Taunay, que primeiramente o divulgou. Cf. Taunay, *História geral das bandeiras paulistas*, XI, 2ª parte, p. 26. Ao mesmo benemérito historiador deve-se a cópia existente no Museu Paulista.

(3) *Notas de mts. comidas que se fazem de milho*, códice Costa Matoso, fls. 430, v. e 431. Ms. da Biblioteca Municipal de São Paulo, Col. Félix Pacheco.

(4) Pe. Manuel da Fonseca, *Vida do venerável padre Belchior de Pontes* (São Paulo, s. d.), p. 55.

(5) "Esboço da viagem feita pelo sr. de Langsdorff no interior de Brasil desde setembro de 1825 até março de 1829", escrito em francês por Hércules Florence. Trad. de Afonso de E. Taunay, *Revista do Instituto Histórico e Geográfico Brasileiro*, XXXVIII, 7ª parte (Rio de Janeiro, 1875), p. 361.

(6) Ferdinand Dénis, *Brésil* (Paris, 1873), p. 193.

(7) Maximino Pereyra, "El maiz entre los guaranies", *Boletin de Filología*, V (Montevidéu, 1948), p. 433; Pe. Pablo Hernández, *Organización social de las doctrinas guaranies de la Compañia de Jesus*, II (Barcelona, 1912), p. 195.

(8) Segundo Friederici era o nome espanhol (de etimologia árabe?) de uma espécie de hidromel. Cf. Georg Friederici, *Americanistisches Wörterbuch* (Hamburgo, 1947), pp. 48 e ss.

(9) A. Almeida Júnior, "Sobre o aguardentismo colonial", *Revista do Arquivo Municipal*, LII (São Paulo, 1940), p. 155.

(10) "Efemérides jundiaienses", *Almanaque de Jundiaí Literário, Histórico e Biográfico*, org. Tibúrcio Estêvão de Siqueira e João Batista de Figueiredo, I (Jundiaí, 1911), p. 129.

(11) *Atas da Câmara da Vila de São Paulo*, VII (São Paulo, 1915), pp. 343 e 355.

(12) "Registro de hum edital que os ofes. da camara mandarão publicar para que se nam venda agoardente de milho", *Revista do Arquivo Municipal*, XI (São Paulo, 1916), pp. 111 e ss.; *Atas da Câmara Municipal de São Paulo*, XI (São Paulo, 1916), p. 57.

(13) André João Antonil, *Cultura e opulência do Brasil por suas drogas e minas* (São Paulo, 1923), p. 239.

(14) Cf. *Boletim do Arquivo Municipal de Curitiba* (Curitiba, 1908), p. 15.

(15) *Descrição diária dos progressos da expedição destinada da capitania de S. Paulo para as fronteiras do Paraguai*, 1ª parte, Ms. do Arquivo de Engenharia do Ministério da Guerra (Rio de Janeiro).

(16) Spix & Martius, *Reise in Brasilien*, I (Munique, 1823), p. 227. Entre suas opiniões figuraria a de que, tanto quanto a carne de porco, principalmente o toucinho, ela seria, segundo crença generalizada, uma das causas do bócio, freqüente em certas regiões centrais. Cf. Idem, ibid., p. 223. Mesmo em São Paulo estenderam-se — mais tarde — à farinha de milho as versões que atribuíam tradicionalmente à carne de porco a propagação da morféia. "Na costa da África", dizia, em 1906, Ernesto Luís de Oliveira, "a morféia é atribuída ao consumo de peixe. No Pará ao pirarucu. Em São Paulo, ao porco e à farinha de milho." No caso do porco parecia essa crença explicável, pelo costume, entre as populações rústicas, de pendurarem a carne ao fumeiro — conseqüência talvez da falta de sal —, o que acarretaria, em muitos casos, um começo de deterioração. No da farinha, ao fato de os grãos, antes de pilados, serem sujeitos à maceração, e mesmo a um processo de fermentação. Ver Ernesto Luís de Oliveira, "Tratamento da morféia", *Revista do Centro de Ciências, Letras e Artes*, V, 1 (Campinas, 1906), p. 108.

(17) Ferdinand Dénis, op. cit., p. 193.

4. MONJOLO (pp. 190-203)

(1) Capistrano de Abreu, *Capítulos de história colonial* (Rio de Janeiro, 1928), p. 278.

(2) Auguste de Saint-Hilaire, *Voyage dans las provinces de Rio de Janeiro et de Minas Geraes*, II (Paris, 1830), p. 311.

(3) Assim, só no Rio Grande do Sul, o vocabulário organizado em 1940 pelo Conselho Nacional de Geografia assinala doze nomes de arroios que estão nesse caso. Cf. "Vocabulário do estado do Rio Grande do Sul", *Anais do III Congresso Rio-Grandense de História e Geografia*, II (Porto Alegre, 1940), pp. 971 e ss.

(4) Cf. Fróis de Abreu, "Sal no vale do S. Francisco", *Boletim do Ministério da Agricultura*, ano XVI, vol. 1 (Rio de Janeiro, 1927), pp. 351 e ss. Sobre a influência do sal na colonização do Oeste dos Estados Unidos, ver Frederick Jackson Turner, *The frontier in American history* (Nova York, 1920), pp. 17 e ss.

(5) "Relatório da Comissão de Engenheiros de Mato Grosso", *Revista do Instituto Histórico e Geográfico Brasileiro*, XXXVII (Rio de Janeiro), p. 160.

(6) Jorge Dias, "O pio de piar os milhos — instrumento de origem oriental na serra da Padrela", separata dos *Trabalhos de antropologia e etnologia do Centro de Estudos de Etnologia Peninsular* (Porto, 1949), p. 6.

(7) Essa transferência de sentido foi abordada por Otoniel Mota, *Do rancho ao palácio* (São Paulo, 1941), p. 34.

(8) Sobre a nomenclatura das peças do monjolo, leia-se Alberto Rangel, *Quando o Brasil amanhecia*, apud Afonso de E. Taunay, *História do café no Brasil*, II (Rio de Janeiro, 1939), p. 380.

(9) Jorge Dias, op. cit., pp. 13 e 17.

(10) Idem, *Os arados portugueses e as suas prováveis origens. Estudo etnográfico* (Coimbra, 1948), pp. 80 e ss., e passim.

(11) Idem, "O pio de piar os milhos [...]", op. cit., p. 20.

(12) *Geórgicas*, I, p. 216.

(13) *De re rustica*, I, p. xlv.

(14) Cf. F. E. Zeuner, "Cultivation of plants", in Charles Singer E. J. Holyard & A. R. Hall (eds.), *A history of technology* (Oxford, 1954), pp. 369-70.

(15) Charles Parain, "The evolution of agricultural technique", *The Cambridge economic history of Europe*, I (Cambridge, 1944), p. 151. Ainda em 1562 um embaixador espanhol comunicava a Filipe II os efeitos catastróficos de uma seca que, em Verona, pusera a perder a safra de milho miúdo, "de que se alimenta a gente pobre". Cf. Fernand Braudel, *La Méditerranée à l'époque de Philippe II* (Paris, 1949), p. 449.

(16) Paul Leser, "Westöstliche Landwirtschaft. Kulturbeziechungen zwischen Europa, dem vorderen Orient und dem Fernen Osten aufgezeit an landwirtschaftlichen Geräten und Arbeitsvorgängen", *Festschrift. Publication d'Hommage au P. W. Schmidt* (Viena, 1928), pp. 468 e ss.

(17) Apud Emil Meynen, "Die Verbreitung des Holzmörser. Eine vergleichende Studie", *Ethnologica*, III (Leipzig, 1927), p. 119.

(18) L. F., "La question du milet", *Annales d'Histoire Sociale*, VII (Paris, 1945), p. 148.

(19) "O arroz", escreve Maurizio, "é cultivado desde a Idade Média na Itália setentrional, em terras lodosas ou pantanosas, assim como, esporadicamente, no Tirol austríaco ou nas partes meridionais da planície húngara. Nos armazéns e mercados de Budapeste pode encontrar-se, em toda parte, arroz da terra, embora, devido à sua má qualidade e aos preços baixos, só o adquira a gente pobre." A. Maurizio, *Die Getreide — Nahrung im Wandel der Zeiten* (Zurique, 1916), p. 30.

(20) Emil Meynen, op. cit., p. 96.

(21) Um dos mais sagazes conhecedores dos problemas de ergologia rural, o professor André Varagnac, conservador do Musée des Antiquités Françaises, a quem descrevi o nosso monjolo de água, apontou-me a semelhança entre seu processo de funcionamento e o do martelo hidráulico usado na forja catalã. A esse tipo estaria filiado, possivelmente, o "monjolo" de Berna.

(22) Jack Logan, em seu livro intitulado *The black blocks of China* (Londres, 1904), p. 223, citado por Meynen, diz que o aparelho movido pela queda d'água (monjolo de água) vai se tornando raro na China. Durante a viagem que fez por aquele país pôde avistar numerosos exemplares já em desuso. Só no Sul, na aldeia de Man Pu, encontrou um ainda em pleno funcionamento. Cf. Emil Meynen, op. cit., p. 98.

(23) Ver Max Weber, "Agrarverhältnisse im Altertum", *Gesammelte auffsätze zur Sozial und Wirtschaftgeschichte* (Tübingen, 1924), p. 64. Sobre a sua domesticação na Síria pré-histórica, cf. Philip K. Hotti, *History of Syria* (Nova York, 1951), pp. 17 e 48. Em certas possessões asiáticas do Egito ptolomaico o milho miúdo e o painço serviam para pagamento de tributos no terceiro século antes de nossa era. Cf. M. Rostovtzeff, *The social and economic history of the Hellenistic world*, I (Oxford, 1941), p. 337.

(24) "Título do registro das provisões que se passaram do serviço de el-rei nosso senhor, que tocam a fazenda de Sua Alteza", *Documentos Históricos*, XXXVIII (Rio de Janeiro, 1929), p. 420.

(25) Cf. A. P. Canabrava, *O comércio português no rio da Prata, 1580-1640* (São Paulo, 1944).

(26) Frei Gaspar da Madre de Deus, *Memórias para a história da capitania de São Vicente* (Lisboa, 1797), p. 65.

(27) *Atas da Câmara Municipal de São Paulo*, VII (São Paulo, 1915), p. 402.

(28) "Ordens régias", *Revista do Arquivo Municipal*, XXXVIII (São Paulo, 1937), p. 248.

(29) A referência, num inventário publicado, de 1605, a certo "sítio de arrosal avaliado em 2000 rs." é atribuída a erro de cópia por Otoniel Mota, que pôde ver os originais e contesta em seu estudo, fundando-se sobretudo no silêncio da maior parte dos inventários, a existência de arrozais em São Paulo antes do século XIX. Suas conclusões são pelo menos excessivas. Cf. *Inventários e testamentos*, XXX (São Paulo, 1939), p. 39; Otoniel Mota, op. cit., p. 29.

(30) *Documentos interessantes para a história e costumes de São Paulo*, XIII (São Paulo, 1897), p. 194.

(31) Ibid., p. 195.

(32) Ibid., p. 385.

(33) "Inventário dos documentos relativos ao Brasil existentes no Arquivo de Marinha e Ultramar, organizado por Eduardo de Castro e Almeida", *Anais da Biblioteca Nacional*, VIII (Rio de Janeiro, 1936), pp. 297 e 315.

(34) Raimundo José de Sousa Gayoso, *Compêndio histórico dos princípios da lavoura no Maranhão* (Paris, 1818), p. 181.

(35) Assim é que em 1753 iam na monção de Cuiabá "três cargas de arros cubertas de encerado". Ms. do Arquivo Público do Estado de São Paulo, maço 8, pasta 1, nº 25. Na expedição do brigadeiro José Custódio de Sá Faria ao Iguatemi, em 1784, iam oito alqueires de arroz para duzentos de feijão e outro tanto de farinha. Na de Cândido Xavier de Almeida e Souza, em 1800, a proporção era de três alqueires de arroz limpo para 81 de feijão. *Descrição diária dos progressos da expedição destinada da capitania de São Paulo para as fronteiras do Paraguai*, Ms. da Diretoria de Engenharia do Ministério da Guerra (Rio de Janeiro), nº 2221.

(36) *Documentos interessantes para a história e costumes de São Paulo*, XXXI (São Paulo, 1901), pp. 151, 155-6.

(37) Ao arquiteto e historiador Luís Saia, chefe do IV Distrito da Diretoria do Patrimônio Histórico e Artístico Nacional, devo a informação de que, na sede da fazenda de Rio Acima, município de São Roque, de construção evidentemente seiscentista, há um monjolo de pé, adaptado de tal forma à parede de taipa de um dos compartimentos, que tudo mostra ter sido construído juntamente com a casa. Se é certo que esta pertenceu ao capitão-mor Guilherme Pompeu de Almeida, conforme presume-me o sr. Luís Saia, deve ser anterior a 1691, ano em que faleceu o referido capitãomor. Note-se que o hábito da construção dos monjolos de pé no interior das habitações ocorre também no caso dos "pios de piar milho" portugueses, que se localizavam "dentro de uma casa e junto à parede, de modo que os lavradores se podem facilmente segurar a um torno metido na parede". Cf. Jorge Dias, "O pio de piar os milhos [...]", op. cit., p. 11.

(38) Frei Gaspar da Madre de Deus, op. cit., p. 97.

(39) J. P. Cordeiro, *Brás Cubas e a capitania de São Vicente* (São Paulo, 1951), p. 112.

(40) O visconde de Porto Seguro, fundando-se no nome que dariam à máquina na ilha de Formosa — *chui-toi* —, chega a sugerir que a primeira palavra (*chui*) desse nome, que quer dizer água, seria o radical da segunda sílaba de monjo-lo. Menos arbitrária, embora sujeita a dúvidas, é a interpretação de Dalgado, o sábio especialista nos dialetos indo-portugueses, que, consultado, tentou associá-lo a uma palavra de raiz sânscrita. Cf. Francisco Adolfo de Varnhagen, visconde de Porto Seguro, *História geral do Brasil*, I, 4ª ed. (São Paulo, s. d.) pp. 203 e 206.

(41) Spix & Martius, *Reise in Brasilien*, I (Munique, 1823), p. 285.

(42) Apud Ernst Wagemann, *Die Deutsche Kolonisten in Brasilianischen Staat Espirito Santo* (Munique, 1915), p. 61, nota, refere-se a seu uso no despolpamento do café e ajunta que, segundo Kurt Kraeger, tem, no Rio Grande do Sul, o nome de *Fauler Neger*, nome que pode encerrar aproximadamente o sentido de *negro velho*. Uma alusão aos movimentos antropomórficos, que caracterizam o monjolo, encontra-se ainda no nome *preguiça*, que lhe é dado com freqüência em outros lugares e que corresponde mais precisamente à expressão alema aludida.

5. DO CHUÇO AO ARADO (pp. 204-208)

(1) "Inventário dos documentos relativos ao Brasil existentes no Arquivo de Marinha e Ultramar", *Anais da Biblioteca Nacional*, XXXVI (Rio de Janeiro, 1916), p. 16.

(2) *Inventários e testamentos*, I (São Paulo, 1920), p. 190; ibid., X (São Paulo, 1921), p. 464.

(3) *Documentos interessantes para a história e costumes de São Paulo*, XXIII (São Paulo, 1896), pp. 3 e 7.

(4) Pierre Gourou, "Qu'est-ce que le monde tropical?", *Annales: Economie, Sociétés, Civilisations* (Paris, abr.-jun. 1949), p. 148.

(5) Herbert Wilhelmy, "Probleme der Urwaldkolonisation in Südamerika", *Zeitschrift der Gesellschaft für Erdkunde*, X (Berlim, 1940), pp. 303-4; idem, *Siedlung im Südamerikanischen Urwald* (Hamburgo, 1949), pp. 65 e 69.

(6) Frederico Lane, "O arado e a terra", *Correio Paulistano*, 21/10/1951.

(7) Manuel Ferraz de Campos Sales, "Colônia de Sete Quedas", *Almanaque de Campinas para 1872*, ano II, p. 91.

(8) Cf. Jorge Dias, *Os arados portugueses e as suas prováveis origens. Estudo etnográfico* (Coimbra, 1948), pp. 41-2, passim. A identificação aqui proposta foi sugerida pelo próprio professor Jorge Dias, quando se apresentou um resumo do presente trabalho à seção histórica do Colloquium Luso-Brasileiro realizado na Biblioteca do Congresso, em Washington, em outubro de 1950.

(9) Jorge Dias, op. cit., p. 139.

(10) H. Wilhelmy, *Siedlung im Südamerikanischen Urwald*, op. cit.

III. O FIO E A TEIA

1. TÉCNICAS ADVENTÍCIAS (pp. 211-232)

(1) Pe. Manuel da Nóbrega, *Cartas do Brasil — 1549-1560* (Rio de Janeiro, 1886), p. 59.

(2) *Cartas avulsas — 1550-1568* (Rio de Janeiro, 1931), pp. 183, 204-5.

(3) Ibid., pp. 341-2.

(4) Serafim Leite, S. J., *Novas cartas jesuíticas* (São Paulo, 1940), p. 108.

(5) *Atas da Câmara da Vila de São Paulo*, I, p. 118.

(6) Ibid., I, p. 264.

(7) Emílio A. Coni, *Agricultura, comercio y industria coloniales* (Buenos Aires, 1941), p. 63.

(8) *Atas da Câmara da Vila de São Paulo*, II (São Paulo, 1915), p. 13.

(9) *Inventários e testamentos*, I (São Paulo, 1920), p. 92.

(10) Ibid., p. 47.

(11) Ibid., p. 113.

(12) Ibid., V (São Paulo, 1920), p. 475.

(13) Ibid., XV (São Paulo, 1921), p. 371.

(14) Ibid., II (São Paulo, 1920), p. 122.

(15) Ibid., vi (São Paulo, 1920), p. 276.

(16) Ibid., p. 251.

(17) Ibid., i (São Paulo, 1920), p. 312.

(18) Ibid., xvii (São Paulo, 1921), p. 181.

(19) Ibid., p. 298.

(20) Ibid., p. 72.

(21) Ibid., xviii (São Paulo, 1921), p. 441.

(22) Ibid., xxii (São Paulo, 1921), p. 22.

(23) Ibid., xvi (São Paulo, 1921), p. 9.

(24) *Atas da Câmara da Vila de São Paulo*, iii (São Paulo, 1915), p. 322.

(25) Antônio Baião, "A vila e o Concelho de Ferreira de Zezere", *O Arqueólogo Português*, xvi (Lisboa, 1911), pp. 65 e 67.

(26) *Livro dos regimêntos dos officiaes mechanicos da mui nobre e sêpre cidade de Lixboa 1572*, publicado pelo dr. Virgílio Correia (Coimbra, 1926), p. 161.

(27) Ign. Goldzieher, "Die Handwerk bei den Arabern", *Globus*, lxvi (Brunswick, 1894), pp. 204 e ss.

(28) *Inventários e testamentos*, xx (São Paulo, 1921), p. 23.

(29) Pe. Pablo Hernández, *Organización social de las doctrinas guaranies de la Compañia de Jesus*, i (Barcelona, 1912), p. 236.

(30) "Receita e despesa da Câmara Municipal de Curitiba — 1715-34", *Boletim da Câmara Municipal de Curitiba*, vi (Curitiba, 1924), p. 62.

(31) "Termos de vereança da Câmara", ibid., pp. 53 e 55.

(32) *Recopilación de leyes de los Reynos de las Indias, IV impresion*, ii (Madri, 1791), p. 107.

(33) Emílio A. Coni, op. cit., p. 107.

(34) Luís d'Alincourt, *Memória sobre a viagem do porto de Santos à cidade de Cuiabá* (Rio de Janeiro, 1830), p. 32.

(35) Francisco de Assis Vieira Bueno, "Recordações evocadas da memória", *Revista do Centro de Ciências, Letras e Artes de Campinas*, ano ii (Campinas, 1903).

(36) Manuel Arruda Câmara, *Memória sobre a cultura dos algodoeiros e sobre o método de o escolher e ensacar, etc., oferecido a S. A. Real, o Príncipe-Regente Nosso Senhor, por* [...] (Lisboa, 1799), p. 63.

(37) *Diálogos das grandezas do Brasil* (Rio de Janeiro, 1930), p. 152.

(38) Raimundo José de Sousa Gayoso, *Compêndio histórico dos princípios da lavoura no Maranhão* (Paris, 1818), p. 313.

(39) Referindo-se ao Maranhão, "primeira Capitania dos Dominios Portugueses em que principiou a negociação em algodões", observa Arruda Câmara que também "é das mais atrasadas no meio de beneficiar este importante gênero, e dizem-me que lá não sabem usar senão desta imperfeitíssima máquina [...]". Manuel Arruda Câmara, op. cit., p. 64.

(40) *Inventários e testamentos*, xxi (São Paulo, 1921), p. 22.

(41) Chr. A. Fischer, *Neustes Gemälde von Brasilien*, ii (Londres, 1819), p. 39.

(42) *Inventários e testamentos*, xviii (São Paulo, 1921), pp. 94 e 106.

(43) Otto Fredin e Erland Nordenskiöld, *Über Zwirnen und Spinnen bei den Indianern* (Göteborg, 1918), p. 14.

(44) Serafim Leite, S. J., *Novas cartas jesuíticas*, op. cit., p. 295.

(45) Ms. do Arquivo Nacional do Rio de Janeiro. Col. 1481.

(46) Fernão Cardim, *Tratados da terra e gente do Brasil* (Rio de Janeiro, 1925), p. 356.

(47) Pedro Taques, *Nobiliarchia paulistana historica e genealogica*, i (Rio de Janeiro, 1926), p. 9.

(48) *Inventários e testamentos*, xvi (São Paulo, 1921), p. 432.

(49) Ibid., xxiii (São Paulo, 1921), p. 94.

(50) Ibid., xxiv (São Paulo, 1921), p. 37.

(51) Ibid., xx (São Paulo, 1921), p. 303.

(52) P. J. Wertenbaker, *The first Americans* (Nova York, 1943), p. 77.

(53) *Inventários e testamentos*, xvi (São Paulo, 1921), pp. 213-4.

(54) Ibid., xx (São Paulo, 1921), p. 270.

(55) Ibid., xix (São Paulo, 1921), p. 16.

(56) Pedro Taques, op. cit., p. 9.

(57) Pe. Pablo Hernández, op. cit., p. 236.

(58) *Inventários e testamentos*, xii (São Paulo, 1921), p. 141.

(59) Ibid., xviii (São Paulo, 1921), p. 37.

2. *O DECLÍNIO DA INDÚSTRIA CASEIRA* (pp. 233-244)

(1) "Alvará de 5 janeiro de 1785, proibindo no Estado do Brasil todas as fábricas e manufaturas de ouro, prata, sedas, algodão, linhos e lãs ou tecidos, sejam fabricados de um só dos referidos gêneros ou de mistura com outros, excetuando-se somente as de fazenda grossa do dito algodão.", *Revista do Instituto Histórico e Geográfico Brasileiro*, x (Rio de Janeiro), pp. 213 e ss.

(2) Manuel Cardoso de Abreu, "Divertimento admirável para os historiadores observarem as máquinas do mundo, etc.", *Revista do Instituto Histórico e Geográfico de São Paulo*, vi (São Paulo, 1902), pp. 286 e 288.

(3) "Inventário dos documentos relativos ao Brasil existentes no Arquivo de Marinha e Ultramar", iv, *Anais da Biblioteca Nacional*, xxxvi (Rio de Janeiro, 1916), p. 122.

(4) Ibid., iii, *Anais da Biblioteca Nacional*, xxxv (Rio de Janeiro, 1915), p. 390.

(5) Ibid., p. 391.

(6) José de Sá Bittencourt, "Memória sobre o algodão", *O fazendeiro do Brasil*, v (Lisboa, 1806), p. 194.

(7) Idem, ibid., p. 194.

(8) Savary de Brulei, "Sobre o algodão", *O fazendeiro do Brasil*, v (Lisboa, 1806), pp. 132 e ss.

(9) M. Frezier, *Relation du voyage de la Mer du Sud aux côtes du Chily et du Peru, fait pendant les années de 1712, 1713 et 1714* (Paris, 1716), pp. 23 e ss.

(10) *Documentos interessantes para a história e costumes de São Paulo*, lx (São Paulo, 1937), pp. 101-2.

(11) "Visita às fundações da Sociedade Anônima Indústria de Seda Nacional de Campinas. Parecer pela Comissão do Instituto", *Revista do Instituto Histórico e Geográfico de São Paulo*, xxv (São Paulo, 1928), p. 124.

(12) Os documentos acerca dessa transação foram publicados pela primeira vez em Nuno Santana, *São Paulo Histórico*, v (São Paulo, 1944), pp. 117 e ss.

(13) *Documentos interessantes para a história e costumes de São Paulo*, LX (São Paulo, 1937), p. 263.

(14) *Atas da Câmara da Vila de São Paulo*, xx (São Paulo, 1921), p. 436.

(15) *Registro Geral da Câmara de São Paulo*, xvi (São Paulo, 1922), p. 297.

(16) Antônio Manuel de Melo Castro e Mendonça, "Memória econômico-política da capitania de S. Paulo", 1ª parte, cap. 8, 37. Biblioteca Nacional do Rio de Janeiro, Seção de Manuscritos.

3. *REDES E REDEIRAS* (pp. 245-260)

(1) *Atas da Câmara da Vila de São Paulo*, i (São Paulo, 1914), pp. 392 e 395.

(2) Serafim Leite, S. J., *Novas cartas jesuíticas* (São Paulo, 1940), p. 108.

(3) Idem, ibid., p. 243.

(4) *Inventários e testamentos*, ii (São Paulo, 1920), p. 207.

(5) Ibid., xxiv (São Paulo, 1921), p. 352.

(6) Ibid., xxvii (São Paulo, 1921), p. 125.

(7) Pedro Taques, *Nobiliarquia paulistana historica e genealogica*, ii, *Revista do Instituto Histórico e Geográfico de São Paulo*, xxxix (São Paulo, 1940), p. 333.

(8) José Elói Ottoni, "Memória sobre o estado atual da capitania de Minas Gerais (1798), *Anais da Biblioteca Nacional*, xxx (Rio de Janeiro, 1912), p. 312.

(9) Afonso de E. Taunay, *História seiscentista da vila de São Paulo*, i (São Paulo, 1926), p. 59.

(10) *Inventários e testamentos*, v (São Paulo, 1920), p. 282.

(11) Ibid., vii (São Paulo, 1920), p. 304.

(12) Ibid., xv (São Paulo, 1921), p. 201.

(13) Ibid., p. 368.

(14) Ibid., p. 90.

(15) Ibid., xxvii (São Paulo, 1921), p. 125.

(16) Ibid., xxi (São Paulo, 1921), p. 489.

(17) Gabriel Soares de Sousa, *Tratado descriptivo do Brasil em 1587*, *Revista do Instituto Histórico e Geográfico Brasileiro*, xiv, 2ª ed. (Rio de Janeiro, 1879), p. 290.

(18) Pero de Magalhães Gandavo, "História da província Santa Cruz a que vulgarmente chamamos Brasil", *Revista do Instituto Histórico e Geográfico Brasileiro*, xxi (Rio de Janeiro, 1858), p. 415.

(19) Jean de Léry, *Histoire d'un voyage en la terre du Brésil*, ii (Paris, 1880), p. 97.

(20) Erland Nordenskiöld, *Eine Geographische und Ethnografische Analyse der Materiellen Kultur Zweier Indianerstämme in el Gran Chaco* (Göteborg, 1920), p. 216.

(21) Pe. Antônio Colbacchini & pe. César Albisetti, *Os bororos orientais* (São Paulo, 1942), pp. 54 e ss.

(22) Theodor Koch-Grünberg, *Zwei Jahre unter den Indianern*, i (Berlim, 1910), p. 213.

ÍNDICE REMISSIVO

291

ESTA OBRA FOI COMPOSTA PELA HELVÉ-
TICA EDITORIAL EM ENGLISH TIMES E
IMPRESSA PELA GRÁFICA EDITORA
HAMBURG EM OFF-SET PARA A EDITORA
SCHWARCZ EM OUTUBRO DE 1994.